● 천지의 율동, 생명의 논리

주역과 만나다

☞ **증산도상생문화총서 021**

## 周易과 만나다 -천지의 율동, 생명의 논리-

**초판발행** : 2013년 6월 11일
**글쓴이** : 양재학
**펴낸이** : 안중건
**펴낸곳** : 상생출판
**주소** : 대전광역시 중구 선화동 289-1번지
**전화** : 070-8644-3161
**팩스** : 0505-116-9308
**E-mail** : sangsaengbooks@sangsaengbooks.co.kr
**출판등록** : 2005년 3월 11일(제175호)
ⓒ **2013 상생출판**

**가격은 뒤표지에 있습니다.**
이 책에 수록된 자료의 저작권은 증산도상생문화연구소에 있습니다.
파본은 서점에서 교환해 드립니다.

ISBN 978-89-94295-61-9
ISBN 978-89-957399-1-4(세트)

● 천지의 율동, 생명의 논리

주역과 만나다

양재학 지음

# 프롤로그

　동서양에는 수많은 고전이 존재한다. 인류는 힘든 시기를 맞이할 때마다 고비를 벗어날 수 있는 지혜를 고전에서 배웠다. 고전은 삶에 찌들어 심신이 고달픈 자에게 영혼을 맑게 하거나 힘을 불어넣는 옹달샘과 같다. 고전이 고전일 수 있는 까닭은 문화와 역사의 길잡이 역할을 톡톡히 수행했기 때문이다. 읽기 쉬운 고전이 어디 있으랴마는 그 중에서 주역周易은 가장 난해한 책 중의 하나로 손꼽힌다.

　주역은 사서삼경四書三經 가운데 가장 으뜸가는 고전이다. 대한민국 성인 중에서 주역을 모르는 사람은 거의 없다. 하지만 주역을 제대로 아는 사람은 아주 드물다. 게다가 이땅에서 출현한 정역正易은 전문가들에게조차도 귀에 익지 않은 생소한 고전으로 분류된다. 주역이 과거로부터 동양인들의 세계관을 비롯하여 인생관, 가치관을 정립하는 소중한 고전古典이었다면, 정역은 19세기 후반 한국 땅에 혜성같이 등장하여 주역을 뛰어넘어 새로운 우주관을 제시한 신고전新古典이다. 말하자면 정역은 선후천론先後天論을 바탕으로 주역을 새롭게 해석하여 매듭지은 희망의 철학이다.

　증산도사상의 주역관은 종래의 관점으로는 이해하기 힘든 파격적인 성격을 지닌다. 기존의 주역해석이 윤리도덕의 근거는 어디에 있는가를 중심으로 연구해 온것에 그쳤다면, 증산도의 주역관은 기존의 관점을 뛰어넘어 천지개벽이 이루어지는 과정을 밝힌 것이 주역이 씌여진 궁극목적으로 본다. "주역은 개벽할 때 쓸 글이니 주역을 보면 내 일을 알리라."(『도전』 5:248:6) "천지개벽도 음양이 4시로 순환하는 이치를 따라 이루어지는 것이니 천지의 모든 이치가 역易에 들어 있느니라."(『도전』 2:20:4-5) 등을 궁구해 보면, 한마디로 주역은 천지개벽의 원인과 과정을 밝힌 책으로 파악하고 있는 것임을 알 수 있다.

예로부터 동양에서는 '아버지는 나를 낳으시고 어머니는 나를 기르신다[父生母育]'는 말을 소중한 가르침으로 받들어 왔다. 인간과 만물의 부모인 하늘과 땅, 즉 천지부모天地父母를 중심으로 이치를 깨우쳐 인간의 문제를 진단하고 해결점을 찾고자 했다. 이러한 가치관이 고스란이 투영된 주역은 하늘을 건乾[天], 땅은 곤坤[地]이라고 하여 하늘은 생명을 낳고 땅은 생명을 길러내며, 해[日]와 달[月]은 하늘과 땅의 자녀이자 대행자로 제시하였다. 말하자면 천지天地는 부모이며, 일월日月은 천지의 뜻을 대행하여 천지의 뜻을 완수하는 존재로 파악한 것이다.

이처럼 천지의 뜻이 인사人事에 구체적으로 구현된다는 것이 증산도의 주역관이다. 증산도의 주역관에서 천지와 인간의 문제를 보아야만 주역과 정역의 메시지가 극명하게 드러날 뿐만 아니라 새로운 우주관(선후천관)과 진리에 대한 깨달음이 활짝 열릴 수 있을 것이다.

이 책은 증산도상생문화연구소의 '동서양 고전읽기' 세미나에서 발

표되었던 원고와 STB 상생방송의 '주역강좌'에서 강의한 내용을 수정 보완한 것이다. 상생방송에서 방영한 주역강좌는 새로운 관점에서 주역을 읽는다는 동기에서 진행되었다.

주역읽기에는 다양한 방법이 있다. 과거에는 대체로 시대별, 인물별, 주제별, 학파별로 읽는 방법이 통용되었다. 이것이 주역에 대한 외형적 연구라면, 주역 자체의 논리에 충실하게 읽는 내부적 탐구가 있을 것이다. 『주역』 64괘의 형성과 순서를 언급한 「서괘전序卦傳」의 구성은 서로 반대되는 음양이 서로의 존재근거인 동시에 서로를 완성시킨다는 상반상성相反相成의 원리를 바탕으로 이루어졌다는 사실에 주목하여 접근하는 방식이다. 이런 의미에서 주역읽기에 도움이 되는 10개의 괘를 간략하게 소개하면 다음과 같다.

자연을 비롯한 역사와 문명의 거대한 틀이 열리고 닫히는 선후천의 전환을 주도하는(상극에서 상생으로 진입하는 운로를 말함) 음양의 대립운동이 궁극에 도달하면 창조적 변화[造化]를 지향한다는 관점에서 11번 태괘泰卦와 12번 비괘否卦를 앞세웠고, 그리고 만물은 쉼 없이 순환하기 때문에 이 세상에는 종말이 없다는 것을 밝힌 23번 박괘剝卦와 음陰이 극단에 이르면 양陽이 그것을 이어받는다는 24번 복괘復卦로 이어서 설명했다. 천지는 물과 불의 조화로 빚어진다는 29번 감괘坎卦와 30번 리괘離卦, 또한 천지의 결합에 대응하는 인간의 혼인을 말한 31번 함괘咸卦와 부부는 영원한 동반자라는 사실을 일깨운 32번 항괘恒卦가 있다. 함괘와 항괘를 각각 180° 뒤집으면 함괘는 항괘로, 항괘는 함괘가 된다. 이밖에도 함항괘는 막내딸[澤]과 막내아들[山]의 교감으로 말미암아[咸] 새로운 질서가 영속한다[恒]는 뜻을 담고 있다. 마지막으로 천지는 완성과 미완성의 줄다리기라는 사실을 언급한 63번 수화기제괘水火旣濟卦와 64번 화수미제괘火水未濟卦가 있다. 특히 '기제미제旣濟未濟'는 선후천 '수화운동水火運動'의 순역順逆 원리를 뜻한다. '순順'은 10에서 1의 방향으로 진행하는 하도河圖의 도생역성倒生逆成, '역逆'은 1에서 10의 방향으로 진화하는 낙서의 역생도성逆生倒成을 가리킨다. 전자는 2화火에서 1수水로 나아가는 논리[火水未濟卦]를, 후자는 1수水에서 2화火로 나아가는 논리[水火旣濟卦]를 함축하고 있다.

이처럼 64괘의 순서는 만물이 생성하는 순환의 끝이 곧 새로운 시간의 시작이라는 창조적 순환론에 기초하고 있는 것이다. 천지와 인간의 유기적인 연관성을 강조한 64괘에서 중요하지 않은 것이 없으나, 이 열 개의 괘는 새로운 진리의 눈동자로 주역과 정역의 세계를 들여다볼 수 있는 핵심이라 판단하였다. 모쪼록 이 책을 통해 주역을 쉽게 이해할 수 있는 작은 디딤돌이 되기를 희망한다.

2013. 3. 26.

증산도상생문화연구소 연구위원 양재학

# 차 례

프롤로그 ················································································ 4

## *Chapter 1* 지천태괘地天泰卦 ················································ 14

1. 이 세상이 도달할 고향은 어디인가? : 태괘 ················ 14
2. 태괘 : 천하태평의 결과 ···················································· 18
3. 단전 : 진정한 소통은 어떻게 이루어지는가 ················ 20
4. 상전 : 천지는 인간 삶의 준거 ········································ 23
5. 초효 : 뜻을 같이하는 동료와 세상사에 참여하라 ·········· 25
6. 2효 : 중용의 실천이 천하사의 열쇠 ······························ 27
7. 3효 : 음양의 변화와 역사의 흥망성쇠는 자연의 이치·········· 28
8. 4효 : 마음의 소통은 만사형통의 첫걸음 ······················ 31
9. 5효 : 중도中道의 실현에 따라 길흉과 화복이 엇갈린다 ··· 32
10. 상효 : 세상사는 돌고도는 법 ········································ 33
11. 주역에서 정역으로 ·························································· 36

☞ 주역을 어떻게 읽을 것인가 ················································ 40

## *Chapter 2* 천지비괘天地否卦 ················································ 44

1. 소인과 상극의 시대상 : 비괘 ·········································· 44
2. 비괘 : 난관은 믿음으로 풀어라 ······································ 46
3. 단전 : 주역의 가르침은 소인학이 아니라 대인학 ········ 47
4. 상전 : 천지의 움직임과 시대상황을 주시하라·············· 50
5. 초효 : 현명한 지도자의 출현을 고대하다 ···················· 51
6. 2효 : 대인이 어찌 소인에게 아부하리오 ······················ 52
7. 3효 : 소인은 화려한 가면으로 얼굴을 꾸민다·············· 53
8. 4효 : 새로움의 조짐이 서서히 싹트기 시작하다············· 54
9. 5효 : 위기상황에서 영웅의 출현을 암시 ······················ 56
10. 상효 : 하늘 중심의 사유에서 땅 중심의 사유로 ·········· 58
11. 주역에서 정역으로ㅡ ························································ 60

☞ 周易 上下經 ············································································ 64

## Chapter 3 산지박괘山地剝卦 ·········· 66

1. 하늘의 섭리에 순응하면서 자신을 성찰해야 : 박괘 ·········· 66
2. 박괘 : 하늘의 섭리가 군자의 거울이다 ·········· 68
3. 단전 : 순응과 멈춤[順止]은 하늘의 원리 ·········· 69
4. 상전 : 본래의 자리로 돌아가는 원리 ·········· 71
5. 초효 : 극한상황에서 지키는 정도는 더욱 빛난다 ·········· 73
6. 2효 : 홀로 실천하는 중용이 아름답다 ·········· 75
7. 3효 : 홀로서기에 매진하는 군자의 외로움 ·········· 76
8. 4효 : 재앙은 인간에 대한 경고의 징표이다 ·········· 77
9. 5효 : 급할수록 뒤를 돌아보라 ·········· 78
10. 상효 : 마지막 잎새인 상효는 미래의 씨앗 ·········· 79
11. 주역에서 정역으로 ·········· 82

## Chapter 4 지뢰복괘地雷復卦 ·········· 86

1. 생명의 노래 : 복괘 ·········· 86
2. 복괘 : 천지는 순환의 시계에 의거하여 운행한다 ·········· 91
3. 단전 : 생명의 신비는 돌아감과 돌아옴[復]에 있다 ·········· 92
4. 상전 : 새로운 시대는 새로운 마음가짐으로 ·········· 97
5. 초효 : 천지의 뜻은 돌아옴에 있다 ·········· 101
6. 2효 : 아름다움[休]의 근거는 어짐[仁]이다 ·········· 103
7. 3효 : 상대방을 용서하는 포용력이 가장 위대하다 ·········· 105
8. 4효 : 진리를 동반자로 삼는 군자는 외롭지 않다 ·········· 106
9. 5효 : 중도中道는 진리의 준거이자 행위의 근거 ·········· 107
10. 상효 : 길 아닌 길은 가지 말라 ·········· 108
11. 주역에서 정역으로 ·········· 110

☞ 正易 卦變圖 ·········· 114

## *Chapter 5* 중수감괘重水坎卦 ······ 116

1. 구원의 길 : 감괘 ······ 116
2. 감괘 : 난관은 믿음으로 풀어라 ······ 120
3. 단전 : 우주사에 뿌리박힌 변화원리 ······ 122
4. 상전 : 고난을 벗어나는 지혜 - 덕행과 교육 ······ 125
5. 초효 : 혹독한 시련기의 도래 ······ 126
6. 2효 : 위기극복의 방법론 - 중용 ······ 127
7. 3효 : 변화의 조짐을 주목하라 ······ 128
8. 4효 : 구원을 얻는 길 ······ 130
9. 5효 : 중도를 지켜야 허물이 없다 ······ 132
10. 상효 : 밝음의 세상으로 ······ 133
11. 주역에서 정역으로 ······ 134

## *Chapter 6* 중화리괘重火離卦 ······ 140

1. 새로운 질서로의 몸짓 : 리괘 ······ 140
2. 리괘 : 축판의 세상을 향하여 ······ 143
3. 단전 : 정음정양의 세계상 ······ 144
4. 상전 : 대인- 천지의 속살을 드러내는 위대한 선각자 ······ 146
5. 초효 : 천도에 대한 공경심 ······ 147
6. 2효 : 땅 위에 펼쳐지는 하늘의 뜻 ······ 148
7. 3효 : 선후천의 변화 ······ 149
8. 4효 : 공포로 다가오는 대재앙 ······ 151
9. 5효 : 지도자에게 이로움이 있다 ······ 153
10. 상효 : 지도자의 통치- 천하사 ······ 154
11. 주역에서 정역으로 ······ 155

## Chapter 7 택산함괘澤山咸卦 ·············· 160

1. 천지가 결합하는 혼인이 진정한 감응이다 : 함괘 ············ 160
2. 함괘 : 생명의 영속은 남녀의 결합으로부터 ············ 167
3. 단전 : 천지는 감응의 메카니즘으로 움직인다. ············ 168
4. 상전 : 허위와 독선으로 가득 찬 '나'를 비워야 ············ 172
5. 초효 : 몸과 마음은 감응의 원리로 존재한다 ············ 175
6. 2효 : 느낌의 무드와 육체의 기쁨은 함께 가야 ············ 177
7. 3효 : 감정없는 사랑 행위는 삼가야 마땅하다············ 179
8. 4효 : 사랑 없는 결합은 허무하고 쓸모없다 ············ 180
9. 5효 : 진정한 사랑은 육체의 욕망을 초월해야············ 183
10. 상효 : 온갖 구설수는 입으로부터 비롯된다 ············ 185
11. 주역에서 정역으로 ············ 187

## Chapter 8 뇌풍항괘雷風恒卦 ·············· 192

1. 진리는 모두에게 개방되어 있다 : 항괘 ············ 192
2. 항괘 : 시공의 영속성은 이로움의 창조에 있다 ············ 196
3. 단전 : 항괘는 변화의 영속성을 말하는 과정철학 ············ 198
4. 상전 : 원칙과 입장이 서면 방향을 바꾸지 말아야 ············ 206
5. 초효 : 진리는 변화 속에서 찾아라 ············ 208
6. 2효 : 중용은 인류 최고의 지혜············ 210
7. 3효 : 중용을 지키지 않으면 용서받을 길이 없다 ············ 211
8. 4효 : 중용에 벗어난 행위에는 소득이 없다 ············ 213
9. 5효 : 일정한 마음과 일정한 덕은 함께 가야 ············ 215
10. 상효 : 어떤 상황에서도 흔들리지 않는 덕을 쌓아야············ 216
11. 주역에서 정역으로 ············ 217

*Chapter 9* 수화기제괘水火既濟卦 ·············· 222

1. 성공과 완성은 인간의 영원한 화두 : 기제괘 ············ 222
2. 기제괘 : 이 세상에 영원한 것은 없다 ················ 230
3. 단전 : 올바름으로 미래를 대비하라················ 233
4. 상전 : 물불이 교류하는 이치로 대비해야 ············ 235
5. 초효 : 신중한 처신은 일을 그르치지 않는다 ·········· 237
6. 2효 : 잃어버린 마음은 되찾기 어렵다 ·············· 239
7. 3효 : 소인을 멀리하라 ························ 240
8. 4효 : 사고는 예고한 다음에 발생하는 법이 없다 ········ 242
9. 5효 : 제사음식은 정성스런 마음이 으뜸가는 제물········ 243
10. 상효 : 교만한 마음은 실패의 어머니 ··············· 246
11. 주역에서 정역으로 ························· 247

*Chapter 10* 화수미제괘火水未濟卦 ·············· 252

1. 반대되는 것이 서로를 완성시킨다 : 미제괘 ············ 252
2. 미제괘 : 미완성의 과제는 조심스럽게 처세해야············ 255
3. 단전 : 물불이 빚어내는 갈등을 잠재워라 ············ 258
4. 상전 : 물불의 법칙으로 문명의 패러다임을 짜야 ······ 260
5. 초효 : 조급한 행동을 벌이면 회한이 뒤따른다 ·········· 261
6. 2효 : 중용이 정의[正道]보다 더 근원적인 핵심············ 263
7. 3효 : 시공간의 상황을 살펴 함부로 움직이지 말라 ········ 264
8. 4효 : 결과보다는 올바른 행동이 중요하다 ·············· 266
9. 5효 : 광명의 문화대국을 만드는 힘은 중용이다············ 268
10. 상효 : 믿음을 최선의 가치로 삼아야············ 269
11. 주역에서 정역으로 ························· 273

☞ 주역읽기의 방법 ··························· 278

찾아보기·································· 281

## 地天泰卦

지 천 태 괘

천지조화天地造化는 어떻게 이루어지는가?
하늘 기운은 위로 올라가고 땅 기운은 아래로
내려와 새로운 창조질서가 생긴다.

# *Chapter 1*

# 지천태괘地天泰卦
## : 천지조화天地造化는 어떻게 이루어지는가

## 1. 이 세상이 도달할 고향은 어디인가? : 태괘

정이천은 리괘履卦 다음에 태괘가 오는 이유를 다음과 같이 말한다.

泰는 序卦에 而泰然後安이라
故受之以泰라 하니라
履得其所則舒泰하고 泰則安矣니
泰所以次履也라
爲卦坤陰在上하고 乾陽居下하니
天地陰陽之氣相交而和면 則萬物生成이라

故<sup>고</sup>爲<sup>위</sup>通<sup>태</sup>泰<sup>통</sup>라

"태괘는 「서괘전」에 '(예를) 실천하여 태평한 뒤에 편안하기 때문에 태괘로 이어받았다'고 했다. 실천하여 제자리를 얻으면 태평하고, 태평하면 편안한 까닭에 태괘가 리괘의 다음이 된 것이다. 괘의 형성은 곤음이 위에 있고, 건양이 아래에 있다. 천지음양의 기운이 서로 사귀어 화합하면 만물이 생성한다. 그러므로 형통하고 태평한 것이다."

주역학자 양만리楊萬里(1124~1206: 호는 성재誠齋)는 태괘의 성격과 그 의미를 다음과 설명한다.

乾坤<sup>건곤</sup>은 天地之泰初<sup>천지지태초</sup>오

屯蒙<sup>둔몽</sup>은 人物之泰初<sup>인물지태초</sup>이니 有物此有養<sup>유물차유양</sup>이라

故<sup>고</sup>로 需而養之<sup>수이양지</sup>니라

養者<sup>양자</sup>는 生之源<sup>생지원</sup>이오 亦爭之端<sup>역쟁지단</sup>이라

小者<sup>소자</sup>는 訟<sup>송</sup>이요 大者<sup>대자</sup>는 戰<sup>전</sup>이니

師以除其惡<sup>사이제기악</sup>하고 比以附其善<sup>비이부기선</sup>하고

畜以生聚<sup>축이생취</sup>하고 履以辯治而後致泰<sup>리이변치이후치태</sup>니

豈一手一足之力哉<sup>기일수일족지력재</sup>리오

故曰<sup>고왈</sup> 古之无聖人<sup>고지무성인</sup>이면 則人之類滅久矣<sup>즉인지류멸구의</sup>리라

"건곤은 천지에서 가장 큰 태평함의 시초이며, 둔과 몽은 인간과 사물의 태평함의 시초이다. 사물이 있으면 길러야 하는 까닭에 기다려서[需] 길러야 한다. 기른다는 것은 생성의 근원이며 또한 다툼의 단서이다. 작은 것은 소송[訟]이고, 큰 것은 전쟁이다. 군대의 규율[師]로 악을 제거하고, 친근함[比]으로 선을 덧붙이고, 축畜은 모음을 낳고, 실천[履]으로 다스림을 분변한 이후에야 태평함[泰]이 이루어지는 것이다. 어찌 손과 발의 힘으로 이루어지겠는가. 그러므로 '옛날의 성인이 없었다면 인류가 소멸된 지 오래되었을 것이다'라고 했다."

태괘는 주역 64괘 중에서 가장 이상적이고 균형 잡힌 형태로서 길한 징조를 대표하는 괘로 알려져 있다. 태괘는 하늘과 땅이 각각 상하의 질서를 이루는 것이 바로 항구불변의 원리라는 철학적 사유의 이론적 근거였다. 하지만 비괘否卦(☰)처럼 가볍고 맑은 양은 더욱 위로 올라가고, 무겁고 탁한 음은 더욱 아래로 내려오면 만물의 생성활동은 불가능하다. 그것은 음양의 부조화와 불균형을 가져오는 불길한 징조를 뜻한다.

우주에는 무한팽창에서 성숙과 통일을 지향하는 원리가 있다. 이를 상징적으로 표상한 것이 지천태괘地天泰卦이다. 그것은 추상적인 이론이 아니라 우주가 최종적으로 도달해야 되는 목표라고 하여, 이에 대한 구체적인 과정을 풀이한 것이 바로 정역사상의 금화교역설金火交易說이다. 김일부金一夫(1826~1898)가 지은 『정역正易』의 원래 명칭은 『금화정역金火正易』였는데, 그것은 지극히 보편타당한 이치인 까닭에 금화金火를 생략하고 『정역』이라 불린다. 그는 금화교역에 대한 다섯 개의 시를 읊어 우주변화의 세계상을 찬양하였다.

태괘泰卦와 비괘否卦는 군자와 소인, 좋은 징조와 나쁜 징조, 대운과 소운 등의 극적인 대비를 통해 인생의 길을 정하는 길잡이 노릇을 하였다. 그렇다고 태괘가 불확실한 미래에 대해 희망의 메시지를 던졌다는 점에 의의가 있는 것이 아니다. 주역을 시종일관 선후천론으로 이해한 김일부에 따르면, 우주는 선천에서 후천으로, 캘린더는 1년 365¼일 윤역閏曆에서 1년 360일 정역正曆으로, 음양의 억음존양抑陰尊陽에서 조양율음調陽律陰으로, 괘도로는 문왕괘도에서 정역괘도로 바뀌는 필연법칙을 논증함으로써 주역학의 물꼬를 새롭게 텄을 뿐만 아니라 한국철학의 독창성을 유감없이 발휘하였다.

선천에서 후천으로의 전환이라는 주제는 우주와 역사와 문명의 순환법칙을 총괄적으로 설명하는 원리이다. 최수운과 김일부는 우주를 선천과 후천으로 나누었다. 최수운은 후천개벽기의 급격한 혼란은 종교의 힘으로 극복할 수 있다고 주장했으며, 김일부는 후천개벽의 타당성을 점검하여 새로운 천지가 정립될 것임을 논증하였다. 김일부는 시간질서와 천지질서와 문명질서가 바뀌는 거대담론을 제시하여 조선조 말기 후천개벽사상의 초석을 다졌다.

'태泰'는 '매우 크다', '태평하다'는 의미이다. 동양에서는 하늘과 땅의 화합으로 생겨나는 생명의 원형을 본받아 건설하는 사회가 가장 이상적인 세계라고 보았다. 유교가 얼마나 태평성대를 꿈꾸었는지는 TV에서 방영하는 역사 드라마에서 자주 언급되는 대화에서도 찾을 수 있다. 세상이 어지러우면 어지러울수록 지식인들은 더욱더 태평성대를 부르짖어 정치개혁의 구실로 삼았던 것이다.

태괘는 곤괘坤卦(☷)가 위에, 건괘乾卦(☰)가 아래에 자리잡는다. 보통은 양이 위에, 음이 아래에 있는 것이 정상임에도 불구하고 태괘는 도리어 무거운 음 에너지는 내려오고, 가벼운 양 에너지는 위로 올라가는 형상이다. 그것은 상하의 질서가 무너진 무도한 상태를 지적한 비괘와 다르게 하늘과 땅의 기운이 서로 상응하여 생명을 약동시키는 원리를 함축한다. 한마디로 천지음양의 두 기운이 서로 통하고 화합하는 가운데 만물이 생겨나고 자라서 성숙됨을 시사한 것이다.

## 2. 태괘 : 천하태평의 결과

* 泰<sub>태</sub>는 小<sub>소</sub>往<sub>왕</sub>大<sub>대</sub>來<sub>래</sub>하니 吉<sub>길</sub>하여 亨<sub>형</sub>하니라

  태는 작은 것은 가고 큰 것이 오니 길하여 형통한다.

태괘는 기본적으로 시간 속[1]에서의 음양의 변화와 생성을 말한다. '현재'를 중심으로 작은 것은 '과거'로 지나가고[往], 큰 것은 '미래'에서 다가온다[來]고 했다. 과거와 현재가 어둡고 고통스럽더라도 미

---

[1] 미하일 엡스테인/류필하, 「시간의 살인」 『시간으로부터의 해방』(서울: 자인, 2001), 97-150쪽 참조. "과거로부터 미래를 해방시키는 일, 그리고 미래로부터 과거를 해방시키는 일, 이 서로 상반되는 듯한 두 개념을 충족시킬 수 있는 것은 오직 한 단어일 뿐이다. 혁명! 혁명은 좌파혁명 또는 우파혁명으로 나타날 수도 있고, 또한 위대한 유토피아라는 이름으로 또는 위대한 전통이라는 이름으로 수행될 수도 있다. 그리고 혁명의 첫 번째 희생자가 바로 시간이다. 과거와 미래의 상호 '해방'의 희생자는 항상 '현재'였다. 현재는 한 번도 자신의 독자적인 가치를 가져 본 적이 없고, 항상 과거에 대한 메아리거나 아니면 미래에 대한 준비단계로 여겨졌다. 포스트모더니즘은 바로 이 용어 자체에서 역사적 시간의 흐름을 멈추려 하고 어떤 후기 역사적 공간, '시간의 보관소'를 건설하려 한다."

래에는 행운이 다가와 만물이 모두 제 뜻을 펼칠 수 있다[亨]고 했다.

"선천은 천지비天地否요, 후천은 지천태地天泰니라. 선천에는 하늘만 높이고 땅은 높이지 않았으니 이는 지덕地德이 큰 것을 모름이라. 이 뒤에는 하늘과 땅을 일체로 받든 것이 옳으니라."(『도전』 2:51:1-3)

정이천程伊川에 따르면, 작은 것[小]은 음陰이고 큰 것[大]은 양陽이다.[2] 음은 작고 양이 크다는 것을 달리 표현하면 '양다음소陽多陰小'요, '삼천양지三天兩地'다. 그것은 우주론적으로나 가치론적으로 '억음존양抑陰尊陽'의 질서를 나타낸다.[3] 선천은 닫힌 질서로서 '삼천양지三天兩地'의 세계요, 후천은 열린 질서로서 '양지삼천三地兩天'[4]의 세계이다.

> ☞ 시간 속에서의 음양의 변화와 생성을 얘기하는 태괘는 닫힌 상극세상은 멀리 가고, 열린 상생의 세상이 오는 이치를 밝히고 있다.

---

2 "小는 謂陰이요 大는 謂陽이며 往은 往之於外也요 來는 來居於內也니."
3 『도전』 2:52:1-5, "선천은 抑陰尊陽의 세상이라. 여자의 원한이 천지에 가득 차서 천지운로를 가로막고 그 화액이 장차 터져 나와 마침내 인간세상을 멸망하게 하느니라. 예전에는 억음존양이 되면서도 항언에 '陰陽'이라 하여 양보다 음을 먼저 이르니 어찌 기이한 일이 아니리오. 이 뒤로는 '음양' 그대로 사실을 바로 꾸미리라."
4 형식논리로는 삼지양천三地兩天이지만 실제로는 정음정양正陰正陽이다.

## 3. 단전 : 진정한 소통은 어떻게 이루어지는가

★ 象曰 泰小往大來吉亨은
   則是天地交而萬物이 通也며
   上下交而其志同也라
   內陽而外陰하며 內健而外順하며
   內君子而外小人하니 君子道長하고 小人道消也라

단전에 이르기를 '태는 작은 것은 가고 큰 것은 오니 길하여 형통한다'는 것은 곧 하늘과 땅이 사귀어 만물이 통하며, 상하가 사귀어 그 뜻이 같음이다. 안은 양이고 밖은 음이며, 안은 건실하고 밖은 유순하며, 안은 군자이고 밖은 소인이니, 군자의 도는 자라나고 소인의 도는 사라진다.

태괘의 핵심은 '천지가 결혼하여 만물이 소통하고, 상하가 결혼하여 그 뜻이 같아진다'는 말에 있다. '천지가 결혼하여 만물이 소통한다'는 말은 하늘기운은 아래로 내려오고, 땅기운은 위로 올라가 음양이 조화되어 새로운 창조질서가 생겨남을 가리킨다. 가벼운 하늘기운은 한없이 위로 올라가고, 무거운 땅기운은 아래로 내려간다면 음양이 서로 헤어져 어두운 공간으로 변질되어 생명체가 탄생할 수 없는 것이다.

'천지가 결혼하여 만물이 소통한다[天地交而萬物, 通也]'는 것은 새로운 천지가 탄생하는 과정을 말한 것이고, 그 결과적 표현은 「계사전」 상편 7장 "천지가 제자리를 베풀면 역이 그 가운데 행해진다[天地設位, 而易行乎其中矣]"의 '천지가 제자리를 베풀면'이라는 명제에 온전히 담겨 있다. '천지설위天地設位'는 천지비天地否의 세상에서 지천태地天泰의 세상으로 바뀌어 천지가 그 궁극목적을 달성하는 것을 뜻한다.[5]

이를 김일부는 60갑자 이론으로 밝히고 있다.

> "하늘이 땅과 덕을 합하니 32요, 땅이 하늘과 도를 합하니 61일세[天地合德三十二, 地天合道六十一]."[6]

정역사상의 기조는 천간天干의 갑기질서甲己秩序에서 기갑질서己甲秩序로의 전환에 있다. 선후천의 변화는 토土의 위상변화에서 쉽게 찾을 수 있다. 선천에는 갑을병정무甲乙丙丁戊에서 '무戊의 5토土'가 생명창조의 중심이었다면, 후천에는 기경신임계己庚辛壬癸에서 '기己의 십토十土'가 새로운 창조질서의 배꼽이 된다. 묶어서 얘기하면, 선천 무위戊位의 하늘이 땅으로 되는 것은 무술戊戌에서 시작하여 순도수順度數(度順道逆)의 이치에 따라 기사己巳까지 32도度이다. 후천 기위己位의 땅이 하늘이 되는 것, 즉 땅이 하늘과 도를 합하는 것은 기사己

---

5 ①『도전』2:43:1-4, "지금은 온 천하가 가을운수의 시작으로 들어서고 있느니라. 이 때는 천지성공시대니라. 악한 자는 가을에 지는 낙엽같이 떨어져 멸망할 것이요, 참된 자는 온갖 과실이 가을에 결실함과 같으니라. 그러므로 이제 만물의 생명이 다 새로워지고 만복이 다시 시작되느니라." ②『도전』4:21:1, "이 때는 천지성공시대니라. 서신이 명을 맡아 만유를 지배하여 뭇 이치를 모아 크게 이루나니 이른바 개벽이라."

6『正易』「十五一言」

巳에서 시작하여 역도수逆度數(度逆道順)의 이치에 따라 한 바퀴를 도니까 61도度(己巳)가 되는 것이다.

이를 김정현金貞鉉은 『정역주의正易註義』에서 다음과 같이 풀이하고 있다.

> "'천지天地'를 괘도로 표현하면 비괘否卦이다. 비괘否卦는 음양이 사귀지 못하는 까닭에 비록 그 덕이 부합하고 있으나, 음양의 체위도수體位度數의 반인 32도 밖에 돌지 못한다. '지천地天'을 괘도로 표현하면 태괘이다. 태괘는 음양의 사귐이 완전하므로 그 도를 통합하여 체위도수體位度數 전체인 61도를 돈다."

그러니까 천지합덕天地合德의 세상은 천지비운天地否運이며, 지천합도地天合道의 세상은 지천태운地天泰運이라 할 수 있다.

'천지설위天地設位'의 목표에 도달하기 위해서 우주는 세 단계를 거쳐야 한다. 우주의 생生의 단계를 표상하는 복희괘도에서 장長의 단계를 표상하는 문왕괘도로 전환하며, 다시 성成의 단계를 표상하는 정역괘도로 진화한다. 우주가 처음으로 생겨날 때는 하늘은 위에, 땅은 아래에 위치하고 나머지 6괘는 입체적 공간으로 확장된다. 그것은 「설괘전」에 상세하게 나타나 있다.

「설괘전」 3장의 '천지정위天地定位'는 복희괘도를, 「설괘전」 5장은 문왕괘도를, 「계사전」 상편 7장의 '천지설위天地設位'와 「설괘전」 6장의 내용은 정역괘도를 뜻한다. 복희괘도[生]가 천지비天地否(乾南坤北)를 나타낸다면, 그 중간과정[長]인 분열확장의 원리를 상징하는 것은 문왕괘도이며, 정역괘도[成]는 지천태地天泰(坤南乾北)를 가리킨다. 따라서 거꾸로 놓였던 하늘과 땅이 원래의 제자리를 찾는 혁명적 사태가 바로 '천지정위天地正位'인 것이다.[7]

태괘는 천지질서를 안과 밖으로 나눈다. 안은 양이며 성질은 건실하고 사람으로는 군자이며, 밖은 음이며 유순하고 소인이다. 여기서 바로 인간의 성격을 외유내강 혹은 내유외강으로 나누는 유형, 남존여비라는 용어가 생기는 연유가 있다. 그것은 겉과 속, 드러난 질서와 숨겨진 질서, 선천과 후천이라는 문제의식을 갖도록 한다.

지천태괘地天泰卦 괘사의 결론은 '군자의 도는 자라나고 소인의 도는 사라진다[君子道長, 小人道消也]'는 명제에 있다. 선천 말기, 즉 선후천 교체기에 이르면 군자의 도리는 커지고 소인의 도리는 작아진다고 하여 인간 삶의 모습을 극명하게 차별화시켰다.

> ☞ 하늘기운은 위로 올라가고, 땅기운은 아래로 내려와 새로운 창조질서가 생겨난다.

## 4. 상전 : 천지는 인간 삶의 준거

\* 象曰 天地交泰니
　　后以하여 財成天地之道하며

---

7 주역 34번 째 雷天大壯卦에서는 "(새로운 천지의) 바르고 큼에서 천지의 실정을 볼 수 있다[正大而天地之情, 可見矣]"고 하여 天地設位의 결과를 표현했다.

輔相天地之宜하여 以左右民하나니라

상전에 이르기를 하늘과 땅이 사귀는 것이 태이다. 왕은 이를 본받아 천지의 도를 재단하여 이루며, 천지의 마땅함을 돕고 백성을 돕는다.

하늘과 땅이 결합하여 음양이 조화되면 만물이 생겨나고 자라서 모든 일이 크게 이루어지는 까닭에 '태泰'라고 부른다. 가장 높은 지위에 있는 왕은 천지의 이법을 삶의 준거로 삼아서 제도를 마련하고, 천지가 만물을 낳는 목적을 본받아 백성들의 삶을 부양한다.

재물 재財는 마름질한다는 의미의 재裁이다. 무엇을 마름질한다는 것인가? 왕은 하늘과 땅의 걸음걸이를 측정하고 관찰하여 백성들에게 실질적인 도움이 될 수 있는 캘린더(달력)를 제정하여 농사짓는 시기를 알려준다[財成天地之道]. 천지질서를 바탕으로 왕은 올바른 제도를 정비하는 일이 최우선의 과제이다. 천지지도天地之道가 본체(존재)라면, 천지지의天地之宜는 당위當爲이기 때문에 태괘는 존재와 당위의 일치를 겨냥한다. 제도정비만 완벽하고, 그것을 운용하는 의식이 마비되었다면 일은 엉망진창 될 것이 뻔하다. 자동차 정비는 완료되었으나, 운전자가 술 취했다면 아무런 쓸모가 없는 것과 마찬가지이다.

財成은 謂體天地交泰之道而財制하여

成其施爲之方也라

輔相天地之宜는 天地通泰면 則萬物茂遂하나니

<sup>인군체지이위법제</sup>　　　　<sup>사민용천시인지리</sup>
**人君體之而爲法制**하여 **使民用天時因地利**하여
<sup>보조화육지공</sup>　　　<sup>성기풍미지리야</sup>
**輔助化育之功**하여 **成其豊美之利也**라

"'제성財成'은 천지가 사귀어 크게 통하는 진리를 체득하여 재제해서 시행하는 방법을 이루는 것이다. '천지의 마땅함[<sup>천지지의</sup>天地之宜]'을 도움은 천지가 크게 통하면 만물이 무성하게 이루어지니, 군주는 이것을 체득하여 법제로 만들어서 백성들로 하여금 천시天時를 사용하고 지리地利로 말미암아 화육의 공능을 도와서 풍성하고 아름다운 이로움을 이루게 하는 것이다."(<sup>정이천</sup>程伊川의 <sup>주석</sup>註釋)

자연계에는 정연한 질서가 존재한다. 그것은 준엄한 도덕의 근거이다. 하지만 보통 사람들은 외물의 유혹에 빠져 분명히 인식하지 못한다. 재단사가 능숙한 솜씨로 옷감에서 필요한 부분만을 잘라내어 옷을 만들어내듯이, 군주는 천지의 도에 대한 틀을 짜내어 제도를 정비한 다음, 백성들의 삶에 도움되는 문명의 이기 등을 만든다.

> ☞ 천지가 만물을 낳는 목적을 본받아 인류를 위한 삶을 부양해야 마땅하다.

## 5. 초효 : 뜻을 같이하는 동료와 세상사에 참여하라

<sup>초구</sup>　<sup>발모여</sup>　<sup>이기휘</sup>　<sup>정</sup>　<sup>길</sup>
\* **初九**는 **拔茅茹**라 **以其彙**로 **征**이니 **吉**하니라

<sup>상왈 발모정길</sup>　　<sup>지재외야</sup>
**象曰 拔茅征吉**은 **志在外也**라

> 초구는 띠풀 뿌리를 뽑음이다. 그 무리로써 나아감이니 길하다. 상전에 이르기를 '띠풀 뿌리를 뽑아 나아감이 길하다'는 것은 그 뜻이 밖에 있음이다.

'모茅'는 잔디풀의 이름이다. '여茹'는 띠풀의 뿌리가 길게 연결되어 있는 것을 말하며, 뿌리들이 서로 얽혀 무리지어 있는 것을 '휘彙'라 한다. 들판에 나가 띠풀을 하나 뽑으면 그 뿌리들이 잇달아 뽑히는 것을 경험했을 것이다. 그것은 태평성대에 뜻있는 선비들이 조정에 나아가 동참하려는 모양을 본뜬 것이다.

초효는 양효양위陽爻陽位의 신분으로 현명하고 의지가 굳건한 재야 선비를 상징한다. 어두운 난세에 알아주는 이가 없을 때는 숨어 지내지만, 지금은 새로운 세상이기 때문에 개인의 일보다는 천하에 뜻을 둔다. 이때는 자기 혼자만의 이익이나 명예는 접어두고 동료들과 손잡고 전진해야 한다.[8] 왜냐하면 띠풀 한 포기를 뽑으면 그 주위의 뿌리들도 한꺼번에 딸려 나오듯이, 하괘의 세 효는 띠풀의 뿌리처럼 뜻을 함께 하는 공동 운명체이기 때문이다. 그것은 선비들의 인격과 풍모와 삶의 자세를 상징한다.

> ☞ 선비는 혼자만의 이익이나 명예는 접어두고, 동료들과 뜻을 모아서 조정에 나아가려는 의지를 가져야 한다.

---

8 "誠齋楊氏曰 君子之志在天下요 不在一身이라 故曰志在外니라."

## 6. 2효 : 중용의 실천이 천하사의 열쇠

* 九二는 包荒하며 用馮河하며 不遐遺하며
  朋亡하면 得尚于中行하리라
  象曰 包荒得尚于中行은 以光大也라

구이는 거친 것을 포용하며, 하수를 맨발로 건너며, 먼 것을 버리지 아니하며, 가깝다고 붕당을 짓는 일이 없으면, 중용의 덕을 실천하는데 숭상함을 얻을 것이다. 상전에 이르기를 '거친 것을 포용하여 중용의 덕을 실천하여 숭상함을 얻음'은 크게 빛난다는 뜻이다.

2효는 음위양효陰位陽爻로서 정正은 얻지 못했으나 중용의 덕은 갖추었다. 비록 양이 음의 자리에 있지만, 5효와 상응관계를 이루고 있기 때문에 인간과 사회가 빚어내는 온갖 부조리와 불합리한 모순들을 넓은 아량으로 포용한다. 그리고 실천에 있어서는 강을 건너는 데 배를 사용하지 않고 걸어서 건너는 과감한 용기를 발휘한다. 또한 현실에서 소외된 현자들을 불러들여 인재로 등용한다.[9] 자신들의 잇속만 챙겨 끼리끼리 나눠먹는 붕당은 천하를 망치는 지름길이라고 경계했다. 그러면 중용의 덕을 남김없이 펼칠 수 있는 것이다.

반대파를 아무런 조건없이 모두 포용하는 관용과 아량[包荒], 큰

---

9 남만성, 『주역』(서울: 성균서관, 1976), 89쪽. "汚濁을 포용하는 도량, 大河를 徒步(맨발로 건넘)하는 과단, 疎遠을 버리지 않는 박애, 情實을 끊어버리는 公正., 이러한 덕행을 구비하면 태평성세로 발전하여 크게 빛나리라."

강을 도보로 건너는 용기[用馮河], 먼 곳에 있는 숨은 인재들이 원망하지 않는 등용의 원칙[不遐遺], 이권만을 지키려는 기득권 세력의 해체[朋亡] 등은 현대사회의 소중한 밑거름이다. 이것이 바로 깨끗한 정치의 요건인 것이다.

> ☞ 붕당은 천하를 망치는 지름길이다. 관용과 아량, 큰 강을 건너는 용기, 참다운 인재등용, 기득권 세력의 해체야말로 깨끗한 정치의 밑거름이다.

## 7. 3효 : 음양의 변화와 역사의 흥망성쇠는 자연의 이치

★ 九三은 无平不陂며 无往不復이니 艱貞이면

无咎하여 勿恤이라도 其孚라

于食에 有福하리라

象曰 无往不復은 天地際也라

구삼은 평평해도 기울어지지 않음이 없으며, 가서 돌아오지 않음이 없으니, 어렵더라도 바르게 하면 허물이 없어서 근심하지 않더라도 미덥다. 먹는 데에 복이 있을 것이다. 상전에 이르기를 '가서 돌아오지 않음이 없다'는 것은 천지의 접점[10]이기 때문이다.

---

10 박일봉의 '접점'이라는 표현이 너무 좋아서 그대로 인용했다. 박일봉, 『주역』(서울: 육문사, 1989), 130쪽. 접점은 카오스와 코스모스가 교체식을 거행하는 지점으로서 새로운 창조의 지평선을 뜻한다.

3효는 양효양위陽爻陽位의 '정正'을 얻고 있으나, 중용의 덕에서 지나쳤다. 하괘의 극한에 도달했으며, 더욱이 하괘 선천(3효)에서 상괘 후천(4효)으로 넘어가기 직전의 혼돈상[艮]을 표상하고 있다. 만물은 극성하면 다시 쇠락한다. 뚫리면[泰] 마침내 막히는[否] 상황으로 접어들고 다시 순환한다.

지금은 시간적으로 막힌 것이 시원하게 뚫리는 교체기[天地'際']라는 것이 태괘의 가르침이다. 따라서 선후천 전환의 이치에 의거하여 자연에는 음양이 순환하고 역사는 흥망성쇠가 거듭한다는 것을 알아서 두려워하고 경계해야 마땅하다.

상전벽해桑田碧海란 말이 있다. 세월은 아무 것도 그대로 두지 않는다. 평평한 땅도 기울며, 태평성대도 기우뚱거려 쇠락하는 것이 역사의 필연법칙이다. 양陽의 극성시대(乾道)가 지나면 음陰의 시대(坤道)가 돌아온다. 지금은 천지비天地否의 시대에서 지천태地天泰의 시대로 접어드는 선후천 교체기이다. 따라서 천지질서가 바뀌는 이치를 깨달아 힘들고 어려운 일을 극복하고 도를 지키면 화를 물리쳐 복을 누릴 수 있다는 것이다.

'평평하여 기울어짐이 없으며 가서 돌아오지 않음 없다[无平无陂, 无往不復]'는 말은 동양의 독특한 순환론적 우주관을 설명하는 주제이다. 그것은 또한 동학 우주론의 핵심이다.『동경대전東經大全』「논학문論學文」에는 다음과 같은 대화가 기록되어 있다.

"사방에서 어진 선비들이 나에게 와서 묻기를 '지금 천령이 선생님께 강림하였다 하니 어찌된 일입니까?' 대답하기를 '가서 돌아오지 아니함이 없는 이치를 받은 것이니라.' 묻기를 '그러면 도라고 이름합니까?' 대답하기를 '천도이니라.'(四方賢士進我而問曰 今天靈이 降臨先生이라 하니 何爲其然也니까 曰受其無往不復之理니라 曰然則何道以名之니까 曰天道也니라)."[11]

동학은 시천주사상과 함께 당시의 조선은 역사적으로 쇠퇴기에 접어들었다는 '시운적 개벽관時運的 開闢觀'이 주요한 테마였다. 동학이 말하는 시운관은 태괘의 순환론에 근거하여 한 나라의 운세도 흥성기가 있으면 반드시 쇠락기가 뒤따른다는 역사의 순환관이 그 주류를 형성했다. 동학은 시간의 운세에 따라 후천개벽을 통해 지상천국이 도래한다는 것을 부르짖었다.[12] 개벽이란 선천이 지나가면 후천이 온다는 대변혁을 뜻한다. 동학이 지향하는 유토피아적 세상은 결국 개벽에 의거한 후천의 이상적 사회의 건설에 있다고 하겠다.

"가야 오고 죽어야 사는 것이 이 세상의 모순이며 아이러니다. 그래서 인생도 去者를 莫追하고 來者를 不去하는 모양이다. 갈 것은 가고 올 것은 와야 한다. 그래야 送舊迎新도 하고 新陳代謝도 하며, 숨통도 트이고 새 생명도 돋는 것이라 하겠다. 小子야 지는 달을 서러워 말고 돋는 달의 맑은 빛을, 비록 가늘고 실낱 같을지라도 새롭고 싱싱한 몇배의 光度를 지닌 皇中月을 맞이할 수 있는 마음의 준비를 갖추어라. 네 마음 가운데 어두움을 던져온 天心月일랑 西天하늘 먼 나라로 띄워 보내고, 이제 淸新하고 명랑한 皇中月을 東天하늘 가까운 곳에 발견하여라.

---

11 『천도교경전』(서울: 천도교중앙총부, 2000), 323쪽.
12 『海月神師法說』15「開闢運數」의 첫머리부터 "斯世之運은 天地開闢初之大運回復也니 世界萬物이 無非更定胞胎之數也니라"고 시운을 외쳤다.

<ruby>一去一來非異事<rt>일거일래비이사</rt></ruby>요 <ruby>一往一復亦常理<rt>일왕일복역상리</rt></ruby>라
<ruby>去者莫追來者歡<rt>거자막추래자환</rt></ruby>하라 <ruby>人生安知不爲喜<rt>인생안지불위희</rt></ruby>랴."[13]

> ☞ 3효는 4효로 넘어가지 직전의 혼동상[艱<rt>간</rt>]을 상징한다. 지금은 시간적으로 막힌 것이 뚫리는 교체기[天地際<rt>천지제</rt>]라는 것이 태괘의 가르침이다.

## 8. 4효 : 마음의 소통은 만사형통의 첫걸음

★ <ruby>六四<rt>육사</rt></ruby>는 <ruby>翩翩<rt>편편</rt></ruby>히 <ruby>不富以其鄰<rt>불부이기린</rt></ruby>하여 <ruby>不戒以孚<rt>불계이부</rt></ruby>로다

<ruby>象曰<rt>상왈</rt></ruby> <ruby>翩翩不富<rt>편편불부</rt></ruby>는 <ruby>皆失實也<rt>개실실야</rt></ruby>오

<ruby>不戒以孚<rt>불계이부</rt></ruby>는 <ruby>中心願也<rt>중심원야</rt></ruby>라

육사는 새가 무리지어 나는 듯이 부자가 되려 하지 않고 이웃과 함께 하여 경계하지 않고 믿는다. 상전에 이르기를 '새가 무리지어 나는 듯이 부자가 되려 하지 않음'은 모두 실제를 잃음이요, '경계하지 않고 믿는다'는 것은 마음 속에서 깊이 원함이다.

4효는 음효가 음위陰位에 있어 정위正位이다. 하괘의 초효와의 관계도 썩 좋다. 4효는 자신이 부자임을 전혀 의식하지 않고서, 동료인 5효 및 상효와 더불어 친근감을 한껏 부풀린다. 이 세 음효는 각각 경계심을 풀고 서로를 받아들인다. 또한 마음 깊숙이 하괘의 세 양효를 믿

---

13 이정호, 앞의 책, 25쪽.

는다.

'편편翩翩'은 새가 빨리 나는 모양으로서 4효가 이웃과 함께 하려는 의지를 나타낸 것이다. 어떤 부유한 사람에게 무리가 따른다는 것은 이익 때문일 것이며, 부유하지 않는데도 따르는 것은 뜻이 일치하기 때문이다. 세 음효들은 본래 아래에 존재해야 함에도 불구하고 위에 위치함은 그 본질을 잃어버렸던 까닭에 다시 고향으로 돌아가려는 영원회귀성을 표상한다. 4효의 위치에서 음양이 오르고 내림은 바로 시운時運의 전환을 의미한다.

> ☞ 4효는 초효와 상응하고 또한 동료인 5효와 상효와 더불어 친근감을 갖고서 각각 경계심을 풀고 마음으로 서로를 받아들인다.

## 9. 5효 : 중도中道의 실현에 따라 길흉과 화복이 엇갈린다

\* 六五는 帝乙歸妹니 以祉며 元吉이리라

象曰 以祉元吉은 中以行願也라

육오는 제을이 누이동생을 시집보내는 것이니, 이로써 복이 되며 크게 길할 것이다. 상전에 이르기를 '복이 되며 크게 길하다'는 것은 중도로써 원하는 것을 행하기 때문이다.

5효는 음효양위陰爻陽位이지만 상괘에서 중용의 덕을 갖춘 군주의 자리이다. 그것은 또한 하괘에서 중용의 덕을 갖춘 2효 신하를 신뢰하여 스스로 몸을 낮춰서 따른다. 옛날 탕왕이 자신의 딸을 신하에게 시집보내어 은나라 창업에 도움이 되었다는 것처럼, 제을帝乙 임금도 2효 신하에게 딸(누이동생)을 시집보내어 충성을 확고하게 다짐받았던 것이다. 이처럼 아랫사람과 혼인관계를 맺는다는 것은 신뢰관계를 두텁게 하여 정치사회적으로 안정을 도모할 수 있는 첩경이기 때문이다.

복과 길의 판단기준은 중도의 실현에 달려 있다. 중도의 길은 넘쳐서도 안 되고, 모자라서도 안 된다. 그러니까 교만은 중도의 적이다. 스스로를 낮추는 겸손한 마음은 상대방의 마음을 안심시킨다. 상대의 마음을 긁어주어 편안케 하는 것이니, 이것이 바로 덕을 높이고 쌓는 열쇠이다. 덕을 쌓은 일은 물질적 은혜로 이루어지지 않는다. 덕은 베푸는 것이지 받는 것이 아니기 때문이다.

> ☞ 중용의 길은 넘쳐서도 안 되고, 모자라서도 안 된다.
> 특히 교만은 중용의 적이다.

## 10. 상효 : 세상사는 돌고도는 법

*  上六은 城復于隍이라
   <sub>상 육   성 복 우 황</sub>

   勿用師오 自邑告命이니 貞이라도 吝하니라
   <sub>물 용 사   자 읍 고 명   정   인</sub>

   象曰 城復于隍은 其命이 亂也라
   <sub>상 왈 성 복 우 황   기 명   난 야</sub>

상육은 성이 황으로 돌아옴이다. 군사를 일으키지 말고 읍으로부터 명을 내리니 올바르더라도 인색하다. 상전에 이르기를 '성이 황으로 돌아옴'이라는 것은 그 명이 어지럽기 때문이다.

상효는 태괘의 끝자락으로서 음효음위陰爻陰位이다. 그것은 곧이어 나오는 천지비괘天地否卦의 영역으로 골인하려는 시점을 나타낸다. 옛날에는 적군이 공격하지 못하도록 흙을 파서 성을 쌓았다. 성 둘레에 흙을 파서 연못을 만들면 적군이 쉽게 공격하지 못한다. 하지만 오랜 시간이 지나면 성이 무너져 연못을 메꾸게 마련이다. 즉 연못 물이 마른 상태인 황隍(垓字<sup>해자</sup>)이 흙으로 메꿔지는 것처럼, 상효는 태평성대가 지나 쇠운衰運의 그림자가 다가오는 이치를 묘사했다.

태괘의 상효는 건괘 상효의 '항룡-유회亢龍有悔'가 잘 대변한다. 이때는 함부로 군대를 일으켜 전쟁해서는 안 된다[勿用師<sup>물용사</sup>]. 외교로 해결될 문제를 공연히 전쟁으로 대신한다는 것은 국가를 파국으로 몰고가는 어리석은 행위이기 때문이다. 수도[邑<sup>읍</sup>]는 그 나라의 심장부다. 그곳에서 국가정책을 비롯한 모든 행정이 시행된다. 그렇지 않고 여기저기서 민원사항이 폭주한다면 막을 방법이 없다. 이 지경에 도달하면 아무리 올바른 정치를 실행하더라도 궁색해지고 만다.

정치혼란의 시초는 상층부에서의 권력투쟁이라든가 도덕적 타락에서 비롯된다. 그 원인을 백성에게 돌려서는 안 된다. 국론이 분열되는 까닭은 바로 권력의 심장부에서 위계질서가 무너졌기 때문이다. 한 나라의 흥망성쇠의 부침은 자연법칙과 하등 다를 바가 없다. 태평한 시대가 가면 비색으로 직결되며, 또한 막히면 뚫리는 것이 세상사이다.

김일부는 지천태괘의 원리를 수지도수手指度數의 방법(체용體用의 극적인 전환)으로 3극론을 완결짓고 있다.

"(열 손가락 중 무지拇指를) 들어 손꼽으면 곧 무극이니 10이다. (10을 굽히면) 10은 (무지拇指인 1을 굽히면) 곧 태극이니 1이다. 1은 10이 없으면 그 본체[體]가 없음이요, 10은 1이 없으면 그 작용[用]이 없음이니 체와 용을 합하면 (중앙에 위치하는) 토土로써 그 중中(하도의 중앙)에 위치하므로 5이니 황극이니라."[14]

김일부에 따르면, 10무극과 1태극은 체용관계이다. 이 체용을 통합시키는 것이 바로 5황극이다. 통합한다는 말은 10무극과 1태극이 5황극으로 집약된다는 뜻이다. 10무극은 1태극을 지향하며, 1태극 역시 10무극을 지향하는데 무극과 태극은 황극에서 집약통일되면서 '하나'가 되므로 황극의 위상을 '중中'이라 하는 것이다. 오행으로 볼 때, 10무극의 '십十'과 1태극의 '일一'을 조합하면 창조를 주재하는 '토土'가 되는 것이다. 그래서 주역에서는 지천태괘地天泰卦의 순서를 열 한 번째에 놓는 것이다.

> ☞ 건괘 '항룡유회亢龍有悔'의 상황을 빗대어 얘기한다. 자연이 순환하는 이치에 따라 태평성대가 끝나고 쇠운의 그림자가 다가오므로 미리미리 대비해야 한다.

---

[14] 『正易』「十五一言」, "擧便无極이시니 十이니라. 十便是太極이시니 一이니라. 一이 无十이면 无體요 十이 无一이면 无用이니 合하면 土라 居中이 五니 皇極이시니라."

## 11. 주역에서 정역으로

정역사상의 연구자 이상룡李象龍은 선후천론의 입장에서 태괘의 성격을 다음과 같이 설명한다.

泰字는 因陽大之大오
而重之二畫이니 三陽回泰라
而人生於寅之義也며 内合水字니라
水는 水也니 陽水生於亥오
十五乾坤之陽陰交和而宮南位北은
后天之象也라
且陰陽之道否先泰后일새 故此於否也니라

'태'의 글자는 양은 크다, 또는 세 개의 양은 태운泰運을 조성한다는 뜻을 담고 있다. 또한 하늘이 열리고[子] 땅이 열린[丑] 다음에 인寅의 단계에서 인류가 출현한다는 의미를 취한 것이다. 양陽 기운을 띤 물[水]은 해亥에서 생기는데, 십오건곤十五乾坤의 음양이 서로 교합하여 남북에 위치하는 것[乾北坤南]은 후천의 모습이다. 또한 음양의 도수度數는 비否가 앞이고 태泰가 뒤이기 때문에 태괘가 비괘 다음에 오는 것이다.

象曰 泰小往大來吉亨은 戊讓己尊일새

태도무량야
泰道无量也니라

*「단전」- "태는 작은 것은 가고 큰 것이 와서 길하고 형통한다[泰, 小往大來, 吉亨]"는 천간의 무戊가 뒤로 물러나 기己가 존귀해진다[戊讓己尊]의 뜻으로 태의 진리가 무량하다는 것을 밝힌 것이다.

상왈 후이        재성천지지도
象曰 后以하여 財成天地之道하며
보상천지지의           이좌우민
輔相天地之宜하여 以左右民하나니라 하니
무위이석        민락기소야
无爲而汐을 民樂其所也라

*「상전」- "왕은 이를 본받아 천지의 도를 재단하여 이루며, 천지의 마땅함을 돕고 백성을 돕는다[后以, 財成天地之道, 輔相天地之宜, 以左右民]"는 말은 천지가 드러내는 (북극에서 물이 빠지고 남극으로 물이 넘치는) 썰물현상을 백성들이 (후천의 천지에서) 즐기는 것을 뜻한다.

초구      발모여     이기휘      정      길
初九는 拔茅茹라 以其彙로 征이니 吉하나라는
군자병진야
君子幷進也니라

* 초효- "초구는 띠풀 뿌리를 뽑음이다. 그 무리로써 나아감이 길하다"는 것은 군자가 다른 사람들과 더불어 나아가는 모습이다.

구이      포황        용빙하       불하유
九二는 包荒하며 用憑河하며 不遐遺는

聲<sup>성</sup>敎<sup>교</sup>无<sup>무</sup>外<sup>외</sup>하여 訖<sup>흘</sup>于<sup>우</sup>黃<sup>황</sup>河<sup>하</sup>之<sup>지</sup>西<sup>서</sup>也<sup>야</sup>며 朋<sup>붕</sup>亡<sup>망</sup>하면
得<sup>득</sup>尙<sup>상</sup>于<sup>우</sup>中<sup>중</sup>行<sup>행</sup>은 打<sup>타</sup>吾<sup>오</sup>眞<sup>진</sup>朋<sup>붕</sup>者<sup>자</sup>가
无<sup>무</sup>玆<sup>자</sup>易<sup>역</sup>種<sup>종</sup>信<sup>신</sup>愷<sup>개</sup>悌<sup>제</sup>也<sup>야</sup>라

\* 2효– "구이는 거친 것을 포용하며 하수를 맨발로 건너는 것을 쓰며, 먼 것을 버리지 아니하한다"는 것은 가르치는 소리에는 바깥이 없기 때문에 황하黃河의 서쪽에 도달할 수 있다. "진실로 붕당을 짓는 일이 없으면, 중용의 덕을 실천하는데 숭상함을 얻을 것이다"라는 말은 붕당짓는 친구가 없게 하면 즐겁고 공경스러운 믿음을 갖추기가 쉬울 것이다.

九<sup>구</sup>三<sup>삼</sup>은 无<sup>무</sup>平<sup>평</sup>不<sup>불</sup>陂<sup>피</sup>며 无<sup>무</sup>往<sup>왕</sup>不<sup>불</sup>復<sup>복</sup>이니 艱<sup>간</sup>貞<sup>정</sup>이면 无<sup>무</sup>咎<sup>구</sup>는
際<sup>제</sup>其<sup>기</sup>否<sup>비</sup>泰<sup>태</sup>로 誡<sup>계</sup>之<sup>지</sup>誡<sup>계</sup>之<sup>지</sup>也<sup>야</sup>오
勿<sup>물</sup>恤<sup>휼</sup>其<sup>기</sup>孚<sup>부</sup>와 于<sup>우</sup>食<sup>식</sup>有<sup>유</sup>福<sup>복</sup>은
剛<sup>강</sup>而<sup>이</sup>能<sup>능</sup>斷<sup>단</sup>하여 終<sup>종</sup>受<sup>수</sup>福<sup>복</sup>慶<sup>경</sup>也<sup>야</sup>라

\* 3효– "구삼은 구삼은 평평해도 기울어지지 않음이 없으며, 가서 돌아오지 않음이 없으니, 어렵더라도 바르게 하면 허물이 없다"는 말은 비괘의 세상이 태괘의 세상으로 바뀌려는 즈음에는 조심하고 또 조심하라는 뜻이다. "근심하지 않더라도 미더운지라. 먹는 데에 복이 있을 것이다"라는 말은 굳건하여 끝마침을 능히 판단할 수 있기 때문에 축복받을 것이다.

六四는 <sup>편 편</sup>翩翩히 <sup>불부이기린</sup>不富以其隣하여

<sup>불계이부</sup>不誡以孚로다는 <sup>열 이 상 종 야</sup>說而相從也라

＊4효-"육사는 새가 무리지어 나는 듯이 부자가 되려 하지 않고 이웃과 함께 하여 경계하지 않고 믿는다"는 것은 기쁜 마음으로 서로를 따르는 모습이다.

六五는 <sup>제 을 귀 매</sup>帝乙歸妹니 <sup>이 지</sup>以祉며 <sup>원 길</sup>元吉이리라는

<sup>상 을 회 이 제 출</sup>上乙會而帝出하여 <sup>음 양 교 화 이 강 록 야</sup>陰陽交和而降祿也니라

＊5효-"육오는 제을이 누이동생을 시집보내는 것이니, 복이 되며 크게 길하다"는 것은 상을회上乙會를 맞이하여 (하늘의 주재자가) 임금이 나와 음양이 서로 화합하고 녹봉을 준다는 뜻이다.

<sup>상육</sup>上六은 <sup>성 복 우 황</sup>城復于隍이라

<sup>물 용 사</sup>勿用師오 <sup>자 읍 고 명</sup>自邑告命이니 <sup>정</sup>貞이라도 <sup>인</sup>吝하니라는

<sup>천 지 재 벽 고 효</sup>天地再闢誥曉하니 <sup>이 천 하 혁 명 야</sup>而天下革命也라

＊상효-"상육은 성이 황으로 돌아옴이다. 군사를 일으키지 말고 읍으로부터 명을 내리니 올바르더라도 인색하다"는 말은 천지가 다시 열림을 알려주는 것으로 천하의 혁명을 깨우친다.

## ☞ 주역을 어떻게 읽을 것인가

『주역周易』은 『시경詩經』과 『서경書經』과 더불어 동양학의 뿌리가 되는 경전이다. 특히 명나라에서 『논어』, 『맹자』, 『중용』, 『대학』이 과거시험의 정식 과목으로 채택되자 주역은 더욱더 사서四書의 사상적 원형이 담긴 책으로 평가되어 상한가로 치솟았다. 과거로부터 현재까지의 주역의 역사를 더듬어보면, 주역은 학술學術과 점술占術의 평행선을 걸으면서 발전해왔다.

하지만 동양문화를 지탱해 왔던 『주역』은 사서삼경에서 가장 으뜸가는 경전의 위상을 확보했음에도 불구하고 도리어 운명을 감정하는 점서占書에 이론적 근거를 제공하는 실용의 측면이 더욱 부각되고 있는 점이 안타깝다. 지금도 『주역』은 강단철학의 '최고 이론서'로 이름을 날리고 있으며, 다른 한편으로는 강호동양학의 사상적 뿌리로서 인간의 경험을 넘어서는 신의 의지를 헤아리는 '신서神書'로 알려지고 있다. 강단동양학자의 입장에서 보면 후자는 주역에 대한 모독이요, 강호동양학의 입장에서 보면 전자는 관념적이고 지배계층의 이데올로기를 뒷받침하는 특수서일 뿐만 아니라 실생활에 아무런 도움을 주지 못하는 교과서에 지나지 않는다는 것이다.

동양철학에서 주역이 차지하는 위치는 학문의 최고원리가 담겨 있는 것으로 인식되어 시대와 더불어 꾸준히 연구되고 발전되어 왔다. 현재 주역에 대한 관심은 현대과학, 철학, 의학, 문학, 고고학, 민속학, 언어학, 인류학, 건축과 조경, 사주명리학 등 여러 방면에 걸쳐 연구방법은 물론 결과도 다양한 학설과 응용방안으로 나타났다.

우리는 과거와 미래가 공존하는 현상을 사회 곳곳에서 찾을 수 있다. 특히 주역을 현대적으로 탈바꿈시킨 사업들이 벤처기업으로 급상승하는 모습을 쉽게 목격할 수 있다. 인터넷에서는 주역의 현 주소를 대변하는 글들이 쏟아져 나오고 있다. 신문의 제목도 거창하다. "점점占占 커져가는 '운세사업', 년 2조원 시장", "한국인과 점占, 인터넷 운수사이트의 호황", "대학에 관련학과 개설", "무속타운의 형성" 등이 바로 그것이다.

문화가 다원화되고 사회는 복잡해지면서 생존경쟁은 더욱 치열해졌고, 개인이 적응해야할 상황은 불투명해지면서 믿고 의지할 수 있는 권위는 무너졌다. 권위가 사라진 사회에서 역술인이나 점술가와 무속인의 위압적인 태도가 때로는 권위와 비슷한 효과를 내는 경우가 종종 있다. 매주 일요일 예배당이나 절간을 찾아가 아무리 기도해도 명확한 확답은 들을 수 없고, 내세의 행복을 보장하는 종교에 비해 점은 그 자리에서 곧바로 예언을 들을 수 있다는 면에서 훨씬 빠르고 편리하기 때문에 한국인의 코드와 부합한다는 말도 생겨났다. 역술인이나 무당은 자신의 목소리가 아닌 하늘의 소리를 전달한다고 자신한다. 철학관 앞에 걸린 신장대는 하늘과 교신하는 안테나이자 신탁을 전달하는 상징이다. 점술인들은 자신이 내뱉는 말에 확실한 근거는 내세우지 않고 확신만을 심어준다. 오직 신의 능력을 빌려 미래를 예측할 따름이다.

한편 점이나 무속은 생활의 지혜라는 형태를 띤다. 수천 년 간농경사회에서 살아온 조상들의 농점農占은 미신이 아니라 경험과학을 대신하는 기능도 있었다. 농점 뿐만 아니라 풍수風水, 관상觀相, 수상手相, 주역점周易占 등은 일종의 통계학이다. 역사적으로 보면, 점은 신화神話에서 나왔다. 신부나 목사 또는 승려에게서 얘기를 들으면 마음이 후련해지는 것처럼, 점술가에게 돈을 주고 점보면 마음이 편안해지는 현상은 똑같은 심리라고 보는 학자도 있다.

하지만 '생활주역'이 아무리 일상과 친밀감이 있더라도 문화의 핵심이 되어서는 곤란하다. 왜냐하면 명백하고 객관적인 근거가 희박하기 때문이다. 또한 그것은 합리적 사유를 약화시킬 우려가 있고, 생활주역의 사회적 만연은 보편적 가치의 신뢰성을 떨어뜨리는 치명적인 결함이 있다. 다만 일시적인 카운셀링의 효과로서 만족해야 할 것이다.

그래서 율곡栗谷(1536~1584)은 주역읽기의 방법에 대해 곁가지로 흐르거나, 도덕의 관점에서 벗어난 활용은 오히려 인류와 사회에 수많은 해로운 독소를 남긴다고 경고했던 것이다. 따라서 객관적 근거가 희박한 점술 또는 사주명리보다는 주역의 진정한 가르침에 귀기울여야 마땅하다.

## 천지비괘
# 天地否卦

맑은 군자의 시대는 가고 낡은 소인의 시대가 오다. 싸움을 즐기는 소인보다는 화해를 좋아하는 군자가 되어 천지의 움직임과 시대상황을 주시하라!

*Chapter 2*

# 천지비괘天地否卦
## : 군자의 시대는 가고 소인의 시대가 오다

## 1. 소인과 상극의 시대상 : 비괘

정이천은 지천태괘 다음에 천지비괘가 오는 이유를 다음과 같이 말한다.

否<sub>비</sub>는 序卦<sub>서괘</sub>에 泰者<sub>태괘</sub>는 通也<sub>통야</sub>니 物不可以終通<sub>물불가이종통</sub>이라
故受之以否<sub>고수지이비</sub>라 하니라 夫物理往來<sub>부물리왕래</sub>하니
通泰之極<sub>통태지극</sub>이면 則必否<sub>즉필비</sub>하니 否所以次泰也<sub>비소이차태야</sub>라
爲卦天上地下<sub>위괘천상지하</sub>하니 天地相交<sub>천지상교</sub>하여 陰陽和暢<sub>음양화창</sub>이면
則爲泰<sub>즉위태</sub>요 天處上<sub>천처상</sub>하고 地處下<sub>지처하</sub>면 是天地隔絶<sub>시천지격절</sub>하여
不相交通<sub>불상교통</sub>이니 所以爲否也<sub>소이위비야</sub>라

"비괘는 「서괘전」에 '태는 통함이니, 사물은 끝내 통할 수만은 없기 때문에 비괘로 이어받는다'고 했다. 대저 사물의 이치는 가고 오는 것이니, 태의 경지가 극한에 도달하면 반드시 막히기 때문에 비괘가 태괘의 다음이 된 것이다. 괘의 형성은 하늘이 위에 있고 땅이 아래에 있으니, 천지가 서로 사귀어 음양이 화창하면 태가 된다. 하늘이 위에 있고 땅이 아래에 있으면 천지가 떨어져 서로 통하지 못하는 까닭에 비가 되는 것이다."

비괘否卦는 태괘泰卦와는 달리 위에는 하늘괘[天天, ☰]가, 아래에는 땅괘[地지, ☷]가 있다. 한문에서 무엇무엇이 '아니다'라고 할 때는 '부'라 읽고, '막히다[否塞비색]'라고 할 때는 '비'라고 읽는다. 이는 현대물리학에서 말하는 카오스이론과 비유하면 이해하기가 쉽다. 카오스란 무질서의 질서라는 뜻으로서 무질서 속에서 새로움을 탄생시키려고 요동치는 자기조직화의 과정을 일컫는다. 그것은 무질서의 극한을 넘어서 새로운 세계의 창조과정을 뜻한다. 반면에 카오스와 대응하는 코스모스란 원래부터 아름다운 질서로 창조되어 배열된 우주라는 뜻이다.

사람은 서로 마주보면서 의지하고 생활하는 존재라는 뜻에서 '인人' 자가 만들어졌다. 하지만 비괘否卦는 사회적 존재로서의 인간의 본성에 어긋나는 상태를 묘사하고 있다. 자연계에서 음은 양에 의해 소외당하고, 양은 음에 의해 소외당한다. 또한 사람이 사람에 의해서 소외된 상태가 바로 비괘의 형상이다. 그것은 인간과 사회와 역사와 문명의 상극상을 보여준다. 왜냐하면 양은 위로 올라가고, 음은 아래로 내려와 만물의 조화가 불가능한 모습을 보이기 때문이다.

비괘否卦에서 안은 음陰, 밖은 양陽이다. 그것은 속마음은 유약한데 비해서 겉모습은 강한 것처럼 꾸미고 있는 모양이다. 즉 소인이 심장부에 버티고 있고, 군자는 도리어 주변인이 되어 소외되는 꼴이다. 그러니까 소인의 도는 점차 널리 퍼지고, 군자의 도는 사라지는 형상이다.

## 2. 비괘 : 난관은 믿음으로 풀어라

시작이 있으면 끝이 있다는 시종론始終論은 직선형 시간관과 직결되며, 이는 종말론의 역사관으로 나타난다. 반면에 끝나는 곳에서 새로움이 다시 시작된다는 종시론終始論은 순환형의 시간관을 형성시킨다.

★否之匪人이니 不利君子貞하니 大往小來니라
<sub>비지비인</sub> <sub>불리군자정</sub> <sub>대왕소래</sub>

비는 사람 아닌 길로 가는 자이니, 군자의 올바름이 불리하며, 큰 것은 가고 작은 것이 온다.

비괘는 비정상적으로 둥글어가는 세상을 얘기한다. 비괘에서 말하는 주인공은 군자가 아니라 모순투성이 소인이다. 사람답지 않은 소인이 군자를 괴롭힌다. 게다가 세상은 의사소통의 통로가 꽉 막혀 건강한 여론조성이 되지 못한다. 소인이 실권을 장악하여 경쟁자인 군자를 중상모략할 뿐만 아니라 제거하기에 바쁘다. 그러니까 지금은 군자의 나라가 아닌 소인이 판치는 세상인 것이다.

천하를 걱정하는 이는 오로지 성인과 군자일 따름이다. 군주는 오로지 자신의 권한확대에만, 신하는 자손에게 물려줄 경제적 이권만을, 백성은 백성대로 윤리도덕보다는 눈앞의 이득만을 챙기기 때문에 온세상이 치유불능의 상태에 빠졌다. 그러니까 대운은 가고 소운이 와서 겨우 숨통만 유지하는 시기일 수밖에 없다.

> ☞ 소인은 마음의 문을 굳게 닫아버리고 군자를 멀리 한다. 삶에서 가장 중요한 공부는 '대왕소래'에 담긴 천지에 대한 공부이다.

## 3. 단전 : 주역의 가르침은 소인학이 아니라 대인학

<br>단 왈 비지비인불리군자정대왕소래
* 彖曰 否之匪人不利君子貞大往小來는

즉시천지불교이만물 불통야
則是天地不交而萬物이 不通也며

상하불교이천하무방야 내음이외양
上下不交而天下无邦也라 內陰而外陽하며

내유이외강 내소인 외군자
內柔而外剛하며 內小人이 外君子하니

소인도장 군자도소야
小人道長하고 君子道消也니라

단전에 이르기를 '비는 사람 아닌 길로 가는 자이니, 군자의 올바름이 불리하며 큰 것은 가고 작은 것이 온다'는 것은 천지가 사귀지 못하여 만물이 통하지 아니하며, 상하가 사귀지 못하여 천하에 나라가 없음이다. 안은 음이고 밖은 양이며, 안은 부드럽고 밖은 강하며, 안은 소인이고 밖은 군자이니, 소인의 도는 자라나고 군자의 도는 사라진다.

소인은 마음의 빗장을 닫고 아예 군자를 멀리 한다. 태괘가 군자의 도리를 말했다면, 비괘는 소인의 득세를 말한다. 군자는 화해를 좋아하고, 소인은 싸움을 즐긴다. 소인은 수신이나 도덕에 대해서는 아예 관심을 두지 않는다. 이익이라면 지뢰밭에 들어가는 것도 두려워하지 않는 것이 소인이다. 군자는 자신과의 대화에 능숙하지만, 소인은 애당초 자신을 알아보려 하지 않고 외부의 유혹에 빠져 물든다. 이때는 소인의 세상이기 때문에 군자가 아무리 올바르더라도 불리하다.

주역은 천지에서 인간의 위상과 존재의미를 묻는다. 인생에서 가장 주요한 것은 천지에 대한 공부이다. 주역은 소인학이 아니라 군자학이다. 군자는 외롭다. 외롭지만 고민하지 않는다. 왜냐하면 하늘의 명령을 자신의 사명으로 삼기 때문이다. 정이천程伊川은 비괘否卦의 결론은 군자에 있음을 강조한다.

天地交而萬物生於中然後에
三才備하나니 人爲最靈이라
故爲萬物之首하니 凡生天地之中者皆人道也라
天地不交하면 則不生萬物이니 是无人道라
故曰匪人이니 謂非人道也라

消<sup>소</sup>長<sup>장</sup>闔<sup>합</sup>闢<sup>벽</sup>이 相<sup>상</sup>因<sup>인</sup>而<sup>이</sup>不<sup>불</sup>息<sup>식</sup>하나니

泰<sup>태</sup>極<sup>극</sup>則<sup>즉</sup>復<sup>복</sup>하고 否<sup>비</sup>終<sup>종</sup>則<sup>즉</sup>傾<sup>경</sup>하여

无<sup>무</sup>常<sup>상</sup>而<sup>이</sup>不<sup>불</sup>變<sup>변</sup>之<sup>지</sup>理<sup>리</sup>하니

人<sup>인</sup>道<sup>도</sup>豈<sup>기</sup>能<sup>능</sup>无<sup>무</sup>也<sup>야</sup>리오 旣<sup>기</sup>否<sup>비</sup>則<sup>즉</sup>泰<sup>태</sup>矣<sup>의</sup>니라

"천지가 사귀어 만물이 그 중앙에서 생겨난 뒤에 3재가 갖추어지는데, 사람이 가장 신령스러우므로 만물의 으뜸이 되니 무릇 천지의 중앙에서 태어난 것은 모두 인도이다. 천지가 사귀지 않으면 만물을 낳지 못하니 이는 인도가 없는 것이다. 그러므로 '사람같지 않은 사람[匪人<sup>비인</sup>]'이라 했으니, 인도가 아님을 가리킨 것이다. 사라지고 자라남과 닫히고 열림이 서로 원인이 되어 쉬지 않으니, 태가 극단에 이르면 돌아가고 비가 끝나면 기울어서 언제나 변화하지 않는 이치가 없으니 인도가 어찌 없겠는가. 이미 막혔다가 통하여 태평하게 된다."

☞ 비괘는 소인이 권력의 심장부에 버티어 있고, 도리어 군자는 주변인이 되어 소외된 형상이다. 이는 인간과 자연과 역사와 문명의 총체적인 상극상을 나타내고 있다.

## 4. 상전 : 천지의 움직임과 시대상황을 주시하라

* 象曰 天地不交否니
  君子以하여 儉德辟難하여 不可榮以祿이니라
  <sub>상 왈 천 지 불 교 비</sub>
  <sub>군 자 이    검 덕 피 난    불 가 영 이 록</sub>

> 천지가 사귀지 않는 것이 비否이다. 군자는 이를 본받아 덕을 검소하게 하여(드러나지 않게 쌓고) 어려움을 피하며, 녹봉 받는 것을 영예롭게 여기지 않는다.

 천지는 항상 사귀기만 하거나 못 사귀지도 않는다. 때로는 천지가 사귀기도 하고, 사귀지 못하는 때가 있다는 것이다. 그러니까 사람은 사귀는 때와 사귀지 못하는 때를 가려서 거기에 알맞은 행위를 하면 되는 것이다. 지금은 때가 무르익지[15] 않았기 때문에 유덕有德함도 숨기고 세상에서 물러나는 시기이다. 여기에서 바로 시간의식이 개입되는 것을 알 수 있다.

 지금은 천지가 사귀지 못하는 비상시국이다. 천지에 경고등이 켜진 시기이다. 군자는 이를 본받아서 남이 알지 못하는 덕을 기르면서 환

---

15 유아사 야스오/이정배 외, 『몸과 우주』(서울: 지식산업사, 2004), 91-94, "고대 그리이스에는 두 개의 시간관념을 보여 주고 있다. 크로노스chronos와 카이로스kairos가 그것이다. 크로노스는 객체적 시간이다. 카이로스는 타이밍이나 시기chance라는 의미를 가진 말이다. 말하자면 생명이 성숙할 때 또는 뭔가 새로운 것이 생겨나는 변화의 때를 말한다. 『역경』의 시간은 이러한 카이로스적 시간이다. 미우라 쿠니오三浦國雄는 역易에서 말하는 '때[時]'를 "64괘의 각 괘가 갖고 있는 고유의 시간 또는 상황situation이나 경우"를 말하는 것이라고 정의했다. 역의 시간은 생명체의 성숙을 지배하는 시간에만 있지 않고, 그것을 느낄 수 있는 주체의 심리적 시간도 함께 말하고 있다.

란을 피해야 한다. 소인이 득세하여 세상을 어지럽히기 때문이다. 그렇다고 아무 일도 하지 않으면서 매달 나오는 봉급생활이나 퇴직금으로 부귀영화를 삼아서는 안 된다.

> ☞ 천지가 사귀지 못하는 비상시국에 군자는 덕을 쌓으면서 환란을 피해야 한다.

## 5. 초효 : 현명한 지도자의 출현을 고대하다

\* 初六은 拔茅茹라 以其彙로 貞이니 吉하여 亨하니라
(초육)  (발모여)  (이기휘)  (정)    (길)    (형)

象曰 拔茅貞吉은 志在君也라
(상왈)(발모정길)  (지재군야)

초육은 띠풀 뿌리를 뽑음이다. 그 무리로써 올바름이니 길하여 형통한다. 상전에 이르기를 '띠풀을 뽑는 것이 올바라서 길하다'는 것은 그 뜻이 군주에 있음이다.

초효는 음이 양의 자리[不正位]에 있는 소인을 상징한다. 정의가 땅에 떨어진 무도한 세상에 초효 소인이 등용됨에 2효, 3효의 소인배들과 함께 나아가는 형상이다. 왜냐하면 띠풀 한 포기를 뽑으면 그 뿌리와 연결된 다른 띠풀 몇 포기도 함께 뽑히는 모습이기 때문이다.

지천태괘에서는 태평한 세상이므로 무리지어 벼슬살이하러 한꺼번에 나아간다고 했다. 하지만 천지비괘에서는 올바른 지도자가 출현하여 태평한 세상으로 이끌어 주었으면 하는 바램으로 공동체 구성원

(백성들)들이 서로 뜻을 뭉치는 양상이다.

천하가 도탄에 빠진 경우에는 여러 가지 처방도 약효가 없다. 오로지 덕이 높고 뛰어난 역량을 지닌 군주가 나와 올바른 정치로 백성들을 이끌면 된다. 마치 오리새끼가 먹이를 주는 어미에게 목을 쭉 빼고 쳐다보는 것처럼 백성들은 훌륭한 군주를 목마르게 기다리는 것이다 [志在君也].

> ☞ 지도자가 출현하여 태평한 세상으로 이끌어 주었으면 하는 바람으로 구성원들은 서로 뜻을 하나로 모아야 한다.

## 6. 2효 : 대인이 어찌 소인에게 아부하리오

★ 六二는 包承이니 小人은 吉코 大人은 否니 亨이라

象曰 大人否亨은 不亂羣也라

육이는 포용하고 이어받음이니 소인은 길하고 대인은 비색하지만 형통한다. 상전에 이르기를 '대인은 비색하지만 형통한다'는 것은 무리를 어지럽히지 않기 때문이다.

2효는 음이 음의 자리[陰位]에 있을 뿐만 아니라 하괘의 중앙에 위치하여 '중정中正'을 얻고 있다. 하지만 2효의 주체는 소인이다. 소인은 5효 군주의 뜻을 그대로 수용하고 명령을 이어받아 집행한다. '포

'包'는 5효 군주가 폭압정치를 하는데도 간언하지 않고 인정한다는 뜻이고, '承'은 의롭지 못한 명령조차도 기꺼이 따른다는 뜻이다. 그러니까 군주와 신하가 결탁하여 독재정치를 하기 때문에 소인은 길할 수밖에 없는 것이다.[16]

소인과는 달리 대인은 비록 몸은 곤궁하지만 마음은 항상 여유롭다. 혼탁한 세상과 타협하지 않는 까닭에 잠시 막히지만 마음은 언제나 천하에 두어 마침내 형통한다. 권력은 덧없는 것이라서 대인은 권세에 아부하지 않고 절대로 뜻을 굽히지 않는다. 권세에 눈에 멀면 남들이 다 보는 것조차 볼 수 없는 청맹과니가 된다. 이것이 바로 소인과 대인의 차이점이다.

> ☞ 대인은 곤궁할지라도 몸과 마음은 여유롭다. 세상과 타협하지 않는 까닭에 잠시 막히지만, 그 뜻을 천하에 두어 마침내 형통한다.

## 7. 3효 : 소인은 화려한 가면으로 얼굴을 꾸민다

<sub>육삼</sub>　<sub>포수</sub>　　<sub>상왈</sub>　<sub>포수</sub>　　<sub>위부당야</sub>
★ 六三은 包羞로다 象曰 包羞는 位不當也일새라

육삼은 싼 것이 부끄럽다. 상전에 이르기를 '싼 것이 부끄럽다'는

---

16 김홍호, 앞의 책, 244쪽. "六二는 신숙주같은 사람이다. 신숙주는 수양에게 포용되고 승복하여 숙주나물이 되고 말았다. 신숙주같은 소인은 벼슬이 높아지게 된다[小人吉]. 그런데 성삼문같은 사람은 죽임을 당한다[大人否]. 그래도 의인의 죽음은 나라 발전의 밑거름이 된다. 그래서 '형亨'이다."

것은 위치가 마땅하지 않기 때문이다.

3효는 음이 양의 자리에 있고[不正$^{부정}$], 더욱이 하괘의 극한점에 도달하여[不中$^{부중}$] 장차 상괘로 넘어가려는 전환기이다. 능력이 부족한 소인이 감당하지 못할 높은 지위에 있다. 소인은 그것을 감추려고 갖가지 옷으로 화려하게 꾸미려고 한다. 그는 껍데기를 멋지게 포장하여 내면의 부끄러운 행위를 은폐하는데 능숙하다.

소인은 자신이 소인[陰$^{음}$]인 줄 알면서 군자인 체[陽位$^{양위}$] 하는 것에 대해 부담감을 안고 있다. 즉 재주와 능력이 모자라면서 부귀와 명예를 모두 누리려니까 가면으로 얼굴을 가리고 위장하여 스스로 감춘다. 하지만 진솔하게 내면을 드러내고, 껍데기를 과감하게 버리지 않고는 불명예를 벗어날 수 없다.

> ☞ 소인은 겉모습을 멋지게 꾸며 내면의 부끄러움을 감추는데 능숙하다. 소인이여! 스스로를 탈바꿈하라.

## 8. 4효 : 새로움의 조짐이 서서히 싹트기 시작하다

* 九四$^{구사}$는 有命$^{유명}$이면 无咎$^{무구}$하여 疇離祉$^{주이지}$리라

象曰$^{상왈}$ 有命无咎$^{유명무구}$는 志行也$^{지행야}$라

구사는 천명이 있어 허물이 없고 동료가 복을 받을 것이다. 상전에 이르기를 '천명이 있어 허물이 없다'는 것은 뜻이 시행됨이다.

밭이랑 '주疇'는 무리 또는 동료라는 뜻인 '주儔'와 통한다. '리離'는 떠나다, 헤어지다가 아니라 '붙는다' 또는 '걸리다'는 의미이다. '지祉'는 행복 또는 복지를 가리킨다. 하늘이 내리는 명령을 깨달아 자신의 소명으로 삼기 때문에 허물이 없고, 동료뿐만 아니라 모든 사람이 복을 누린다는 가르침이다.

4효는 선천에서 방금 후천으로 넘어온 것을 상징한다. 그래서 지천태괘 4효에서는 군자의 시대는 물러나고 소인의 시대가 다가온다고 하였던 것이다. 하지만 천지비괘 4효에서는 소인의 시대는 청소되고 군자의 시대가 밀려오는 까닭에 4효와 5효와 상효의 양들이 새로운 세상을 만들려고 의견을 모아 혁명하려고 한다[有命].

4효에 이르면 비색한 세상의 절반은 지났다. 새로움이 싹트는 조짐이 서서히 나타나기 시작한다. 이때는 선천이 퇴거를 신고하고, 후천에 전입을 신고하는 이사철이다.[17] 여기에는 조건이 있다. 4효는 양이 음의 자리에 있기[不正] 때문에 외부적 조건이 주어져야 한다. 곧 하늘의 명령인 시운時運에 따라야 한다. 하늘의 명령은 시간흐름의 목적성으로 인간에게 계시되는 것이다.

'뜻이 행해진다[志行]'에도 두 가지 뜻이 있다. 하나는 4효와 5효와 상효가 현실적으로 모두 바뀐다는 정치윤리적 해석이며, 다른 하나는 하늘의 의지[志]가 이때를 시발점으로 삼아서 획기적으로 전환한다는 것이 바로 그것이다.

---

17 이에 대해 주자는 다음과 같이 풀이한다. "否가 중간을 지났으니 장차 구제될 때이다[否過中矣니 將濟之時也라]"

☞ 4효는 선천이 퇴거를 신고하고, 후천에 전입을 신고하는 이사철임을 표상한다.

## 9. 5효 : 위기상황에서 영웅의 출현을 암시

\* 九五는 休否라 大人의 吉이니 其亡其亡[18]이라아
繫于苞桑이리라 象曰 大人之吉은 位正當也일새라

구오는 비색한 것을 쉬게 함이다. 대인의 길함이니 망할까 망할까 하면서 뽕나무 뿌리에 매리라. 상전에 이르기를 '대인이 길하다'는 것은 그 위치가 정당하기 때문이다.

5효는 양이 양의 자리에 있고[陽爻陽位] 또한 중용의 덕을 갖추었다. 또한 하괘의 2효와도 상응관계를 이루어 비색한 기운은 뒷전으로 물러나 대인에게 탄탄대로가 열리는 조짐을 보여 길하다. 비운의 시절은 끝났다. 태평시대가 열리는 새로운 환경에 대비하여 마음자세를 새롭게 다지면 된다.

---

18 이정호, 앞의 책, 26쪽. "苞桑은 뽕나무의 叢生한 뿌리니 매우 견고하다. 茅茹의 종류가 아니다. 「豳風」 "올빼미[鴟鴞]"장에 '뽕나무 뿌리를 벗겨다가 창도 엮고 문도 엮었으니[徹彼桑土하여 綢繆牖戶로다]' 라 한 것도 이 苞桑과 같은 질기고 든든한 뽕나무 줄기를 가리킨 것이다. 休否가 傾否로 될 때에는 桑田이 碧海가 되고 碧海가 桑田되는 天地의 大變化를 예상할 수 있다. 이럴 때일수록 우리는 苞桑과 같은 튼튼한 생명줄을 굳건히 잡을 필요가 있다."

선천에서 후천으로 넘어갈 때는 세기말적인 상황으로 나타난다. 유교의 종지와 성인의 가르침이 뽑혀나가는 듯한 형국은 '거의 망할 지경이다. 거의 망할 지경이다[其亡其亡]'이라는 애절한 표현[19]이 대변한다. 영웅은 위기에 출현하듯이, 대인大人과 성인聖人의 우환의식憂患意識이 구체적으로 나타나는 곳이 바로 비괘否卦 5효이다.

그렇다면 대인은 어떤 심정과 각오로 종말적 상황에 대처하는가? 뽕나무 뿌리는 매우 질기고도 질기다. 대인은 거기에 천하의 근심과 걱정을 매어놓아 어떤 위기가 닥쳐도 흔들림없는 기반을 다진다. 대인은 천하와 문명 전체에 대한 미래의 청사진을 짜는 문화영웅인 것이다.

선후천 교체기의 급격한 변동에 대한 준비가 얼마만큼 중요한 것인가를 강조하기 위해서 공자는「계사전」하편 5장에서 다시 한번 언급했다.

危<sub>위</sub>者<sub>자</sub>는 安<sub>안</sub>其<sub>기</sub>位<sub>위</sub>者<sub>자</sub>也<sub>야</sub>오 亡<sub>망</sub>者<sub>자</sub>는 保<sub>보</sub>其<sub>기</sub>存<sub>존</sub>者<sub>자</sub>也<sub>야</sub>오
亂<sub>난</sub>者<sub>자</sub>는 有<sub>유</sub>其<sub>기</sub>治<sub>치</sub>者<sub>자</sub>也<sub>야</sub>라
是<sub>시</sub>故<sub>고</sub>로 君<sub>군</sub>子<sub>자</sub>安<sub>안</sub>而<sub>이</sub>不<sub>불</sub>忘<sub>망</sub>位<sub>위</sub>하며 存<sub>존</sub>而<sub>이</sub>不<sub>불</sub>忘<sub>망</sub>亡<sub>망</sub>하며
治<sub>치</sub>而<sub>이</sub>不<sub>불</sub>忘<sub>망</sub>亂<sub>난</sub>이라

---

[19] "'천하창생이 모두 저 송사리떼와 같이 먹고살려고 껄떡거리다가 허망하게 다 죽을 일을 생각하니 안타깝고 불쌍해서 그런다'하시고 '허망한 세상! 허망하다, 허망하다!' 하시며 혀를 차시니라. 이에 호연이 "아이고, 노래나 하나 하세요. 나 노래 듣고 배울라요" 하니 상제님께서 '세상만사 덧없이 넘어간다. 세상만사 헛되고 허망하다' 하고 구슬피 읊조리시니라."(『도전』 7:48:6-9)

是以身安而國家保也니
<sub>시 이 신 안 이 국 가 보 야</sub>

易曰 其亡其亡이라야 繫于包桑이라 하니라
<sub>역왈 기망기망 계우포상</sub>

"위태로울까 함은 그 지위를 편안히 하는 것이요, 망할까 함은 그 생존을 보존하는 것이요, 어지럽힐까 함은 그 다스림을 두는 것이다. 이런 까닭에 군자는 편안하되 위태로움을 잊지 아니하며, 보존되어도 망함을 잊지 아니하며, 다스리되 어지러움을 잊지 아니한다. 이로써 몸이 편안하여 국가를 보존할 수 있는 것이니 역에 이르기를 '망할까 망할까 하여야 뽕나무에 매어놓듯 튼튼하다.'"

> ☞ 암울한 세상을 걱정하는 성인의 '우환의식'에 귀기울여야 한다.

## 10. 상효 : 하늘 중심의 사유에서 땅 중심의 사유로

상효는 곤괘坤卦에서 말한 "먼저 가면 아득하여 도를 잃고(선천), 뒤에 가면 순하여 떳떳함을 얻는다[先迷後得]"는 논리와 일치한다. 그것은 하늘 중심의 세상이 땅 중심의 세상으로 바뀐다는 사실을 간접적으로 지적한 말이다.

★ 上九는 傾否니 先否코 後喜로다
<sub>상구   경비   선비   후희</sub>

象曰 否終則傾하나니 何可長也리오
<sub>상왈 비종즉경      하가장야</sub>

상구는 비색한 것이 기울어짐이니, 먼저 막히지만 나중에는 기쁘

다. 상전에 이르기를 '막힌 것이 마치면 기울어지나니 어찌 오래 갈 수 있겠는가.

'경傾'은 뒤집어 엎어진다는 복覆과 같다. '경비傾否'는 꽉 막힌 세상이 뒤집어져 태평한 조화의 세상으로 변화되는 것을 가리킨다. 천지비괘(☷☰)를 뒤집어 엎으면 지천태괘(☰☷)가 된다. 그것은 복희괘도의 건남곤북乾南坤北의 형세가 정역괘도의 건북곤남乾北坤南의 형세로 전환되는 것을 뜻한다. 복희괘도가 '천지정위天地定位'라면, 정역괘도는 '천지정위天地正位'를 가리킨다. 이는 자연과 문명과 역사의 질서가 총체적으로 바뀌는 결과로 나타난다.

그래서 곤괘에서는 '먼저 가면 아득하여 도를 잃고(선천), 뒤에 가면 순응하여 떳떳함을 얻으리라[先迷, 失道, 後順, 得常]'고 했던 것이다. 이를 정리하면 비괘의 '先否後喜' = 坤卦의 '先迷後得' = 同人卦의 '先號咷而後笑'[20]라는 등식이 성립하는 것이다.

위의 명제는 하늘중심의 세상에서 땅중심의 세상으로 뒤바뀐다는 사실을 간접적으로 지적한 말이다. 따라서 지금까지의 가치체계가 $180°$ 전환되어 새로운 가치관이 정립된다. 그것은 시간적으로도 머지 않아 다가온다[何可長也]는 것이다.

---

20 공자는 「계사전」상편 8장에서 同人卦 5효의 중요성을 다시 한 번 강조했다. "남과 함께 하되 먼저는 울부짖고 나중에는 웃는다"고 하니 공자께서 말씀하시기를 "군자의 도가 혹은 나아가고 혹은 처하며, 혹은 침묵하고 혹은 말하나 두 사람이 마음을 함께 하니 그 날카로움이 쇠를 절단한다. 마음을 함께 하는 말은 그 향기로움이 난초와 같다.[同人이 先號咷而後笑라 하니 子曰 君子之道或出或處或黙或語나 二人同心하니 其利斷金이로다 同心之言이 其臭如蘭이로다]"

☞ 주역이 지천태괘(후천) 다음에 천지비(선천)의 순서로 배열을 한 이유는 종시론의 관점이 반영되었기 때문이다.

## 11. 주역에서 정역으로

정역사상의 연구자 이상룡李象龍은 선후천론의 입장에서 태괘의 성격을 다음과 같이 설명한다.

否在文從不從口라 ䷀老陽이니 陽不交陰하여
<small>비 재 문 종 불 종 구      노양      양 불 교 음</small>

天地定位而隔絶之象이라
<small>천 지 정 위 이 격 절 지 상</small>

且天氣上升하고 地氣下降하여
<small>차 천 기 상 승      지 기 하 강</small>

否而不交然後에 復之之理生焉이라
<small>비 이 불 교 연 후    복 지 지 리 생 언</small>

故次於復也이니라
<small>고 차 어 복 야</small>

아닐 비否는 문자적으로 아니 '불不'과 입 '구口'의 합성어다. 위의 천(☰)은 노양老陽으로서 양이 음과 사귀지 못해 하늘과 땅의 위상이 이미 정해져 서로 사이가 벌어져 끊어진 모습[天地定位, 隔絶之象]이다. 그러나 하늘기운은 위로 올라가고 땅기운은 아래로 내려와 사귀지 못한 뒤에 다시 회복하는 이치가 생기므로 복괘 다음에 위치한다.

<sup>단왈 비지비인</sup> <sup>불리군자정</sup> <sup>대왕소래</sup>
象曰 否之匪人이니 不利君子貞하니 大往小來니라는

<sup>치소난다야</sup> <sup>상하불교이천하무방</sup>
治小亂多也오 上下不交而天下无邦은

<sup>극사치천하무예악지국야</sup>
極思治天下无禮樂之國也라

*「단전」-"비는 사람 아닌 길로 가는 자이니, 군자의 올바름이 불리하며, 큰 것은 가고 작은 것이 온다"는 것은 다스려짐은 적고 혼란스러움이 많은 것을 뜻하며, "상하가 교통하지 못하여 천하에 나라가 없다"는 것은 혼란이 극도에 이르러 예악이 없는 국가들이 다스려지기를 생각한 것이다.

<sup>상왈 군자이</sup> <sup>검덕피난</sup> <sup>불가영이록</sup>
象曰 君子以하여 儉德避亂하여 不可榮以祿이니라는

<sup>수기도태야</sup>
需其道泰也라

*「상전」-"군자는 이를 본받아 덕을 검소하게 하고 어려움을 피해서 녹봉 받는 것을 영예롭게 여기지 않는다"는 말은 태평해지기를 기다린다는 뜻이다.

<sup>초육</sup> <sup>발모여</sup> <sup>이기휘</sup> <sup>정</sup> <sup>길</sup> <sup>형</sup>
初六은 拔茅茹라 以其彙로 貞이니 吉하여 亨하니라는

<sup>곤지이건변</sup> <sup>즉영정야</sup>
坤之以乾變이니 則永貞也니라

* 초효-"초육은 띠풀 뿌리를 뽑음이다. 그 무리로써 올바름이니 길하여 형통한다"는 것은 곤坤이 건乾으로 바뀌어 올바름이 영속할 것이라는 뜻이다.

六二는 包承이니 小人은 吉코 大人은 否니 亨이라는
上交不諂이니 終亨之睽也라

\* 2효- "포용하고 이어받음이니 소인은 길하고 대인은 비색하지만 형통한다"는 것은 윗사람과 사귐에 아첨하지 않으므로 마침내 형통한다는 규괘睽卦의 뜻과 같다.

六三은 包羞로다는 世乏良才가 否之羞吝也라

\* 3효- '싼 것이 부끄럽다'는 것은 세상이 아무리 고달프더라도 어진 인재가 갈 길이 아닌 곳으로 가면 부끄러운 일을 당하여 인색해질 것이라는 교훈이다.

九四는 有命이면 无咎하여 疇離祉라는
革否而泰幷受天祿也니라

\* 4효- "천명이 있어 허물이 없고 동료가 복을 받을 것이다"라는 것은 꽉 막힌 세상이 태평성대로 바뀌면 천록天祿을 받는다는 것이다.

九五는 休否라 大人의 吉이니
其亡其亡이라야 繫于苞桑이리라는
推亾固存이 桑海一新也라

\* 5효- "비색한 것을 쉬게 함이다. 대인의 길함이니 망할까 망할

까 하면서 뽕나무 뿌리에 맬 것이다"라는 것은 없어지려다가 계속 존재하는 것이 바뀌어 상전벽해桑田碧海되는 극적인 변화를 말한다.

上九<sub>상구</sub>는 傾否<sub>경비</sub>니 先否<sub>선비</sub>코 後喜<sub>후희</sub>로다는

否往泰來<sub>비왕태래</sub>이니 后天之善變也<sub>후천지선변야</sub>라

＊상효-"비색한 것이 기울어짐이니 먼저 막히지만 나중에는 기쁘다"는 것은 '비왕태래否往泰來'로서 후천세상은 선善으로 변한다는 뜻이다.

## ☞ 周易 上下經

### 周易 上經

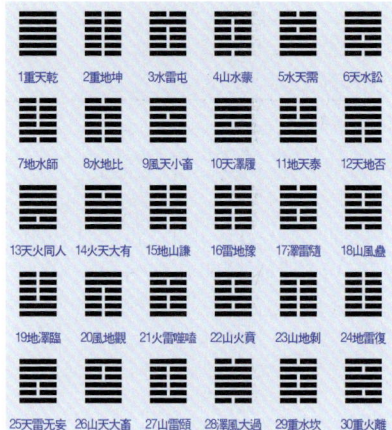

### 周易 下經

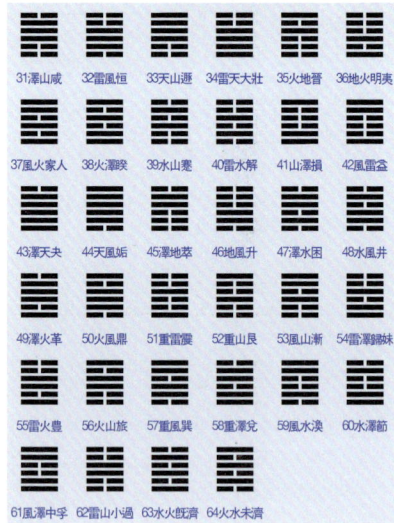

# 山地剝卦

생명의 유전자 정보를 담은 씨앗의 위대한 가치와 효용성은 본래의 자리로 돌아가는 원리에 있다. 따라서 하늘의 섭리는 군자의 거울이다.

*Chapter 3*

# 산지박괘山地剝卦
## : 씨앗의 위대한 가치와 효용성

## 1. 하늘의 섭리에 순응하면서 자신을 성찰해야 : 박괘

정이천은 산화비괘 다음에 산지박괘가 오는 이유를 다음과 같이 말한다.

* 剝은 序卦에 賁者는 飾也니
  致飾然後亨則盡矣라 故受之以剝이라 하니라
  夫物至於文飾이면 亨之極也니 極則必反이라
  故賁終則剝也라 卦五陰而一陽이오
  陰始自下生하여 漸長至於盛極하여
  群陰이 消剝於陽이라 故爲剝也라

以二體言之하면 山附於地하니 山高起地上이어늘
(이이체언지)    (산부어지)   (산고기지상)

而反附著於地하니 頹剝之象也라
(이반부착어지)   (퇴박지상야)

"박괘는「서괘전」에 '비괘는 꾸밈이니, 꾸밈을 극진히 한 뒤에 형통하면 다한다. 그러므로 박괘로 이어받았다'고 했다. 무릇 사물이 무늬를 꾸밈에 이르면 형통함이 지극한 것이니, 지극하면 반드시 되돌아가므로 비괘가 끝나면 박괘가 되는 것이다. 괘의 형성이 다섯 음에 하나의 양이 있고, 음이 처음 아래로부터 생겨서 점점 자라 극성함에 이르러서는 여러 음이 양을 사라지게 한다. 그러므로 박이라 하는 것이다. 두 몸체로 말하면 산이 땅에 붙어 있으니 산은 땅 위에 높이 솟아 있는 것인데, 도리어 땅에 붙어 있음은 무너지는 모습이다."

박괘의 구조는 위에는 산(☶)이고, 아래는 땅(☷)이다. 음이 아래로부터 위로 치솟아 올라 양을 밀쳐내는 형상이다. '5음1양五陰一陽'의 구성은 맨끝의 양이 음의 에너지에 의해 깎이기 직전의 모습이다. 괘의 이름조차 무너질, 깎을 '박'이다. 산은 땅에서 가장 높이 있지만, 산이 무너져 땅에 붙어 있는 형세이다. 괘의 성격으로 보면 상괘는 간艮으로 머물러 있는 산, 하괘는 곤坤으로 순응을 미덕으로 삼는다.

「설괘전」에 따르면, '간'은 과일의 열매[果蓏(과라)]로서 만물을 끝맺고 새롭게 시작하는 것은 간보다 더 큰 것이 없다고 했다. 간은 만물 생성의 귀결처인 동시에 새로운 생명을 창조하는 자궁이다. 그것은 주효主爻인 상효의 위상이 대변한다. 그래서 박괘는 상효를 가장 크고 알찬 열매인 석과碩果라고 했다.

## 2. 박괘 : 하늘의 섭리가 군자의 거울이다

★ 剝<sup>박</sup>은 不利有攸往<sup>불리유유왕</sup>하니라

박은 가는 바를 둠이 이롭지 않다

지나친 꾸밈의 시대는 갔다. 박괘는 허위의 꾸밈이 빚어낸 혼란의 문턱에 들어섰음을 알린다. 꾸밈이 극한에 이르면 껍질만 남을 뿐, 알맹이는 사라진다. 요즈음 인공화장의 후유증이 매우 심각하다. 비괘 賁卦에서는 '자그마한 이로움[小利有攸往<sup>소리유유왕</sup>]'이라 했지만, 박괘에서는 아예 '이로움이 없다[不利有攸往<sup>불리유유왕</sup>]'라고 했다. 전자는 앞으로 나아감을 억제했다면, 후자는 전진의 불리함을 경고하고 있다.

왜냐하면 괘의 구조상 부드러운 음효가 강한 양효를 끝까지 밀어붙이고 있기 때문이다. 전혀 이로움이 없더라도 희망을 걸고 자신과 인류에 대한 봉사를 포기하지 않는 것이 바로 주역을 공부하는 사람의 사명이다.

> ☞ 자연의 순환과 시간의 질서에 부합하는 행위가 가장 합당하다.

## 3. 단전 : 순응과 멈춤[順止]은 하늘의 원리

* 彖曰 剝은 剝也니 柔變剛也니
 不利有攸往은 小人이 長也일새라
 順而止之는 觀象也니 君子尙消息盈虛天行也라

단전에 이르기를 박은 깎는 것이다. 부드러운 것이 강한 것을 변하게 함이니, 나아가는 바가 이롭지 않음은 소인이 자라기 때문이다. 순응하여 멈춤은 모양을 보는 것이므로 군자는 줄어들고 불어나고 차고 비는 천도의 운행을 숭상한다.

 주역은 음을 소인으로, 양을 군자로 규정한다. 박괘는 음이 마음껏 기세를 떨쳐 양을 압박하고 있다. 마치 소인이 득세하여 양심적인 군자를 협박하여 쫓아내는 형세이다. 마지막 하나 남은 양효마저 언젠가는 떨어져나갈 운명이다. 소인의 극성은 군자에게 혹독한 시련을 안긴다. 암울한 시대의 지성인은 하늘의 섭리에 순응하고 멈추어 자신을 성찰해야 마땅하다[順而止之]는 것이다.

 군자의 거울은 하늘의 섭리이다. 섭리의 내용은 무엇인가? 순응하고 멈춤[順止]의 원리이다. 이는 시간의 법칙과 밀접한 연관성이 있다. 시간의 변화에는 일정한 원칙이 있다는 말이다. 시간은 영허소식으로 운행한다. 소식영허의 대표적 현상이 바로 달의 운행이다. 우리는 눈이 부셔 볼 수 없는 태양보다는 달의 차고 이지러지는 모습에서 시간의 변화를 쉽게 인지할 수 있다. 달의 운행은 태양과 지구의 힘의 관계에서 이루어진다. 동양에서는 천문학에 힘입어 시간의 흐름을 정형화하는 역법학曆法學이 발달하였다.

천문학과 우주관과 시간관은 유사성이 아주 많다. 별들의 운행을 헤아리고 시간의 흐름을 정밀하게 측정하는 천문학은 우주관의 형성에 큰 영향을 끼쳤다. 천문현상은 고대인들이 세계를 바라보는 '창窓 window'이었다. 천문학의 정밀도에 상응한 시간관의 형성은 올바른 달력의 작성으로 집중되어 나타났다. 이러한 사실은 동서양의 문명사가 대변한다. 문명사에는 삶을 윤택하게 하는 다양한 달력Calendar이 존재했다.

서양인들의 시간표는 예수가 부활하는 날짜를 계산하는 이른바 '측정 중심'의 캘린더 제작으로부터 본격적으로 시작되었다. 그것은 종교행사의 기념일을 정확하게 계산하는 필요성으로 인해 시간의 일정한 주기성을 밝히는 천문학과, 신의 천지창조 계획에 따라 한 치의 오차도 없이 역사가 진행된다는 발상에서 비롯된 직선형 시간관은 결국 과학적이고 합리적일 수밖에 없다는 결론에 도달한다. 반면에 동양인들은 자연계에서 가장 규칙적인 해와 달의 변화를 근거로 때(계절감각)에 알맞게 씨뿌려 김매고 수확하는 지혜를 터득했다. 농업 중심의 사회에서 제왕들이 가장 중요시 여겼던 일은 캘린더 작성이었다. 정치적으로도 왕조가 바뀔 때마다 새로운 역법이 개정된 사실은 역사가 증거한다.

자연의 변화를 수식하는 용어에 '천지의 영허소식盈虛消息'이라는 말이 있다. 천지란 구체적인 하늘과 땅을 수식하는 말이라기보다는 우주생명이 생성을 거듭하면서 성숙하는 시공간을 가리키는 명칭이다. 영허소식은 천지의 생명을 주도하는 해와 달의 변화에서 비롯된 말이다. 해와 달의 변화는 만물의 변화를 발생시킨다.

이러한 변화는 인간으로 하여금 때와 계절이라는 시간의식을 갖도록 한다. 우리는 달이 차고 이지러지는 모양을 보고 초하루와 보름이 주기적으로 순환반복하는 것을 안다. 측정 경험의 축적에 따라 밤과 낮의 길이가 똑같아지는 날이 춘분과 추분임을 안다.

주역은 변화의 흐름(시간법칙)에 맞추어 행위할 것을 강조한다. 농업사회를 반영하는 '농가월령가農家月令歌'는 자연의 순환질서에 대한 시간화의 표준이며, 때에 알맞은 생활이야말로 가장 합리적인 규범이라는 인간의 자연화를 표방하는 지혜였다. 농가월령가는 시간질서에 기초한 사회와 인간의 규범으로 작용했는데, 그것은 자연의 순환성에 의거한 일종의 생활시간표였다. 주역을 비롯한 대부분의 전통사상은 현재 여기에 주어진 천지에서 그 의미를 찾고, 삶의 지혜를 터득하는 방법을 취했던 것이다.

> ☞ 영허소식은 생명의 유전자 법칙.

## 4. 상전 : 본래의 자리로 돌아가는 원리

　　　　상왈　산부어지박
\* 象曰 山附於地剝이니

<ruby>上<rt>상</rt></ruby>이 <ruby>以<rt>이</rt></ruby>하여 <ruby>厚下<rt>후하</rt></ruby>하여 <ruby>安宅<rt>안택</rt></ruby>하나니라

상전에 이르기를 산이 땅에 붙어 있는 것이 박이다. 윗사람은 이를 본받아 아래를 두텁게 하여 집을 편안하게 한다.

산은 땅 위에 우뚝 솟아 있다. 하지만 박괘에서는 산이 무너져 땅과 거의 수평된 상태라고 했다. 높은 것이 아래로 내려와 동등해지는 것처럼 하위계층을 위해 일하는 것이 하늘의 섭리임을 시사했다. 아래로 내려옴은 추락이나 붕괴가 아니라 조화와 균형의 새로운 뿌리로 작동할 수 있기 때문이다.

사물이 극한에 이르면 원래의 자리로 되돌아간다. 생노병사의 과정이 그렇고, 역사의 흥망성쇄 역시 마찬가지이다. 하늘과 땅은 순환한다. 이를 체계화한 음양론 또한 지속적인 순환을 강조한다. 영원히 고정된 법칙은 존재하지 않는다. 만물은 시간의 흐름에 따라 변화한다. 변화가 없으면 시간도 없다. 주역의 시간관은 순환적 시간이다. 하지만 순환적 시간관을 지닌 문명권에서 종종 나타는 폐단은 예언과 융합된 사상을 잉태한다는 점이다.

주역은 이를 경계한다. 모든 것은 순환하기 때문에 행복할 때 불행을 걱정하고, 건강할 때 질병을 예방하고, 출세할 때 추락할 날이 멀지 않음을 인식해야 한다. 이런 양극단은 서로 의지하고 있다. A가 원인이고 B는 결과라고 할 때, B는 A의 결과이지만 A의 씨앗이기도 하다. A와 B는 단순 인과관계가 아니다. B와 A는 피드백feedback(B는 다시 A의 원인이자 또 다른 영향을 끼친다는 이론) 현상을 반복하여 새로운 창조를 일으킨다는 것에 유의해야 한다. 정태적이 아니라 역동적 동태성을 근간으로 삼는 것이 동양의 우주론이다.

 상하는 획일적 관계가 아니다. 그것은 언제든 뒤바뀔 수 있다. 어제가 오늘이 되고, 오늘이 내일이 되듯이. 인류역사는 승리자와 실패자의 기록으로 점철되어 왔다. 오늘의 승리자가 내일의 패배자로 전락하고, 어제의 패배자가 오늘과 내일의 승리자가 되는 것이 역사의 아이러니다. 피지배자는 평소에는 조용하다. 하지만 결정적인 때는 지배자를 교체하는 힘이 있다. 지배자는 피지배자가 존재하기 때문에 의미가 있다. 근본이 튼튼해야 가지와 잎이 무성할 수 있듯이 백성이 잘 살아야 윗사람의 권위가 존중된다. 백성은 나라의 근본이다. 근본을 섬기는 것은 바로 하늘을 섬기는 소중한 일이다.[52]

> ☞ 위정자는 자연의 순환법칙에 의거하여 상하를 균등하게 다스려야 한다.

## 5. 초효 : 극한상황에서 지키는 정도는 더욱 빛난다

* 初六은 剝牀以足이니 蔑貞이라 凶토다

  象曰 剝牀以足은 以滅下也라

 초육은 침상을 깎되 다리로써 함이니, 올바른 것을 멸하므로 흉

---

52 『역정전易程傳』, "君子尙消息盈虛天行也는 君子存心消息盈虛之理而能順之라야 乃合乎天行也라 理는 有消襄有消長하고 有盈滿有損益하니 順之則吉하고 逆之則凶하나니 君子隨時敦尙은 所以事天也라."

하다. 상전에 이르기를 '침상을 깎되 다리로써 한다'는 것은 아래부터 멸하기 시작하는 것이다.

초효는 음이 맨 밑에서부터 점차 상효를 밀어내는 출발점이다. 붕괴의 시초는 아래로부터 발생하는 것이다. 초효는 침상[牀]을 지탱하는 다리에 해당된다. 네 발 중에서 하나라도 깎이면 침상은 무너지기 마련이다. 박괘는 음이 양을 맘껏 먹어치우는 무서운 이빨을 연상시킨다.

잘못된 것은 무너져도 좋다. 옥석을 가려야 함에도 불구하고 올바른 것마저 무너뜨린다면 문제는 심각하다. 불의와 악이 두려워하는 유일한 존재는 옳음이라는 버팀목뿐이다. 이것마저 사라지는 까닭에 흉하다. 지도층이 부패하여 무너지면 새로운 지도층이 형성되는 것은 역사의 필연이다. 하지만 민중이 타락하면 속수무책이다. 지도층은 소수이지만 민중은 다수이므로 교체가 불가능하기 때문이다.

효사에서는 침상의 다리가 깎이는 정도를 경계했으나, 「상전」에서는 하부조직 전체가 붕괴되는 현상을 경고하고 있다. 소인들이 사회악을 저질러 군자가 맥을 못추는 불리한 상황[蔑貞]에서도 순수성을 지닌 백성마저 물드는 일은 있어서는 안 된다는 뜻이다.

> ☞ 불의와 악을 물리치는 유일한 가치기준은 옳음이다.

## 6. 2효 : 홀로 실천하는 중용이 아름답다

* 六二는 剝牀以辨이니 蔑貞이라 凶토다
  <sub>육이   박상이변      멸정    흉</sub>

  象曰 剝牀以辨은 未有與也일새라
  <sub>상왈 박상이변   미유여야</sub>

  육이는 침상을 가장자리로부터 깎는 것이니, 똑바른 것을 없애므로 흉하다. 상전에 이르기를 '침상을 깎되 가장자리로써 한다'는 것은 동참자들이 없기 때문이다.

침상의 붕괴가 벌써 가장자리까지 번졌다. 음이 양을 물리치는 죄악의 오염도가 이미 심각한 수준까지 이르렀다. 불의가 정의를 뭉개고, 부패가 정화의 기능마저 소용없게 만드는 형상이다. 양심과 도덕은 내팽겨쳐지고 속임수만 활개친다. 양심과 정의를 부르짖어도 들어줄 사람이 아예 없다는 뜻이다.

2효는 음이 음자리[正], 하괘의 중앙에 있으나[中], 워낙 상황이 긴박하다. 침상의 다리가 부러지고 몸통마저 꺾이기 직전이다. 화살이 부러지고 날개마저 찢겨졌다면 이미 화살로서의 기능은 마비된 것과 마찬가지이다. 심지어 소인이 군자를 몰아내고 그 측근마저도 쫓아내는 형국을 말해서 무엇하랴.

2효는 5효와 대응한다. 그 짝 역시 음이다. 그렇다고 5효가 트랜스젠더할 수는 없다. 더구나 이웃인 초효와 3효마저도 음이기 때문에 후원자는 물론 동참자가 전혀 없다. 더욱이 하나의 양과 짝을 이루려 시도하지만, 상효 자체도 스스로의 입지가 불안하여 뜻대로 이뤄질

확률도 적다.

> ☞ 도와주는 사람이 없더라도 중용을 실천해야 참다운 중용이다.

## 7. 3효 : 홀로서기에 매진하는 군자의 외로움

★ 六三은 剝之无咎니라
　（육삼）　（박지무구）

象曰 剝之无咎는 失上下也일새라
（상왈）　（박지무구）　（실상하야）

육삼은 깎일지라도 허물이 없다. 상전에 이르기를 '깎일지라도 허물이 없다'는 것은 상과 하를 잃었기 때문이다.

3효는 중효中爻가 아닌데다가 음이 양자리에 있으므로[不正] 효사의 내용이 긍정적이지 않다. 그럼에도 박괘 3효는 힘겨운 처지에서도 허물이 없다고 했다. 오직 3효만이 하나의 양인 상효와 감응하기 때문이다. 양의 응원과 더불어 견제를 받으므로 악의 구렁텅이에 빠지지 않는다.

유독 상효만 어둡고 암울한 음의 시대에 정도를 지키는 외로운 군자이다. 군자의 지원을 받는 3효만 허물을 짓지 않는다. 사랑보다 위대한 힘은 없다. 3효는 사랑으로 맺어진 약혼자(상효)의 기대를 버리지 않는다. 온갖 역경을 견디면서 주위의 눈총을 아랑곳하지 않고 약혼자를 신뢰하는 까닭에 허물이 없다. '상하를 잃었다'는 것은 지금까지 이웃사촌인 음들과 헤어져 멀리 떨어진 상효와 굳게 약속을 지키려는 의지를 말한 것이다.

정이천은 극도의 혼란기에 한줄기 양심을 꽃피운 인물로 동한시대의 여강呂强을 꼽고 있다. 여강은 당시 뇌물과 검은 돈으로 얼룩진 관리들의 등쌀에 목숨을 잃은 양심꾼이었다. 지조의 파수꾼인 여강은 비록 생명은 잃었으나 훗날 두고두고 양심의 표상이 되었다.[53]

> ☞ 오직 하나의 양인 상효와 상응하는 3효는 암울한 시대의 군자를 표상한다.

## 8. 4효 : 재앙은 인간에 대한 경고의 징표이다

\* 六四는 剝牀以膚니 凶하니라

象曰 剝牀以膚는 切近災也라

육사는 침상을 살갗처럼 깎으므로 흉하다. 상전에 이르기를 '침상을 깎되 살갗처럼 한다'는 것은 절박하고 재앙이 가까이 있음이다.

하괘에서 상괘로 넘어와 상황이 더욱 악화되었다. 침상의 다리

---

53 앞의 책, "三居剝而无咎者는 其所處與上下諸陰不同하니 是與其同類相失이니 於處剝之道에 爲无咎라 如東漢之呂强이 是也라." 환관였던 여강은 영제靈帝 때, 관례에 따라 제후에 봉해졌으나 사양했다. 황건적의 난이 일어나자 탐관오리를 숙청하고 금고禁錮에 처한 당인黨人들을 모두 사면할 것을 주청하였다. 그 뒤 환관들의 모함을 받자 자살하였다.

에서 시작된 붕괴가 마침내 잠들어 있는 사람에게까지 상처를 입히게 되었다. 무생물인 침대의 다리(초효)와 가장자리 판때기(2효)가 깎여서 사람의 몸까지 다치게 하는 지경에 이른 것이다.

살갗을 다치면 곧이어 몸통에까지 미칠 날이 멀지 않다. 빠져나갈 구멍이 없는 곤경이 코앞에 닥쳤다는 뜻이다. 외부로부터의 재앙은 큰 적이 아니다. 진짜 적은 내면에서 우러나오는 오만과 방종이다. 외부로부터 다가오는 곤경은 대비하면 물리칠 수 있다. 하늘이 내리는 재앙과 인간이 겪는 역경은 이유 없이 발생하지 않는다. 하늘이 내리는 재앙은 경고의 징표이다. 이를 거역하면 반드시 몸을 망친다. 삶의 역경은 자아성찰을 통해 극복하는 것이 가장 좋다.

> ☞ 하늘이 내리는 경고를 거역하면 몸을 망친다. 고난은 자아성찰을 통해 극복해야 이롭다.

## 9. 5효 : 급할수록 뒤를 돌아보라

\* 六五는 貫魚하여 以宮人寵이면 无不利리라
(육오) (관어) (이궁인총) (무불리)

象曰 以宮人寵은 終无尤也리라
(상왈) (이궁인총) (종무우야)

육오는 물고기를 꿰어서 궁인의 사랑으로써 하면, 이롭지 않음이 없을 것이다. 상전에 이르기를 '궁인의 사랑으로써 한다'는 것은 끝내 허물이 없다는 말이다.

'이궁인총以宮人寵'에서 '이以'는 이끌다, 거느리다는 뜻의 글자다. 궁인宮人은 궁궐에서 생활하는 왕의 여자들을 일컫는다. 궁인들은 다섯 개의 음효에 대한 총칭이다. 이를테면 5효는 내명부 일을 총괄하는 왕비가 나머지 네 음효들을 거느리고 상효의 총애를 받으면 이롭다는 내용을 비유한 것이다. 5효는 이미 음이 양을 밀어내는 세력이 극도에 이르렀다. 4효에서는 음(소인)이 양(군자)을 핍박하는 폐단을 지적했다. 지금은 이미 커질대로 커진 음의 기세를 꺾을 수 없는 단계이므로 여기서는 단지 집단으로 세력화된 음에 대한 대처방안을 제시하고 있다.

'관어'는 여러 물고기의 아가미를 가느다란 새끼줄로 꿰는 것을 뜻한다. 5효가 선두에서 나머지 4, 3, 2, 초효 등의 음효를 하나의 세트로 엮는 모습이다. 5효는 음의 극성기를 나타낸다. 따라서 끝에 걸쳐 있는 상효는 아찔하다. 상효가 변하든 나머지 다섯 효가 변하든 어떤 극적인 반전이 이루어지지 않고는 상효의 신임을 받을 수 없다는 가르침이다.

> ☞ 음의 극성기에 양의 에너지가 회복되는 조짐이 싹트기 시작한다.

## 10. 상효 : 마지막 잎새인 상효는 미래의 씨앗

* 上九는 碩果不食이니
  (상구)   (석과불식)

  君子는 得輿하고 小人은 剝廬리라
  (군자)   (득여)   (소인)   (박려)

象曰 君子得輿는 民所載也오
<sub>상 왈 군 자 득 여    민 소 재 야</sub>

小人剝廬는 終不可用也라
<sub>소 인 박 려    종 불 가 용 야</sub>

상구는 큰 열매는 먹지 않으므로 군자는 수레를 얻고, 소인은 오두막집을 깎을 것이다. 상전에 이르기를 '군자가 수레를 얻다'는 것은 백성을 실음이요, '소인은 오두막집을 깎는다'는 것은 끝내 사용하지 못함이다.

서양의 스피노자는 내일 종말이 오더라도 오늘 사과나무를 심겠다고 했다. 기독교의 핵심에는 종말론이 깊숙이 자리잡고 있음을 반증한다. 종말론은 세상의 끝장을 얘기한다. 시공간과 역사와 문명이 초토화된다는 것이다. 하지만 주역은 종말을 넘어 새로운 세상을 암시한다. 마지막 잎새인 상효는 내일의 씨앗이 된다. 추운 겨울을 견딘 한 톨의 밀알에서 새싹이 돋아나 새로운 생명체를 일궈낸다. 이는 박괘 상효가 아래로 내려가 복괘의 초효가 된다는 뜻이다. 박괘와 복괘의 관계를 보더라도 64괘의 시스템은 순환론으로 구성되어 있는 것이다.

농부가 봄에 씨앗을 뿌리고, 여름에는 땡볕 아래서 땀 흘리면서 김매는 까닭은 가을에 풍성한 수확을 거두기 위해서다. 농부는 열매 중에서 쭉정이는 버리고, 가장 영글고 굵은 종자는 먹지 않는다. 내년의 씨앗으로 남겨두는 것이다. 박괘 상효는 이를 '석과불식碩果不食'이라 했다. 위대한 씨앗은 사회에서 존경받는 군자이고, 쭉정이는 제 살 깎아먹는 소인이다.

노인들이 좋아하는 홍시를 보자. 감을 딸 때 감나무에 오르지 않고

긴 장대로 딴다. 감나무는 쉽게 부러지기 때문이다. 감나무에서 떨어지면 약도 없다는 말이 생겼다. 꼭대기에 붙은 홍시는 너무 높아 장대로 따기에 어렵다. 차가운 서리도 이겨내고, 혹독한 추위도 한참을 견딘다. 마지막으로 몸무게를 견디지 못하고 땅에 떨어져 썩지 않는다면 다시 씨앗에서 새싹이 틀 것이다. 몇 년 뒤 종자에서 발아된 감나무에 먹음직한 홍시가 주렁주렁 열리는 것이다.

농부는 가을에 수확한 열매를 먹거리로 사용하면서도 단 하나의 열매는 남긴다. 만약 박괘의 상효가 없다면 복괘의 초효는 기대할 수 없을 것이다. 음이 끝나면 양이 시작되고, 양이 끝나면 음이 시작된다. 소인이 지배하는 세상이 물러나면 군자의 시대가 돌아온다. 소인과 군자의 생활양식은 다르다. 소인은 하나 남은 씨앗마저 꿀꺽하지만, 군자는 씨앗을 살려 소중한 자원으로 삼는다. 군자는 쪽박 찬 소인들을 수레에 태워 구제한다. 이것이 바로 대승大乘의 이념이다.

왜 수레인가? 박괘 구성의 하괘는 곤坤(☷)이다. 「설괘전」은 곤괘의 성질을 '큰 수레[大輿]', '무리[衆]'라고 했다. 곤은 여러 사람을 싣는 커다란 시내버스란 뜻으로서 위대한 포용성을 상징한다. 하늘을 상징하는 하나의 양효인 상구는 위에서 덮고, 땅인 다섯 음효는 만물을 모두 싣는 형상이다. 뚜껑을 거두면 지붕은 없어지기 때문에 소인은 오두막집을 헌다고 말했던 것이다.

> ☞ 씨앗을 소중하게 간직하는 군자는 사회에서 존경받고, 씨앗을 먹어치우는 소인은 제살 깎아 먹는 존재이다.

## 11. 주역에서 정역으로

정역사상의 연구자 이상룡李象龍은 박괘의 성격을 다음과 같이 설명한다.

剝者는 取以刀削綠盛之義也니

爲卦艮上坤下하고 上下皆土라

蓋先天之陽이 陰銷剝變이면

以爲后天之地政而己戊正位也일새

此天地之理流行无常으로 自豐有而有剝銷이니

故次於大有也라

'박'은 칼로 푸른잎을 잘라내는 뜻을 취한 글자다. 괘는 위가 간艮, 아래는 곤坤으로서 모두가 토土이다. 선천의 양을 음이 깎아서 변하면 무기戊己가 똑바로 서는 후천의 지정地政이 된다. 천지의 이법은 유행하여 변화하기 때문에 풍부할수록 점차 깎이므로 대유괘大有卦 다음에 위치한다.

彖曰 剝은 不利有攸往하니라는

爰稼普土오 不尙往來也니라

*「단전」- "음이 양을 밀어붙이는 암울한 세상에는 가는 것이 이롭지 않다"는 것은 곧 넓은 땅[土]에 농사지으면서 왕래하는 것을

숭상하지 않는다는 뜻이다.

$\overset{상왈}{象曰}\overset{상}{上}$이 $\overset{이}{以}$하여 $\overset{후하}{厚下}$하여 $\overset{안택}{安宅}$하나니라는

$\overset{포하이인}{包下以仁}$이니 $\overset{안기소처야}{安其所處也}$라

\* 「상전」- "윗사람은 이를 본받아 아래를 두텁게 하여 집을 편안히 한다"는 것은 어짊[仁]으로 아래를 포용하여 편안한 거처로 삼는다는 뜻이다.

$\overset{초육}{初六}$은 $\overset{박상이족}{剝牀以足}$이니 $\overset{멸정}{蔑貞}$이라

$\overset{흉}{凶}$토다는 $\overset{벽지자하}{闢地自下}$이니 $\overset{무도필폐야}{无道必斃也}$라

\* 초효- "침상을 깎되 다리로써 함이다. 올바른 것을 멸하므로 흉하다"는 말은 아래로부터 땅이 열리는 세상에는 주역의 가르침[道]을 따르지 않으면 반드시 죽는다는 뜻이다.

$\overset{육이}{六二}$는 $\overset{박상이변}{剝牀以辨}$이니 $\overset{멸정}{蔑貞}$이라

$\overset{흉}{凶}$토다는 $\overset{석이양려}{汐而襄廬}$하여 $\overset{인전우학야}{人塡于壑也}$니라

\* 2효- "침상을 깎되 가장자리로써 함이다. 올바른 것을 없애므로 흉하다"는 것은 썰물이 초막까지 높이 올라와 사람이 계곡에 빠지는 형상이다.

$\overset{육삼}{六三}$은 $\overset{박지무구}{剝之无咎}$는 $\overset{화이위토야}{化而爲土也}$라

＊3효- "깍일지라도 허물이 없다"는 것은 10토土의 세상으로 변화하는 것을 뜻한다.

六四는 剝牀以膚니 凶하니라는
<sub>육 사   박 상 이 부   흉</sub>

山頹地平하여 无高不剝也니라
<sub>산 퇴 지 평   무 고 불 박 야</sub>

＊4효- "침상을 깍되 살갗처럼 함이 흉하다"는 것은 산이 깍여 땅이 평평해지므로 더 이상 높은 곳도 없고 깍이는 것도 없는 모습이다.

六五는 貫魚하여 以宮人寵이면 无不利리라는
<sub>육 오   관 어   이 궁 인 총   무 불 리</sub>

陳以魚貫면 歸順者吉也라
<sub>진 이 어 관   귀 순 자 길 야</sub>

＊5효- "물고기를 꿰어서 궁인의 사랑으로써 하면, 이롭지 않음이 없을 것이다"라는 말은 물고기를 하나로 꿰어 돌아가는 것이 길하다는 뜻이다.

上九는 碩果不食은 種之后天生生不窮也오
<sub>상 구   석 과 불 식   종 지 후 천 생 생 불 궁 야</sub>

君子得輿는 天下同覲也오
<sub>군 자 득 려   천 하 동 근 야</sub>

小人剝廬는 革心歸化也라
<sub>소 인 박 려   혁 심 귀 화 야</sub>

＊상효- '큰 열매를 먹지 아니함'은 후천의 열매를 심어 생명이 끊이지 않음이요, '군자가 수레를 얻음'은 천하가 우러러보는 것이요, '소인이 오두막집을 깍음'은 자연의 변화에 마음을 바꾸는 것이다.

지뢰복괘
# 地雷復卦

천지는 순환의 시계에 의거하여 돌아간다. 영원회귀 永遠回歸의 진리는 끝과 시작이 서로 호환하면서 생명의 노래를 부르는 것이다.

*Chapter 4*

# 지뢰복괘地雷復卦
## : 영원회귀의 진리

## 1. 생명의 노래 : 복괘

정이천은 박괘 다음에 복괘가 오는 이유를 다음과 같이 말한다.

* 復은 序卦에 物不可以終盡이니 剝이 窮上反下라
故受之以復이라 하니라 物无剝盡之理라
故剝極則復來하고 陰極則陽生하나니
陽剝極於上而復生於下는 窮上而反下也니
復所以次剝也라
爲卦一陽이 生於五陰之下하니

음극이양복야
**陰極而陽復也**라

세시월   음성기극
**歲十月**에 **陰盛旣極**이라가

동지즉일양복생어지중
**冬至則一陽復生於地中**이라

고위복야   양   군자지도
**故爲復也**라 **陽**은 **君子之道**니

양소극이복반   군자지도소극이복장야
**陽消極而復反**은 **君子之道消極而復長也**라

고위반선지의
**故爲反善之義**니라

"복괘는 「서괘전」에 '사물은 끝내 다할 수 없으니, 박이 위에서 궁극에 이르면 아래로 돌아오므로 복괘로 받았다'고 했다. 사물은 모두 깎이는 이치가 없다. 그러므로 박이 지극하면 복이 오고, 음이 지극하면 양이 생긴다. 양의 소멸이 위에서 지극하여 다시 아래에서 생겨남은 위에서 지극함에 아래로 돌아오기 때문에 복괘가 박괘 다음에 된 것이다. 괘의 형성은 하나의 양이 다섯 음의 아래에서 생기니 음이 지극함에 양이 회복한 것이다. 10월에 음의 극성이 이미 지극하였다가 동지가 되면 하나의 양이 다시 땅 속에서 생기므로 복이라 한 것이다. 양은 군자의 도이니 양의 사라짐이 지극하다가 다시 돌아옴은 군자의 도가 사라짐이 지극하다가 다시 자라나는 것이다. 그러므로 선으로 돌아오는 뜻이 된다."

박괘의 상효가 아래로 내려와 복괘의 초효가 되었다. 이는 끝나는 곳에서 다시 시작한다는 주역의 종시론終始論의 과정을 입증한다. 양자를 뒤집어도 역시 똑같은 형태이다. 여기에는 상반된 것은 일치한다는 반대일치의 논리가 밑받침되어 있다.

양이 음으로 변하고 음은 다시 양으로 변하기 때문에 주역의 가르침은 어디에도 걸림이 없다. 복괘는 우레를 상징하는 진괘(☳)가 아래에, 땅을 상징하는 곤괘(☷)가 위에 있다. 우레가 땅 속에 잠겨 있다가 기지개를 활짝 펴는 모습이다. 땅이 식물의 씨앗을 발아시켜 싹을 틔우는 이치는 복괘의 형성에 반영되어 있다.

 만약 인간에게 희망과 행복의 꿈이 없으면 하루가 백년처럼 지겨울 것이다. 하지만 불행 뒤에는 행복이 기다리고 있다. 그래서 보통사람은 절망 앞에 무릎을 꿇으면서도 희망을 꿈꾼다. 증권도 바닥을 치면 회복세로 돌아서고, 혹독한 겨울이 길수록 봄빛은 짙어지기 마련이다. 고즈넉한 고갯마루의 아지랭이가 가장 먼저 봄소식을 전하면 겨울의 긴 그림자를 털어내고자 여인네들은 이불을 봄햇볕에 말리는 풍속이 있다. 우리 선조들은 이른 봄날, 대문에 '입춘대길立春大吉, 건양다경建陽多慶'이라는 글귀를 써붙여 사악한 기운을 몰아내고 행운을 맞이하려는 소망을 담았다.

 주자는 복괘의 가르침에 무척 흥취를 느꼈다. "선유들은 한결같이 '고요함에서 천지의 마음을 볼 수 있다'고 했다. 대개 움직임의 실마리가 곧 천지의 마음임을 알지 못한 것이다. 두텁게 쌓인 음의 아래에서 다시 하나의 양이 생기니, 천지가 만물을 낳는 마음이 거의 소멸되었다가 이에 이르러 다시 회복됨을 볼 수 있다."[54] 주자는 천지의 마음을 마음의 눈으로 읽어냈다. 그것은 천지가 만물을 낳고 낳는 숭고한

---

[54] 『주역본의』, "一陽復於下는 乃天地生物之心也라 先儒皆以靜爲見天地之心이라 하니 蓋不知動之端이 乃天地之心也라.… 積陰之下에 一陽復生하니 天地生物之心이 幾於滅息而至此乃復을 可見이요"

생명에 대한 예찬이다. 현재가 과거를 밀쳐내는 현상을 비롯한 부모와 자식의 관계도 생명의 이어받음에 있는 것이다.

생명은 끝과 시작이 서로 호환하면서 순환한다. 여기에는 종말이란 있을 수 없고, 창조적 전진만 있을 따름이다. 송대의 유명한 철학적 시인였던 소강절은 천지의 마음을 감동의 물결로 노래했다. 그는 하나의 양이 고요한 정적을 깨뜨리면서 생기는 곳에서 생명의 존엄성과 아름다움을 느꼈다. 천지조화의 영원한 주제, 그것은 하늘이 만물을 낳는 마음[天地生物之心]이다.

> 동지 자시의 반에 천심은 고쳐 옮김이 없고
> 하나의 양이 처음 생기는 곳, 만물이 아직 생기지 않은 때,
> 가물한 술맛은 담박하고 큰 소리는 아주 희미하네
> 이 말이 믿기지 않거든 복희씨에게 다시 물음을 청하게나.
> **冬至子之半, 天心無改移**
> **一陽初起處, 萬物未生時**
> **玄酒味方淡, 大音聲正稀**
> **此言如不信, 更請問庖犧**[55]

소강절은 칠흑같이 어두운 밤, 일체 만물이 잠든 고요한 시각에 생명의 씨앗이 움트기 시작한다고 읊었다. 새해의 첫날(동지), 어느 한 순간에 양 에너지가 소리 없이 나온다. 순간 속에 영원이 깃들어 있듯이, 끝나자마자 새롭게 시작[終始]하는 까닭에 하늘의 마음[天心]은 시공을 초월하는 동시에 시공에 내재해 있다는 것이다.

---

55 『이천격양집伊川擊壤集』 권 18 「동지음冬至吟」

노자와 장자의 영향을 받아 주역을 풀이한 왕필王弼은 복괘의 원리를 순환론으로 풀이한다. 비록 왕필이 노장의 입장에서 주역을 풀이했으나(주역의 노장화), 주역을 형이상학으로 체계화한 공로를 부정할 수 없다.

> "복이란 근본으로 돌아감을 뜻한다. 천지는 근본을 마음으로 삼는다. 움직임이 가라앉으면 고요해진다. … 그러므로 천지가 비록 커서 만물을 풍성하게 품고, 우레가 치고 바람이 불어 만물의 운행이 다양하게 변하더라도 적막하고 고요하여 지극한 없음[無]이 천지의 근본이 된다. 그래서 움직임이 땅 속에서 솟아나는 복괘에서 천지의 마음이 드러난다."[56]

하지만 주역은 '없음[無]'을 시공과 만물형성의 시초로 삼지 않았음을 유의해야 한다.

기독교의 핵심은 삼위일체설三位一體說에 있다. 성부와 성자와 성령은 하나이면서 셋으로 위격은 다르지만 본질은 같다는 것이다. 또한 기독교의 정점에는 여호아가 있다. 예수를 통하지 않고는 여호아를 만날 수 없다는 것이 신약新約의 골간이다. 예수는 죽어서 3일만에 부활했다. 기독교 학자는 복괘에서 부활의 의미를 찾는다.[57]

---

56 『왕필노자주王弼老子注』, "復者反本之謂也. 天地以本爲心者也. 凡動息則靜, … 然則天地雖大, 富有萬物, 雷動風行, 運化萬變, 寂然至無, 是其本矣, 故動息地中, 乃天地之心見也."

57 김홍호, 앞의 책, 417쪽, "박괘가 기독교의 십자가라면 복괘는 부활이다. 땅 속에서 우레가 꿈틀거린다. 우레 진震(☳)은 맏아들이므로 땅 속에서 맏아들이 올라온다고 할 수 있다. 기독교로 말하면 인류의 맏아들 그리스도가 솟아올라오는 것이다. 인간적으로 말하면 성인聖人이 이 세상에 나오는 것이 부활이다. 크리스마스란 성인이 나타났다는 뜻이고, 부활이란 그리스도가 다시 살아났다는 뜻

## 2. 복괘 : 천지는 순환의 시계에 의거하여 운행한다

★ 復<sup>복</sup>은 亨<sup>형</sup>하니 出入<sup>출입</sup>에 无疾<sup>무질</sup>하여 朋來<sup>붕래</sup>라야 无咎<sup>무구</sup>리라

反復其道<sup>반복기도</sup>하여 七日<sup>칠일</sup>에 來復<sup>래복</sup>하니 利有攸往<sup>이유유왕</sup>이니라

복은 형통하니, 나아가고 들어감에 병통이 없어서 벗이 와야 허물이 없을 것이다. 그 도를 반복해서 7일만에 돌아오니 갈 바를 둠이 이롭다.

세상은 마냥 돌아간다. 오면 가고, 가면 또 온다. 세월은 한 곳에 붙박이로 멈춘 적이 없다. 봄이 가면 여름이 오고, 여름이 가면 가을이 오고, 가을이 가면 겨울이 오고, 겨울이 가면 봄이 온다. 봄과 여름과 가을과 겨울은 따로 떨어져 있는 것이 아니라 원래부터 이어져 있다. 그것은 마치 끊기지 않는 뫼비우스의 띠와 같다. 돌아감과 돌아옴의 정체가 바로 '복復'이다. 이를 아는 것이야말로 천지가 둥글어 가는 원리를 터득하는 첩경이다.

복괘는 땅 속에서 하나의 양이 솟구쳐 나오는 이치를 밝혔다. 자연의 이치를 파악하는 방법에는 두 가지가 있다. 하나는 현미경으로 들여다보는 것이고, 다른 하나는 망원경으로 바라보는 것이다. 전자는 미시의 세계를 정밀하게 관찰하는 것이고, 후자는 거시의 세계를 폭넓게 관찰하는 방법이다. 작은 알갱이를 더 이상 나눌 수 없는 극미의 세계와, 밤하늘을 수놓는 북두칠성을 비롯한 별자리를 헤아리는 극

---

이다. 복復은 형亨이다. 부활은 반드시 성공한다. 부활은 영원히 없어지지 않는다. 봄은 꼭 온다. 싹은 꼭 튼다. 꽃은 꼭 핀다. 이것이 자연의 이치이다."

대의 세계를 종합적으로 읽어야 한다.

천지의 운행에는 일정한 법칙이 존재한다. 사람의 몸에 생체시계가 있듯이, 천지의 운행에도 시간표가 존재한다. 화학이 원소의 왕국을 주기율표로 정립시킨 것처럼, 동양의 천문학과 역법은 24절기를 만들어냈다. 소립자와 중력은 보편타당한 법칙에 의해 움직인다[出入无疾]. 친구가 와야 허물이 없다[朋來无咎]는 것은 초효가 아직 양기운이 하나밖에 없기 때문에 또다른 지원자나 동참자가 곁들여질 때 비로소 좋은 상황이 전개될 수 있다는 말이다.

> ☞ 생명의 돌림노래는 오직 새로움의 창조와 순환을 찬양한다.

## 3. 단전 : 생명의 신비는 돌아감과 돌아옴[復]에 있다

\* 彖曰 復亨은 剛反이니 動而以順行이라
是以出入无疾朋來无咎니라
反復其道七日來復은 天行也오
利有攸往은 剛長也일새니
復에 其見天地之心乎인저

단전에 이르기를 '복이 형통한다'는 것은 강이 돌아옴이니, 움직여서 순응으로 행함이다. 이런 까닭에 '나아가고 들어감에 병통이 없어서 벗이 와야 허물이 없다.' '그 도를 반복해서 7일만에 돌아온다'는 것은 하늘의 운행이요, '갈 바를 둠이 이롭다'는 것은 강이 자라는 것이기 때문에 복에서 천지의 마음을 볼 수 있는 것인저.

'복'은 음에게 등떠밀렸던 양이 소생하여 원래의 자리로 되돌아오는 이치를 뜻한다. 날수로는 7일이 걸린다고 했다. 7일에 대한 해석에는 이견이 분분하다. 첫째, 하나의 음이 생겨난 박괘 초효로부터 하나의 양이 생기는 복괘 초효까지의 일곱 단계를 가리킨다. 둘째, 하늘의 운행을 척도질한 천간天干으로 풀이하는 경우이다. '갑을병정무기경甲乙丙丁戊己庚'으로 헤아리면 일곱 번째의 고칠, 바꾼다는 의미의 '경庚'에 닿는다. 셋째, 괘기설의 입장에서 풀이하는 내용이 있다. 밑에서 하나의 음이 생긴 구괘로부터 일곱 째 복괘에 이르는 과정을 정리하면 다음과 같다. 5월 천풍구괘天風姤卦(☰) → 6월 천산돈괘天山遯卦(☰) → 7월 천지비괘天地否卦(☰) → 8월 풍지관괘風地觀卦(☰) → 9월 산지박괘山地剝卦(☰) → 10월 중지곤괘重地坤卦(☰) → 11월(동지冬至) 지뢰복괘地雷復卦(☰)가 그것이다. 이처럼 하늘의 운행은 7을 한 주기로 삼아 언제나 일정한 코스에 따라 움직인다. 넷째, 64괘 중 18번 째의 산풍고괘 단사彖辭에 나오는 '선갑삼일先甲三日, 후갑삼일後甲三日'과 57번 째의 중풍손괘重風巽卦 5효의 '선경삼일先庚三日, 후경삼일後庚三日'에서 말하는 7일의 경우가 있다.

기독교에 "태초에 말씀이 있었다"는 금언이 있다면, 동양에는 6갑이라는 조직론이 있었다. 주역에서 본격적으로 괘와 6갑을 논의한 것은 고괘와 손괘이다. 고괘에서 '신'유'辛'酉·'임'술'壬'戌·'계'해'癸'亥가 '갑'자'甲'子의 앞 3일이요, '을'축'乙'丑·'병'인'丙'寅·'정'묘'丁'卯는 갑자의 뒤 3일이다. 신유辛酉, 임술壬戌, 계해癸亥, 갑자甲子, 을축乙丑, 병인丙寅, 정묘丁卯까지의 '선갑 3일과 후갑 3일'은 선천의 종언을 뜻한다. 이는 주역 57번째에 나오는 중풍손괘重風巽卦 5효의 "처음은 없고 마침은 있다. 경庚에 앞서 3일 하고, 경庚에 뒤져 3일 하면 길할 것이다"[58]라는 명제와 연관해서 읽어야 제대로 파악될 수 있다. 즉 '정'유'丁'酉·'무'술'戊'戌·'기'해'己'亥가 '경'자'庚'子의 앞 3일이요, '신'축'辛'丑·'임'인'壬'寅·'계'묘'癸'卯는 '경'자'庚'子의 뒤 3일이다. 갑의 3일 전인 신辛에서 새롭게 출발하여 정丁에서 분명하게 끝난다는 것이다.

고괘가 선천의 종언을 얘기한다면, 손괘는 후천의 계승을 말한다고 할 수 있다. '갑甲'에서 시작하는 선천은 그 맡은 바 소임을 다했기 때문에 '경庚'으로 바뀐다는 필연성을 얘기한 것이다. 후갑3일의 '정'묘'丁'卯를 선경3일의 '정'유'丁'酉가 이어받아 후천이 시작되는 것이다. 여기에는 커다란 물리적 비약이 전제되어 있다. 한편 선갑3일의 신유辛酉를 선경3일의 정유丁酉가 이어받는다고도 할 수 있다.

주역을 비롯한 동서양 문명사에는 '7'에 대한 다양한 견해가 있다. "지혜의 기둥인 7은 바람과 계절과 인간의 나이뿐 아니라 인간의 삶을 자연적으로 구분할 수 있는 근거이다. 중국에서 7은 특히 여자의 일생과 관련이 있다. 여자 아이는 일곱 달이 되면 젖니가 났다가 일곱

---

58 주역 57번째 重風巽卦 五爻, "无初有終이라 先庚三日하고 後庚三日이면 吉하리라."

살이 되면서 빠지며, 다시 7년이 지나 열 네 살이 되면 '음陰의 길'이 열린다. 14살부터 여자는 성적으로 성숙해지다가, 7과 7을 곱한 49세가 되는 해에는 폐경기를 맞는다. 이러한 과정은 의학적인 견지에서 보더라도 상당히 정확하게 들어맞는다. 게다가 월경은 7×4일을 주기로 하며, 임신 기간도 마지막 월경의 첫날로부터 7×40일 동안으로 잡는다. 이처럼 7은 인간의 삶 곳곳에 나타난다."[59]

7은 연결과 단절의 역할을 모두 담당한다. 1×2×3×4×5×6×7은 7×8×9×10(=5040)과 같다는 점에서 연결의 역할을 하지만, 7을 빼고 1×2×3×4×5×6이 8×9×10(=720)과 같다는 점에서는 단절의 역할을 한다. 7의 값은 존재할 때에나 존재하지 않을 때에나 그 위치는 10의 균형을 이루는 중심점의 역할을 한다. 서구문명의 7음 온음계(피아노에서 흰색 건반에 해당하는 음들)는 까마득한 옛날부터 사용되어 왔다. 고대에는 현들을 하늘에서 내려오는 것처럼 위에서 아래로 배열하는 것이 전통적 방법이었다. 옛사람들은 신과 인간 모두에게 듣기 좋은 천상의 화음, 천구의 음악을 연주하기 위해 음계를 디자인하고 사용하였다. 따라서 음악은 지상에서 조화를 만들어내는 위대한 힘을 가진 것으로 여겨졌다. 자연은 7이라는 수에 매우 기뻐한다. 가장 교묘한 모습으로 우리 눈앞에 나타나는 헵타드의 표현은 무지개이다. 그것은 항상 영원한 것과 세속적인 것을 이어주는 큰 깨달음의 상징였다. 일곱 겹의 패턴은 소리나 결정, 빛에만 국한된 것이 아니고 진동하는 모든 현상의 특징이다. 뉴턴은 놀랍게도 프리즘을 통과한 한 줄기의 햇빛이 넓은 폭의 무지개 스펙트럼으로 나타나는 것을 발견했

---

[59] 프란츠 칼 엔드레스/오석균, 『수의 신비와 마법』(서울: 고려원, 1996), 132-134쪽.

다. 세계 각지의 전통에서는 인간이 자연의 원리와 일치하도록 빚어졌으며, 우주의 형상으로 만들어졌다고 본다. 우리 내면의 삶에 대한 유용한 은유는 프리즘과 스펙트럼이다. 이 내면의 스펙트럼 위에 일곱 가지 내분비선에서 나오는 강한 호르몬에 의해 지배되면서 신체가 응결한다. 피타고라스학파는 7을 '생명의 운반체'라고 부르면서 우리 내면에 존재하는 일곱 단계의 동기를 암시하였다. 인간을 하나의 에너지 체계로 인식하는 것은 '땅'과 '하늘'을 잇는 무지개 다리에 이르는 자신의 길을 찾는 것으로 상징되었다. 윌리엄 셰익스피어는 "모든 세상은 하나의 무대이고, 모든 남녀는 배우에 불과하다. 그들에게는 각자의 출구와 입구가 있다. 평생 동안 한 사람은 많은 역할을 연기할 수 있지만, 그의 연기는 일곱 시기로 나누어져 있다"고 말했다.[60]

사람은 어머지 자궁에서 나와 육갑을 한 바퀴 여행하고는 대지의 자궁으로 돌아간다. 자연의 질서에 맞게 조화를 이루면서 살아가는 것이 최상의 삶[利有攸往 이유유왕]이다. 동양인들은 지상에서의 삶의 질서와 원리를 밝히기 위해 천문학과 수학에 관심을 기울였다. 그 결과물이 순환하는 시간과 공간을 결합한 60진법의 6갑 시스템이다. 그 뒤에 주역의 괘와 6갑을 결합시켜 하늘의 규칙성을 설명하는 납갑설納甲說이 창안되었던 것이다.

하늘이 운행하는 순환과정에서 천지의 마음을 들여다볼 수 있다는 명제는 수많은 논의를 남겼다. 천지를 인격적 존재로 파악했는가, 천지의 궁극적 이치를 깨달았다는 심정을 고백한 것인 지에 대한 논

---

[60] 마이클 슈나이더/이충호, 『자연, 예술, 과학의 수학적 원형』(서울: 경문사, 2002), 221-266쪽 참조.

쟁이 끊이지 않았다. 하늘의 문이 열리고 닫히는 시작과 끝을 전문적으로 다루는 상수학과, 하늘문의 근거를 인간 내면의 본성에서 찾으려는 학파도 생겼다. 시간을 자연의 본성으로 보는가, 아니면 인간의 실존성에서 찾으려는가의 두 갈래로 나뉘었다. 이러한 문화적 배경에서 객관적 시간관과 실존적 시간관이 동양 시간관의 두 축으로 형성되었던 것이다.

> ☞ 천문의 조직과 질서에 바탕한 천문학과 역법은 복괘의 이치에 근거하여 24절기라는 시간표를 만드는 기초를 제공했다.

## 4. 상전 : 새로운 시대는 새로운 마음가짐으로

\* 象曰 雷在地中이 復이니 先王이 以하여
　至日에 閉關하여 商旅不行하며 后不省方하니라

상전에 이르기를 우레가 땅 속에 있는 것이 복이다. 선왕은 이를 본받아 동짓날에 관문을 닫아서 상인과 나그네가 다니지 못하도록 했으며, 후后(임금)는 지방을 살피지 않았다.

우레가 땅 속에 잠겨 있다가 우렁차게 소리치는 위엄은 새로움의 창조를 뜻한다. 새 술은 새 부대에 담으라고 했다. 마음가짐을 새롭게 다지라는 말이다. 옛사람들은 하늘의 진리를 객관화하여 그 첫날을 기념일로 알렸다. 옛날의 선왕은 동짓날에는 국경을 폐쇄하여 사람들의 왕래를 통제했으며, 선왕 자신도 지방 순시를 삼갔다.

원소 주기율표가 입자의 정연한 질서를 정리한 것이라면, 24절기는 태양의 주기적 순환을 해명한 스케줄이다. 순환과 반복은 생명의 법칙이자 시간의 법칙이며 자연의 질서이기 때문이다. 24절기의 시작점은 동지冬至이다. 동지는 역법 계산의 출발점이다. 괘기설卦氣說 역시 동지를 24절기의 원점으로 삼는다. 이들을 종합하여 요약하면 다음과 같다.

| 괘명 | 復 | 臨 | 泰 | 大壯 | 夬 | 乾 | 姤 | 遯 | 否 | 觀 | 剝 | 坤 |
|---|---|---|---|---|---|---|---|---|---|---|---|---|
| 괘상 | ䷗ | ䷒ | ䷊ | ䷡ | ䷪ | ䷀ | ䷫ | ䷠ | ䷋ | ䷓ | ䷖ | ䷁ |
| 12地支 | 子 | 丑 | 寅 | 卯 | 辰 | 巳 | 午 | 未 | 申 | 酉 | 戌 | 亥 |
| 12月 | 11 | 12 | 1 | 2 | 3 | 4 | 5 | 6 | 7 | 8 | 9 | 10 |
| 절기 | 동지 소한 | 대한 입춘 | 우수 경칩 | 춘분 청명 | 곡우 입하 | 소만 망종 | 하지 소서 | 대서 입추 | 처서 백로 | 추분 한로 | 상강 입동 | 소설 대설 |
| 순서 | 1 | 2 | 3 | 4 | 5 | 6 | 7 | 8 | 9 | 10 | 11 | 12 |

동짓날은 국경을 폐쇄하고 세관마저도 쉬는 공휴일이다. 동짓날은 여행자와 보따리 장사꾼들마저도 쉬는 단순한 휴일이 아니다. 동지의 진정한 의미는 새날이 시작하는 고요한 시각에 자연의 궁극적 질서와 자신의 삶을 뒤돌아보면서 반성하고, 내면에 깊이 잠든 도덕적 본성을 일깨울 수 있는 절호의 시간임을 깨닫는 것에 있다.

'하나의 양이 생겨나는[一陽始生]' 동지날에는 뻘건 팥죽을 끓여 먹는 풍속이 있다. 우리나라에서는 고려 때부터 동지를 설날로 삼았다고 한다. 시골에서는 아직도 동지를 '애기설'이라고 부르고 있다. 설날은 묵은 해를 매듭짓고 새해가 시작되는 첫날이다. 설날이 드는 정월은 캘린더 체계의 기준이다. 입춘立春도 계절이 바뀌는 분기점이다. 과거에는 겨울에서 봄으로 바뀌는 계절인 입춘이 든 달을 정월로 삼았던 경우도 있다. 12달 가운데 어느 달도 정월로 삼을 수 있으나, 정월을 정하는 데는 합리적인 근거가 있다. 우주원리로 보면 '일양시생一陽始生'하는 동지가 드는 달을 정월로 삼는 것이 가장 합당하다.

'24절기'라는 용어는 『회남자淮南子』에 최초로 나타난다. 24절기는 동지에서 출발하여 다시 동지에 이르는 1년을 준거로 한다. 여기에는 명확한 천문학적 지식이 뒷받침된 학문이 필요하다. 동지를 역법계산의 시작점으로 여기는 것은 동양천문의 불문율이었다.

선후천론에서 말하는 24절기는 계절에 알맞는 농사짓기의 메모장에 그치지 않는다. 그 핵심은 양력과 음력의 실질적 통합에 있다. 그것은 태음태양력의 혼합형이 아니라, 천지의 변화에 따른 양력에 의해 음력이 통합됨으로써 음양력이 일치되는(이는 물리적으로 지구가 태양을 중심으로 타원궤도에서 정원궤도로 돌아감으로써 이루어진다) 책력을 뜻한다. 양력이 음력으로 도킹하고, 음력이 양력으로 도킹함으로써 하나로 통일된 만고불변의 캘린더가 이 세상에 사용될 것임을 시사한다.

새롭게 통합된 책력에서는 동지가 설날이다.[61] 앞으로는 양력과 음력을 억지로 짜맞추는 번거로운 일이 필요 없다. 언제 어디서나 동지,

---

61 동지는 낮이 가장 짧아졌다가 다시 길어지기 시작하는 전환점이다. 하지로부터 낮의 길이가 점점 짧아져서 동지가 되면 밤이 가장 길어진다. 이불을 뒤집어쓰고 엄마가 동치미 국물에 말아주는 냉면을 먹으면서 따뜻한 봄이 빨리 오기를 기다렸던 조상님들의 지혜가 정겹다.

춘분, 하지, 추분의 틀이 바뀌지 않는 진정한 사분력四分曆이 형성되는 것이다. 이는 24절기를 기초로 성립되는 1년 360일 캘린더의 출현을 제안한 것이다.

『도전』에는 시간의 정신과 24절후문의 중요성을 밝히고 있다. "하루는 상제님께서 말씀하시기를 '24 절후문節侯文이 좋은 글인 줄을 세상 사람이 모르느니라. 시속에 절후를 철이라 하고 어린아이의 무지몰각한 것을 철부지라 하여 소년으로도 지각을 차린 자에게는 철을 안다 하고, 노인도 몰지각하면 철부지한 아이와 같다' 하느니라." "어느 해 동짓날 상제님께서 말씀하시기를 '동지가 후천 설이니라' 하시니라."(『도전』 2:138:1-5)

| 冬至 | 小寒 | 大寒 | 立春 | 雨水 | 驚蟄 |
| 春分 | 淸明 | 穀雨 | 立夏 | 小滿 | 芒種 |
| 夏至 | 小暑 | 大暑 | 立秋 | 處暑 | 白露 |
| 秋分 | 寒露 | 霜降 | 立冬 | 小雪 | 大雪 |

주역은 24절기라는 자연질서에서 행위법칙을 도출하는 지혜의 토대를 마련했다. 당위법칙의 근거는 자연법칙이지만, 자연과 도덕을 하나로 묶는 체계가 바로 유교의 이론이다.

> ☞ 우레가 땅 속에 잠겨 있다가 우렁차게 소리치는 위엄은 새로운 생명의 창조를 알리는 신호탄이다.

## 5. 초효 : 천지의 뜻은 돌아옴에 있다

* 初九는 不遠復이라 无祗悔니 元吉하니라
  象曰 不遠之復은 以修身也라

초구는 머지않아 돌아옴이다. 뉘우치는데 이르지 않으니 크게 길하다. 상전에 이르기를 '머지않아 돌아옴'은 수신함이다.

박괘의 상효에 있는 '석과碩果'는 열매였지만, 복괘로 내려와서는 씨앗이 된다. 어제 씨앗을 심었다고 열매가 금방 열리지 않는다. 때가 무르익어야 하고, 머지않아 돌아올 날이 눈에 보인다는 뜻이다. 그때까지 기다려야 한다. 마냥 기다려서는 안 되고, 잘못을 반성해야 한다. 그래서 「계사전」은 '복괘를 덕을 쌓는 근본'이라고 했다.

주역은 사물의 양면성을 동시적으로 들여다볼 것을 강조한다. 박괘의 상효와 복괘의 초효는 하나의 사물의 두 측면이다. 만약 사물을 들여다보는 인식의 진정한 눈이 열려 정화된다면 만물은 그 자체의 얼굴을 드러낼 것이다. 그럼에도 어두운 동굴의 좁은 틈을 통해 사물을 접할 경우에 인간은 스스로를 감옥에 가둔 꼴이 되기 때문이다. 제임스 조이스James Aloysius Joyce(1882~1941)는 소설 『율리시스Ulysses』[62]에

---

[62] 제임스 조이스는 '의식의 흐름'이라는 새로운 수법으로 인간의 복잡 미묘한 내면 심리의 세계를 묘사하여, 20세기 심리 소설의 형성에 영향을 미쳤다. 대표작으로 "율리시스", "젊은 예술가의 초상", "더블린 사람들" 등이 있다. 그리스신화에 나오는 최고의 지략가인 율리시즈를 그리스인들은 오디세우스(Odysseus)라 불렀고, 로마인들은 율리시즈라 불렀다.

서 'DOG'라는 단어를 거울을 통해 비춰보니 'GOD'로 전도되더라고 하여 사물을 상반적 시각으로 보는 편협성을 지적했다. 하늘은 만물과 변화현상을 통해 이치를 펼쳤는데도 인간은 전혀 알아채지 못할 따름이다.

'돌아옴[復복]'에서 천지의 위대한 생명의지를 포착할 수 있다. 만물을 새롭게 일궈내는 천지의 의지를 본받아 후회할 일을 남겨서는 안 된다. 잘못을 저지른 다음에는 반드시 회개하라. 그러면 크게 길할 것이다. 인생 최고의 방향전환이 이루어지는 순간이다. 돌아옴의 이치를 깨달은 뒤에는 천지에 대한 적대적 관계가 우호적 관계로 바뀌는 극적인 전환이 일어난다. 뉘우침이란 진리에 대한 즉각적 반응이다. 진리가 개시되어야 시비곡절을 알 수 있고, 개선할 수 있다는 것이다.

뉘우침은 마음 속 깊은 심층에서 일어나는 본질적 변화의 표출이다. 진리에 대한 깨달음이 내 안의 영혼에 파고들 때 뉘우침의 효능은 커진다. 진리에 대한 지성과 감성과 의지라는 세 요소의 종합적 반성이 동원되면 더욱 좋다. 진리를 '보고' '듣고' '알고' '체험하는' 뉘우침[悔회]에서 주역의 그윽한 종교적 경지에 다가설 수 있는 것이다.

공자는 제자인 안연의 덕성을 복괘에 비유하여 말했다. "안씨의 아들[顔淵안연]은 거의 도에 가까울 것이로구나. 선하지 않은 일이 있으면 일찍이 모른 적이 없으며(일찍 깨달았으며), 그것을 알면 다시 행하지 않았으니 역에 이르기를 '머지 않아 돌아옴이라. 뉘우치는데 이르지 않으니, 크게 길하다'고 하였다.[子曰자왈 顔氏之子안씨지자 其殆庶幾乎기태서기호, 有不善유불선, 未嘗不知미상부지, 知之未嘗復行也지지미상복행야, 易曰역왈 不遠復불원복, 无祗悔무지회, 元吉원길.]"[63]

---

63 「계사전」 하편 5장.

유교는 '수신'을 최상의 덕목으로 삼는다. 자기의 몸과 마음을 닦는 것을 사회화의 첫걸음으로 여겼다. 수신의 방법에 대해서 『대학』은 격물格物, 치지致知, 성의誠意, 정심正心이라 했다. 단순히 벽을 향하여 명상에 잠기거나 공상에 빠지는 것이 아니라, 사물의 이치를 궁구하여 진리에 대한 외경심과 올바른 마음가짐을 통해 스스로의 덕성을 키우는 것이 최고의 공부이다. 복괘는 '수신'을 중심으로 개인의 지성과 사회의 도덕화를 겨냥했던 것이다.

> ☞ 만물을 새롭게 일궈내는 천지의 뜻에서 몸과 마음을 닦고 덕성을 키워야 한다.

## 6. 2효 : 아름다움[休]의 근거는 어짊[仁]이다

   육이    휴복      길
★ 六二는 休復이니 吉하니라

   상왈 휴복지길     이하인야
  象曰 休復之吉은 以下仁也라

육이는 아름답게 돌아옴이니 길하다. 상전에 이르기를 '아름답게 돌아와 길함'은 어짊을 아래로 베풂이다.

'아름다움[休]'은 미학과 가치론의 언어로서 철학이 지향하는 최고의 경계이다. 하늘의 순환은 기계적으로 돌아가는 과학적 탐구의 대상이 아니라 심미의 대상이라고 밝히고 있다. 초효에서는 이성적 사유로 순환을 말했다면, 2효는 감성과 가치의 차원에서 언급했다.

사물은 항상 양면성을 띠기 마련이다. 그래서 누구나 젊음을 부러워하고 늙음은 싫어하며, 흰머리를 보고 세월의 덧없음을 한탄하기도 한다. 사랑과 증오, 젊음과 늙음, 부와 가난 등은 삶의 한 과정이다. 사물을 양분하는 인식이 상대적 또는 분석적 앎이라면, 사물의 두 측면을 동시적으로 보는 관점은 과정적 사고라 할 수 있다.

사람이 늙는 현상 역시 밤낮이 바뀌는 하늘의 운행과정과 별로 다르지 않다. 흰머리에는 연륜이 묻어나기 때문에 아름답다. 조선의 화담 서경덕徐敬德(1489~1546)은 늙는 것을 서러워하지 않고 무덤덤하게 받아들였다. "천도는 항상 흘러서 바뀌니, 이 몸 역시 차츰 늙어가누나. 곱던 얼굴은 나이와 더불어 뒤로 물러나고, 흰 귀밑머리는 날마다 늘어나네.[天道恒流易, 悠悠老此身, 韶顔年共謝, 衰鬢日復新.]"[64] 자연법칙을 알면 죽음의 두려움에서 조금은 벗어날 수 있다. 죽음에 대해 알면 알수록 죽음 또한 삶의 일부임을 깨닫게 된다.

과거에는 생존율에만 집착했다면, 요즈음은 '얼마나 오래 사느냐'와 함께 '어떻게 사느냐'가 중요한 문제로 떠오르고 있다. '어떻게 하면 잘 살 수 있을까'라는 화두가 모든 사람의 꿈이다. 하지만 '어떻게 하면 잘 죽을 수 있을까'라는 물음 역시 건강한 사람들의 물음이기도 하다. 웰빙well being 만큼이나 웰 다잉well dying의 문제도 중요하다. 건강과 질병은 한 몸이기 때문이다. 인생은 삶과 죽음의 두 측면으로 이루어져 있다. 태극이 음과 양으로 이루어진 것처럼 말이다.

---

64 『花潭集』「冬至吟」

유교의 존재론과 가치론과 실천론의 핵심은 '어짊, 사랑[仁]'이다. 효사에는 보기 드물게 '사랑'이 등장하는데, 복괘 2효가 대표적이다. 건괘 「문언전」에서 "군자는 인을 체득하여 사람을 길러낸다[君子體仁, 足以長人]"라고 했듯이, 군자가 가장 먼저 터득해야 할 덕목이 바로 '인'이다. 아름다움의 근거는 어짊[仁]이기 때문에 효사는 그 공덕을 초효로 돌린다. 특히 초구는 주효主爻로서 복괘에 단 하나뿐인 양효이다. 나머지 모든 음효들이 따라야 하는 모범이다. 그래서 2효의 아름다움이 돋보인다. 원형이정 4덕 가운데 으뜸인 '원'은 동방[震 : ☳]이기 때문에 복괘 초효에서는 '어짊[仁]'을 강조했던 것이다.

> ☞ 하늘의 순환은 과학적 탐구의 대상이 아니라 심미의 대상이다.

## 7. 3효 : 상대방을 용서하는 포용력이 가장 위대하다

★ 六三은 頻復이니 厲하나 无咎리라

象曰 頻復之厲는 義无咎也니라

육삼은 자주 돌아옴이니 위태로우나 허물이 없을 것이다. 상전에 이르기를 '자주 돌아와 위태로움'은 의리가 허물이 없음이다.

육삼은 음이 양자리에 있고[不正], 이미 하괘의 중앙을 벗어났다[不中]. 상괘로 넘어가기 직전이고, 초효로 돌아가기에는 2효가 가로막고 있는 까닭에 갈팡질팡하는 모습이다. 태도를 결정하기가 쉽지 않다. 자주 잘못을 저질러 후회하는 일에 익숙할까봐 우려된다[厲]. 종종 실수를 저지르면서도 어짊을 잃지 않으려는 의지는 있다. 그러니까 허물이 없다는 것이다.

자신의 잘못을 솔직히 인정하고 회개하면 누구든지 용서받을 수 있다. 용서는 최대의 무기이다. 아량은 포근한 마음씨에서 비롯된다. 포용력이 없는 의리는 냉엄하기 짝이 없다. 따라서 상대방의 잘못을 너그럽게 받아들이는 의리에 대해 손가락질 하는 사람은 아무도 없기 때문에 포용하는 의리가 가장 힘이 있는 것이다.

☞ 개과천선에는 고통의 과정이 뒤따른다.

## 8. 4효 : 진리를 동반자로 삼는 군자는 외롭지 않다

\* 六四는 中行하되 獨復이로다

象曰 中行獨復은 以從道也라

육사는 중도로 행하되 홀로 돌아오도다. 상전에 이르기를 '중도로 행하되 홀로 돌아옴'은 도를 따르는 것이다.

괘의 구조상, 4효를 중심으로 위의 두 효도 음이고, 아래의 두 효도 음이므로 4효는 중도를 걷는다. 또한 4효만이 초효와 상응한다. 상괘의 아래에 있음에도 불구하고[不中], 짝꿍인 초효에 뿌리를 두고 중도를 실천한다[中行<sup>부행</sup>].

 모든 행위의 근거는 도이다. 질병과 고독과 가난에 시달려도 도를 따르는 것이 군자이다. 군자는 외롭지 않다. 도를 영원한 동반자로 삼기 때문이다. 사람들이 샛길로 들어서더라도 군자는 홀로 중도[獨復<sup>독복</sup>]를 지향한다. 군자는 사회의 소금같은 존재이다.

 주자는 『주역본의』에 동중서董仲舒의 유명한 말을 실었다. "인자는 의를 바로잡을 뿐 그 이익을 도모하지 않으며, 도를 밝힐 뿐 그 공을 따지지 않는다.[仁人者, 正其義不謀其利, 明其道不計其功]" 의리와 이익, 도와 공로는 상반적 가치이다. 무엇을 선택하느냐에 따라 명분과 실리가 나뉜다. 순간의 이익과 영원한 생명은 동일한 길을 갈 수 없다.

> ☞ 눈물과 가난에 시달려도 진리를 따르는 것이 군자의 길이다.

## 9. 5효 : 중도中道는 진리의 준거이자 행위의 근거

\* 六五<sup>육오</sup>는 敦復<sup>돈복</sup>이니 无悔<sup>무회</sup>하니라

象曰 敦復无悔<sup>상왈 돈복무회</sup>는 中以自考也<sup>중이자고야</sup>라

육오는 두텁게 돌아옴이니 뉘우침이 없다. 상전에 이르기를 '두텁게 돌아와 뉘우침이 없다'는 것은 중도로써 스스로 살핌이다.

초효는 천지의 마음, 2효는 어짊[仁], 3효는 의리[義], 4효는 도道, 5효는 중中을 얘기한다. 5효는 비록 음이 양자리에 있으나[不正], 상괘의 중앙[中]에 있다. 두텁다는 것은 깊은 믿음[信心]으로 깔려 있다는 뜻이다. 오늘날은 진리에 대한 믿음이 경박해졌다. 서적은 산더미처럼 쏟아져 나오지만 진리에 대한 경건한 마음은 없다. 의사소통의 수단은 많아졌지만, 의사소통의 내용은 빈약해졌다. 이는 주역의 진리관을 잃어버린 비극적 사태가 아닐 수 없다.

주역에서 말하는 중도[中]는 진리의 준거이자 행위의 근거이다. 사람은 진리를 깨닫고 자아를 완성시켜야 한다[中以自考也]. 중도는 시공간의 원형이며, 정도正道의 이정표이다. 중도는 자기혁신의 표본이며, 천도에 순응하는 방법이다. 중도의 정신은 항상 현실에 투영되어야 마땅하다. 중도에 대한 외경심은 전적으로 자신에 달려 있다는 뜻이다.

> ☞ 중용(중도)는 시공간의 원형이며 정도正道의 이정표다. 사람은 중도를 깨닫고 자아완성에 힘써야 한다.

## 10. 상효 : 길 아닌 길은 가지 말라

\* 上六은 迷復이라 凶하니

有災眚하여 用行師면 終有大敗하고

$\overset{이\ 기\ 국}{以其國}$이면 $\overset{군}{君}$이 $\overset{흉}{凶}$하여 $\overset{지우십년}{至于十年}$히 $\overset{불 극 정}{不克征}$하리라

$\overset{상왈}{象曰}$ $\overset{미복지흉}{迷復之凶}$은 $\overset{반군도야}{反君道也}$일새라

상육은 아득히 돌아옴이다. 흉하니 재앙이 있어서 군사를 일으키면 마침내 크게 패한다. 나라로써 말하면 인군이 흉하여 10년에 이르기까지 능히 치지 못할 것이다. 상전에 이르기를 '아득히 돌아옴이 흉하다'는 것은 인군의 도리에 반대되기 때문이다.

상효는 음이 음자리에 있으나[$\overset{정}{正}$] 상괘의 끝에 있다[$\overset{부\ 중}{不中}$]. 더욱이 생명의 씨앗[$\overset{인\ \ 원}{仁, 元}$]인 초효와 가장 멀리 떨어져 있다. 돌아가기가 아련하다. 음이 양에 앞서 가거나, 달이 해보다 앞서 갈 경우를 곤괘[복괘의 상괘는 곤(☷)이다]에서는 '먼저 가면 아득하고, 뒤에 가면 얻는다[$\overset{선 미 후 득}{先迷後得}$]'고 했다. 또한 음이 극성해지면 양과 싸움이 일어나 재앙이 일어나기 때문이다.[65]

길 잃은 양떼처럼 헤매다가 방황하면 흉하다. 돌아갈 길은 이미 정해져 있다. 원래의 자리인 초효로 돌아가야 한다. 길 아닌 길은 아예 가지 말아야 한다. 처지도 모르고 큰 일을 벌이면 낭패보기 일쑤이다. 심지어 국가의 총력을 기울여 전쟁을 벌인다 해도 승리를 장담할 수 없다. 지도자에게 재앙이 미치기 때문에 권력의 누수현상이 뒤따름을 경고한 것이다.

---

65 밖에서 오는 재난은 재災이고, 안에서 생겨나는 재난은 생眚이다. 곤괘 "上六은 龍戰于野하니 其血이 玄黃이로다. 象曰 龍戰于野는 其道窮也라(용이 대지 위에서 싸우니 그 피가 검고 누렇다. 상전에 이르기를 '용이 대지 위에서 싸우는 것'은 그 도가 다했기 때문이다)"고 하여 피비린내가 진동하는 상황을 말했다.

> ☞ 돌아갈 길은 이미 정해진 원래의 자리[初爻]이다. 정도를 지키지 않고 갈팡질팡하면 흉하다.

## 11. 주역에서 정역으로

정역사상의 연구자 이상룡李象龍은 복괘의 성격을 다음과 같이 설명한다.

復字는 取人能窮日之行과 而反命之義也라
夫先天之陽一爻가 成度於子月이니
有七日來復之理與后天亥月이
當日復正相反이니라
盖地雷長子는 幹母之事오 太陰之道也며
天雷宗長은 承父之統이오 太陽之一元也라
而窮象反下剝復之理가 故次於剝也라

'복'의 글자는 사람이 날마다 일하여 천명으로 돌아가는 뜻을 취한 것이다. 선천은 일양一陽이 자월子月에서 시작한다. '7일만에 되돌아오는 이치'와 후천의 해월亥月에 솟아오르는 것은 정반대의 뜻이다. 어머니를 모시는 복괘의 주인공이 태음의 도수라면, 아버지를 잇는 무망괘의 주인공은 태양의 근원이다. 극도의 경지에 도달하면 아래로 돌아가는 것은 박괘와 복괘의 이치이므로 박괘 다음에 위치하는 것이다.

彖曰 復은 亨하니 出入에 无疾은 一會之循環也오
<sub>단왈 복  형   출입   무질   일회지순환야</sub>

朋來라야 无咎리라는 當日而成六位也라
<sub>붕래   무구    당일이성육위야</sub>

反復其道하여 七日來復하니 利有攸往이니라는
<sub>반복기도    칠일래복    이유유왕</sub>

太陽度成하여 己日乃復也니라
<sub>태양도성    기일내복야</sub>

※ 「단전」 - "복은 형통하여 나아가고 들어감에 병통이 없다"는 말은 우주의 커다란 순환을 뜻하며, "벗이 와야 허물이 없을 것이다"는 말은 새로운 태양이 솟아오름에 의해 육효六爻가 완성됨을, "그 도를 반복해서 7일만에 돌아오니 갈 바를 둠이 이롭다"는 말은 태양의 도수가 기일己日에 완성되어 순환하는 것을 뜻한다.

象曰 先王以하여 至日閉關하여 商旅不行하며
<sub>상왈 선왕이   지일폐관    상려불행</sub>

后不省方하니라는 君子在下而固窮하여
<sub>후불성방     군자재하이고궁</sub>

衆小人誤我幼沖之辟이니
<sub>중소인오아유충지벽</sub>

防微杜漸하여 不可不愼也니라
<sub>방미두점    불가불신야</sub>

※ 「상전」 - "선왕은 이를 본받아 동짓날에 관문을 닫아서 상인과 나그네가 다니지 못하도록 했으며, 후(임금)는 지방을 살피지 않는다"는 말은 군자는 밑에서 곤궁하고, 뭇 소인들이 아직 어린

나의 마음이 편벽되었다고 오해하므로 근심하지 않을 수 없다는 뜻이다.

初九<sup>초구</sup>는 不遠復<sup>불원복</sup>이라 无祗悔<sup>무지회</sup>니 元吉<sup>원길</sup>하니라는

全復不遠<sup>전복불원</sup>이니 吉莫大焉<sup>길막대언</sup>이라

*초효 - "머지않아 돌아옴이다. 뉘우치는데 이르지 않으니 크게 길할 것이다"는 모두가 머지않아 회복하여 길함이 막대하다는 뜻이다.

六二<sup>육이</sup>는 休復<sup>휴복</sup>이니 吉<sup>길</sup>하니라는

四象成而來復<sup>사상성이래복</sup>하니 大善之道也<sup>대선지도야</sup>라

*2효 - "아름답게 돌아옴이므로 길하다"는 사상四象이 완성되어 돌아오는 이치가 회복하여 선도善道가 밝혀진다는 뜻이다.

六三<sup>육삼</sup>은 頻復<sup>빈복</sup>이니 厲<sup>려</sup>하나 无咎<sup>무구</sup>리라는

三變而易<sup>삼변이역</sup>하여 始危終吉也<sup>시위종길야</sup>니라

*3효 - "자주 돌아옴이니 위태로우나 허물이 없을 것이다"는 역도가 세 번 바뀌어(복희괘도 → 문왕괘도 → 정역괘도) 처음은 위태롭지만 마침내 길하다.

六四<sup>육사</sup>는 中行<sup>중행</sup>하되 獨復<sup>독복</sup>이로다는

配耦已成<sup>배우이성</sup>이니 何必獨復乎<sup>하필독복호</sup>잇가

\* 4효 – "중도로 행하되 홀로 돌아오다"는 말은 음양이 완성되는 까닭에 홀로 회복하는 이치가 있겠는가?

六五<sup>육오</sup>는 敦復<sup>돈복</sup>이니 无悔<sup>무회</sup>하니라는

復理換革<sup>복리환혁</sup>이니 敦仁者存也<sup>돈인자존야</sup>라

\* 5효 – "두텁게 돌아옴이므로 뉘우침이 없다"는 것은 회복하는 이치는 혁신을 불러오므로 인仁에 힘써야 살 수 있다는 뜻이다.

上六<sup>상육</sup>은 迷復<sup>미복</sup>이라 凶<sup>흉</sup>하니 有災眚<sup>유재생</sup>하여

用行師<sup>용행사</sup>면 終有大敗<sup>종유대패</sup>는

復當退位<sup>복당퇴위</sup>일새 爭之何益也<sup>쟁지하익야</sup>리오

以其國<sup>이기국</sup>이면 君<sup>군</sup>이 凶<sup>흉</sup>하여

至于十年<sup>지우십년</sup>이 不克征<sup>불극정</sup>하리라는 己日乃正也<sup>기일내정야</sup>라

\* 상효 – "아득히 돌아옴이다. 흉하니 재앙이 있어서 군사를 일으키면 마침내 크게 패한다"는 것은 회복한 다음에는 마땅히 자리에서 물러나므로 다투는 것이 어찌 도움이 있으리오. "나라로써 하면 인군이 흉하여 10년에 이르기까지 능히 치지 못할 것"이라는 말은 기일己日에 올바르게 됨을 뜻한다.

周易과 만나다 -천지의 율동, 생명의 논리- 113

## ☞ 正易 卦變圖

### 正易 上經

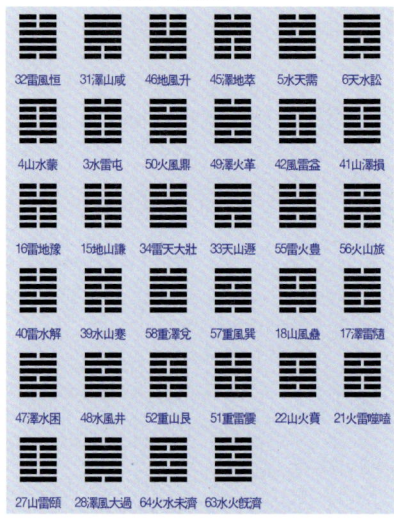

### 正易 下經

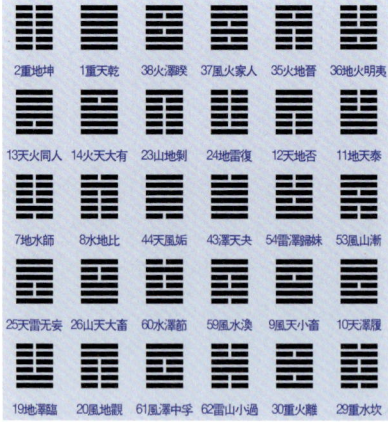

중 수 감 괘
# 重水坎卦

거듭된 고난은 굳센 의지로 뚫어라!
굳센 의지의 원동력은 진실한 믿음이다.

*Chapter 5*

# 중수감괘重水坎卦
## : 거듭된 고난은 굳센 의지로 뚫어라

## 1. 구원의 길 : 감괘

정이천은 택풍대과괘澤風大過卦 다음에 중수감괘重水坎卦가 오는 이유를 다음과 같이 말한다.

* 習坎은 序卦에 物不可以終過라
  습감    서괘    물불가이종과

  故受之以坎하니 坎者는 陷也라 하니라
  고수지이감    감자   함야

  理无過而不已하고 過極則必陷이니
  이무과이불이    과극즉필함

  坎所以次大過也라
  감소이차대과야

  習은 謂重習이니
  습   위중습

  他卦雖重이나 不加其名이어늘
  타괘수중    불가기명

獨坎加習者<sub>는</sub> 見其重險<sub>이니</sub>
<small>독감가습자     견기중험</small>

險中復有險<sub>하여</sub> 其義大也<sub>라</sub>
<small>험중부유험     기의대야</small>

卦中一陽<sub>이오</sub> 上下二陰<sub>이니</sub> 陽實陰虛<sub>하여</sub>
<small>괘중일양    상하이음    양실음허</small>

上下无據<sub>하여</sub> 一陽<sub>이</sub> 陷於二陰之中<sub>이라</sub>
<small>상하무거    일양   함어이음지중</small>

故爲坎陷之義<sub>라</sub> 陽居陰中則爲陷<sub>이오</sub>
<small>고위감함지의     양거음중즉위함</small>

陰居陽中則爲麗<sub>라</sub>
<small>음거양중즉위리</small>

凡陽在上者<sub>는</sub> 止之象<sub>이오</sub>
<small>범양재상자    지지상</small>

在中<sub>은</sub> 陷之象<sub>이오</sub> 在下<sub>는</sub> 動之象<sub>이며</sub>
<small>재중    함지상    재하    동지상</small>

陰在上<sub>은</sub> 說之象<sub>이오</sub> 在中<sub>은</sub> 麗之象<sub>이오</sub>
<small>음재상    열지상    재중    리지상</small>

在下<sub>는</sub> 巽之象<sub>이니</sub> 陷則爲險<sub>이라</sub>
<small>재하    손지상     함즉위험</small>

習<sub>은</sub> 重也<sub>니</sub> 如學習溫習<sub>이</sub> 皆重複之義也<sub>오</sub>
<small>습   중야    여학습온습    개중복지의야</small>

坎<sub>은</sub> 險也<sub>니</sub> 卦之所言<sub>은</sub> 處險難之道<sub>라</sub>
<small>감   험야    괘지소언    처험난지도</small>

坎<sub>은</sub> 水也<sub>니</sub> 一始於中<sub>하여</sub>
<small>감   수야    일시어중</small>

有生之最先者也<sub>라</sub>
<small>유생지최선자야</small>

故爲水<sub>니</sub> 陷<sub>은</sub> 水之體也<sub>라</sub>
<small>고위수    함    수지체야</small>

습감은 「서괘전」에 '사물은 끝내 지나칠 수 없으므로 감괘로 받

았으니, 감은 빠짐이다'라 하였다. 이치는 지나치고서 그치지 않음이 없고, 지나침이 지극하면 반드시 빠지니 감괘가 이 때문에 대과괘 다음이 된 것이다. 습은 거듭 습함을 일컬으니 다른 괘는 비록 거듭했더라도 그 이름을 더하지 않았는데 유독 감괘에만 '습'자를 더한 것은 거듭 험함이라서 험한 가운데에 다시 험함이 있어 그 의미가 큼을 나타낸 것이다. 괘 가운데에 하나의 양이 있고, 상하에 두 음이 있으니 양은 실하고 음은 허하여 상하에 의거할 곳이 없어 하나의 양이 두 음의 가운데에 빠져 있는 것이다. 그러므로 감험의 뜻이 된 것이다. 양이 음 가운데에 있으면 빠짐이 되고, 음이 양 가운데에 있으면 걸림이 된다. 무릇 양이 위에 있는 것은 멈추는 형상이요, 가운데에 있는 것은 빠지는 형상이요, 아래에 있는 것은 움직이는 형상이다. 음이 위에 있는 것은 기뻐하는 형상이요, 가운데에 있는 것은 걸려 있는 형상이요, 아래에 있는 것은 공손한 형상이니 빠지면 험난함이 된다. 습은 거듭함이니 예를 들어 학습과 온습함을 모두 중복하는 뜻이요, 감은 빠짐이니 괘에서 말한 것은 험난함에 대처하는 도리이다. 감은 물이니 양효 하나가 가운데에서 비롯하여 태어남에 가장 먼저 시작하는 것이므로 물이 되었으니, 함은 물의 본체이다.

주역 상경은 천지자연의 생성과 기원을 비롯한 우주론적 문제를 다루고 있으며, 하경은 상경에 근거하여 인간의 도덕과 수양과 윤리적 측면, 즉 묶어서 얘기하면 인사人事를 다루고 있다.

주역 우주론의 정수는 '천지수화天地水火'의 문제로 압축된다. 왜냐하면 상경은 천지天地(건곤乾坤)에서 시작하여 수화水火(감리坎離)로 끝나고, 특히 하경의 마지막은 상경 마지막 감괘坎卦(수水)·리괘離卦(화火)가 분화되어 성립된 수화기제괘水火旣濟卦와 화수미제괘火水

未濟卦로 종결되기 때문이다. 한마디로 천지天地는 생명을 낳고, 수화 水火(감리坎離는 곧 일월日月)는 생명을 길러내고, 기제既濟와 미제未濟 는 생명을 분열성장시켜 최종적으로는 마무리짓는다는 것으로 요약 할 수 있다.

천지의 분신이 일월日月[수화水火]<sup>21</sup>이며, 일월의 분신이 만물이라 는 것이 상경의 요지이다. 그리고 일월의 분열과 통일운동에 의해 천 지는 새로운 천지로 거듭 태어난다는 합리성이 주역 서괘序卦에 숨겨 져 있다.

29번 째 감괘坎卦는 생명의 '물'을 근거로 생성과 진화의 이치를 설 명한다. 물은 하늘에서 내려와 땅 속으로 스며든다. 물은 하늘의 아들 인 셈이다. 그러므로 물은 땅 위의 생명체를 길러내는 생명수인 것이 다. 반면에 불은 땅의 딸이다. 불은 곁에 있는 물건까지도 태워서 하늘 로 올라가는 특성을 갖는다.

## 감괘의 상수론적 의미

감괘坎卦는 3효 단괘單卦(☵)가 중첩되어 구성된다. 감괘는 상괘와 하괘가 모두가 구덩이에 빠진 험난한 상태를 상징한다. '감坎'은 빠질 감, 험난할 감, 구덩이 감, 생명 잉태의 집인 북방을 가리킨다. 문자적 의미에서 감坎은 '하품 흠欠 + 흙 토土'로 구성된다. 한동석은 감괘의 상수론적 의미를 다음과 같이 풀이한 바 있다.

---

21 김일부는 '嗚呼, 日月之德, 天地之分.'(『正易』「十五一言」"金火五頌")라고 하 여 천지의 무한한 사랑과 일월운행의 덕분에 생명이 탄생하고, 생명은 그 본질 이 구현된다는 것을 강조한다.

"水는 有의 기본이며, 形象界의 모체이다. 無의 象에서 有가 창조되는 것이므로 易은 이것을 坎爲水(坎卦)라고 한다. 다시 말해서 '坎'자의 개념은 '土'의 작용이 결핍되어 '水'가 된다"는 것을 뜻한다.[22]

이를 보충해서 설명한다면, 원초적으로 토작용土作用 자체에(선천은 5土로 충분하지만, 후천이 열리기 위해서 10土의 작용일 필수적이다) 결함이 있어서가 아니라, 시간적인 의미에서 '아직'은 십미토十未土가 작용하는 시기가 아니라는 것이 감괘에 숨겨진 뜻이다.

자연의 험난한 길에는 목적이 있다. 자연은 스스로의 재조정과정을 거쳐 올바른 길로 접어드는데, 그것은 천체이동에 의한 28수宿의 변동으로 나타난다. 그래서 주역은 29번 째와 30번 째에 일월운행의 재조직을 언급한 감괘坎卦와 리괘離卦를 배치했던 것이다. 즉 한 달이 30일이 되려면 천지도 뼈아픈 몸부림의 과정[감坎]을 거쳐 태양계의 천체가 새로운 궤도로 도는 내용으로 마무지었던 것이다.

## 2. 감괘 : 난관은 믿음으로 풀어라

* 習坎은 有孚하여 維心亨이니 行하면 有尙이리라

감이 거듭된 것은 믿음이 있어서 오직 마음이 형통하리니, 행하(가)면 숭상함이 있을 것이다.

---

22 한동석, 『우주변화의 원리』(서울: 대원출판, 2001), 44쪽.

'습習'이란 『논어』첫 구절의 '날마다 배우고 때때로 익히면 또한 기쁘지 아니한가[學이시습지 불역열호 學而時習之, 不亦說乎.]'에서의 거듭 '습'과 같은 의미이다. 새가 자주 날기 위해서는 거듭거듭 날갯짓을 해야만 날 수 있는 것과 마찬가지로 자주 반복하여 배워서 익히는 것을 뜻한다.

거듭 물로 겹쳐져 있다는 뜻의 '습감習坎'은 앞에도 물이 있고 뒤에도 물이 있어 사방이 온통 위험한 형상[坎卦감괘]이다. 보통 사람들은 뜨거운 불은 무서워하는 반면에 물은 두려워하지 않는다. 불길을 두려워하여 조심하지만, 물의 손길은 부드럽다가도 한순간의 방심을 허용하지 않는다. 성난 물길은 모든 것을 순식간에 삼키고 지나간다. 물은 항상 흐르고 있다. 하지만 물꼬가 막히면 썩는다. 감괘는 물이 웅덩이에 고인 험난한 곤경에 빠지더라도 사람은 '믿음'을 가져야 한다고 가르친다.

어려운 환경일수록 무모한 뚝심보다는 진리에 대한 믿음의 엔진으로 돌파해야 한다. 정성과 공경의 열매가 믿음이다. 믿음의 순수성이 전제되면 정성과 공경은 저절로 꽃핀다. 따라서 성경신誠敬信은 고난에서 영광의 길로 나가는 문이다. 무지한 정성과 공경은 맹목적인 믿음이요, 지극한 정성과 공경은 믿음에서 우러나오는 신성한 행위이다. "말은 듣고도 실행하지 않으면 바위에 물주기와 같고, 알고도 행하지 않으면 모르는 것만 같지 못하니라."[23] 진리에 대한 믿음과 확신이 있으면 지식의 효능과 실천이 병행될 수 있다.

> ☞ 난관을 극복하는 길은 '진실한 믿음'에서 비롯된다.

---

23 『도전』 8:7:6

## 3. 단전 : 우주사에 뿌리박힌 변화원리

* 彖曰 習坎은 重險也니 水流而不盈하며
  <sub>단 왈 습 감   중 험 야   수 류 이 불 영</sub>

  行險而不失其信이니
  <sub>행 험 이 불 실 기 신</sub>

  維心亨은 乃以剛中也오
  <sub>유 심 형   내 이 강 중 야</sub>

  行有尙은 往有功也라 天險은 不可升也오
  <sub>행 유 상   왕 유 공 야   천 험   불 가 승 야</sub>

  地險은 山川丘陵也니
  <sub>지 험   산 천 구 릉 야</sub>

  王公이 設險하여 以守其國하나니
  <sub>왕 공   설 험   이 수 기 국</sub>

  險之時用이 大矣哉라
  <sub>험 지 시 용   대 의 재</sub>

단전에 이르기를 '습감'은 거듭거듭 험난한 것이니, 물이 흘러서 가득 차지 아니하며, 험난한 속에서도 행함은 그 믿음을 잃지 아니하니, '오직 마음이 형통함'은 강剛의 중도로써 하는 것이요, '행하여 숭상함이 있는 것'은 가서 공덕이 있음이다. 하늘의 험한 것은 오름이 불가능한 것이요[오를 수 없는 것은 하늘의 험난함이다], 땅의 험한 것은 산천과 구릉이니, 왕공은 험난한 것을 설치하여 그 나라를 지키니 '험난함'의 때와 쓰임이 크도다[험난한 것을 시간의 본성으로 삼아 이용하는 그 뜻이 크구나].

감괘의 주인공[主爻]는 2효이다. 그 2효는 양이 음자리에 있지만 중효中爻이다. 2효는 초효와 3효의 음에 둘러싸여 있으나, 실속 있게 중앙에 버티고 있는 까닭에 믿음이 있다. 중심이 흐트러지면 무너지기 쉽다. 중심이 부실하면 험난한 상황에서 빠져 나오기 힘들다. 하괘의 2효가 험난한 상황을 상징하지만, 상괘 5효의 양 역시 중효中爻이기 때문에 5효는 2효의 등대역할을 하고 있다.

이처럼 2효의 5효에 대한 믿음이 두터워 중심이 쉽게 흔들리지 않는다. 아무리 험난한 처지에 있더라도 마음은 시원스레 형통할 수 있다. 즉 믿는 대상이 있으면 즐겁고 기쁨이 넘치는 것이다.

험난한 환경에 대처하는 인간형은 여럿일 수 있다. 우리가 지향하는 것은 성웅의 인간상이다. 요즈음 '아침형 인간' 또는 '저녁형 인간'이란 말이 뜨고 있다. 개인의 육체적 컨디션이나 정신적 관리를 강조하는 지침들이다. 하지만 성웅聖雄의 지혜와 용기만큼 감동을 일으키는 교훈은 없다. 사람은 모름지기 믿음이 있어야 할 것이다. 믿음은 마음의 평정과 불굴의 정신력의 원동력이기 때문이다. 그 믿음은 무엇인가? 이는 스스로 깨치고 다져야 할 문제이다.

### 습감習坎

인생에서 겪는 고통과 굴곡은 세상이 굴러가는 이치이다. 평생 동안의 삶에서 과연 행복한 순간을 시간으로 잰다면 얼마나 될까? 옛 어른들은 일생에서 차지하는 행복은 고작 3시간 이상을 넘지 않는다고 말한다. 나머지는 불안과 고통과 고민으로 얼룩진 것이 인생이라는 것이다. 세상은 온통 불행과 험난함의 연속이다. 험난함의 궁극적 원인은 어디에 있을까? 험난함은 자연현상이 빚어내는 것이 있고, 문명의 부산물이 낳을 수도 있고, 인간의 죄악에서 비롯되는 경우도 허다하다. 이 세상에 존재하는 험난함 중에서 가장 근원적인 것은 보이지 않는 자연의 이치일 것이다. 그래서 감괘는 우주사(좁게는 인류사)에 뿌리박힌 자연의 이치를 '습감習坎'이라 했다.

자연과 문명과 역사를 관통한 고난의 수레바퀴를 돌리는 이치는 무엇이며, 왜 인간은 고난의 긴 행군을 걸을 수밖에 없는가? 이것은 상생과 상극, 또는 선천과 후천의 순환론으로 설명이 가능하다. 선천과 후천은 우주의 두 얼굴이다. 정역사상正易思想은 그 이유를 역도수와 순도수로 풀어낸다. 역도수逆度數는 상극질서, 순도수順度數는 상생질서를 표상한다. 낙서는 상극의 이치, 하도는 상생의 이치를 뜻한다. 역도수가 발동하는 까닭에 자연과 문명과 역사에 불균형이 존재한다는 것이 선후천론의 요지이다. 그것의 구체적 작용이 물과 불의 운동이다. 이런 연유에서 감괘와 리괘가 서로 맞물려 존재하는 것이다.

29번 째 감괘가 물[水]이라면, 30번 째 리괘는 불[火]이다. 낙서는 1수2화一水二火에서 시작하는 형상(역도수)이라면, 하도는 2화1수二火一水로 끝맺는 형상(순도수)이다. 주역 상경이 선천이라면, 하경은 후천이다. 감괘와 리괘가 선천의 끝맺음이라면, 기제괘와 미제괘는 후천의 끝맺음이다. 이렇듯 주역의 밑바탕에는 수리론이 짙게 깔려 있다.

> ☞ 험난함의 근원적인 뿌리는 눈에 보이지 않는 자연의 이치이다. 감괘는 우주사에 뿌리박힌 원리를 '습감習坎'이라 했다.

## 4. 상전 : 고난을 벗어나는 지혜 - 덕행과 교육

* 象曰 水洊至習坎<sup>이니</sup>
  <sub>상왈 수천지습감</sub>

  君子以<sup>하여</sup> 常德行<sup>하며</sup> 習敎事<sup>하나니라</sup>
  <sub>군자이     상덕행     습교사</sub>

상전에 이르기를 물이 거듭해서 자꾸 밀려오는 것이 습감이니, 군자는 이를 본받아 항상된 덕행을 실천하며 가르치는 일을 익혀야 한다.

'천洊'은 물이 계속해서 다가오는 것을 뜻한다. 최근에 동남아를 휩쓸었던 쓰나미처럼 고난이 연달아 일어나 험난함이 큰 산맥처럼 앞을 가로막는 형상이다. 산맥은 넘으라고 존재한다. 불굴의 의지로 정상을 정복했을 때에 비로소 보람을 느낄 수 있다. 어려움을 겪지 않으면 물질의 유혹에 쉽게 빠지거나, 불의에 굴복하기 쉽다.

인간은 물이 계속 흐르는 성질을 본받아 끊임없이 노력하고 항상된 덕성을 쌓아야 할 것이다. 쌓은 지식은 반드시 사회에 공헌해야 한다. 자신을 위한 지식이라기보다는 작게는 가정에서부터 이웃, 넓게는 천하의 이익에 도움이 되어야 한다. 그렇다고 혼자 모든 것을 완수할 수는 없다. 인재양성이 필요한 것이다. 인재양성은 많은 시간이 필요하다. 투자한 만큼 거둬들이는 것이 교육의 효과이자 힘이다.

교육은 '백년지대계百年之大計'라 했다. 장시간에 걸쳐 이루어지는 교육의 특성상 체계적인 프로그램과 인내와 기다림이 필요하다. 안으로는 내면적인 덕성을 쌓고, 바깥으로는 사회적인 교화의 필요성을 감괘는 강조한다. 꽃 중에서 가장 아름다운 꽃이 사람인 이유는 스스로의 노력에 의해 목표를 달성할 수 있고, 스스로의 존엄성을 드러낼 수 있기 때문이다. 영웅적 기질을 발휘하여 고난을 극복함으로써 타의 모범이 될 수 있는 필수덕목은 믿음과 노력과 실천과 배움일 뿐이다.

> ☞ 덕행과 지혜쌓기가 고난을 물리치는 관건이다.

## 5. 초효 : 혹독한 시련기의 도래

* 初六은 習坎에 入于坎窞이니 凶하니라
  <sub>초육    습감    입우감담    흉</sub>

  象曰 習坎入坎은 失道라 凶也라
  <sub>상왈 습감입감    실도    흉야</sub>

초육은 습감인데다 구덩이에 들어감이니 흉하다. 상전에 이르기를 '습감인데다 구덩이에 들어감'은 도를 잃음이다. 흉하다.

초효는 음효가 양자리[不正]에 있고, 또한 하괘의 맨아래에 있다[不中]. 이런 까닭에 시공간의 형세가 좋지 않다. 극도의 고난이 기다리고 있는 형국이다. 물의 속성은 흘러감이다. 물이 구덩이 갇혀 흘러가지 못하면 썩으니까 흉할 수밖에 없는 것이다.

앞뒤가 꽉 막혀 있는 물은 물의 본래적 가치를 잃는다. 변질된 물은 오염되기 마련이다. 초효는 물이 막히면 썩는다는 것을 말하려는 것이 아니라, 주어진 여건과 조건이 돌이킬 수 없는 극한상황임을 지적한 것이다. 언덕을 넘으니 높은 산이 가로막고, 개울을 건넜더니 깊은 강이 기다리고 있다는 뜻이다.

> ☞ 음이 양자리에 있고[不正], 하괘의 중도[中]도 아니고, 4효와도 상응하지 못하는 혹독한 시련기를 상징한다.

## 6. 2효 : 위기극복의 방법론 - 중용

* 九二는 坎에 有險하나 求를 小得하리라

  象曰 求小得은 未出中也일새라

구이는 '감'에 위험이 있으나, 구하는 것을 조금 얻을 것이다. 상전에 이르기를 '구하는 것을 조금 얻음'은 중에서 벗어나지 않기 때문이다.

2효는 양이 음자리에 있으나[不正], 하괘의 중앙에 있다[中]. 구덩이 빠져 위험이 도사리고 있지만, 숨통이 트여 여유가 있다. 중도의 가치를 확보하고 있기 때문이다. 중도의 자리에 있다고 반드시 행운이 오는 것은 아니다. 그것을 실천하려는 의지가 더욱 중요하다.

위기는 위험과 기회의 합성어다. 위기극복의 전제는 중도中道이다. 중도의 가치를 망각하고 저지르는 극복은 고난의 구렁텅이일 따름이다. 2효는 위아래의 음효로 둘러싸인 외로운 양효다. 호수에 빠져 허덕이는 상황에서 힘껏 물가로 나가려는데, 물가에 악어가 입을 벌리고 있는 모습이다. 이때는 한 올의 지푸라기도 훌륭한 지원군이 될 수 있다. 험난한 구덩이에 빠졌으나, 중도를 실천하려는 의지 때문에 죽지 않고 회생할 수 있는 것이다.

> ☞ 위기탈출의 유일한 방도는 중용中庸이다.

## 7. 3효 : 변화의 조짐을 주목하라

* 六三은 來之애 坎坎하며

  險에 且枕하여 入于坎窞이니 勿用이니라

  象曰 來之坎坎은 終无功也리라

육삼은 오고 가는 길에 구덩이 투성이며, 험한 데에 또한 베개하여 구덩이에 들어감이니 쓰지 말라. 상전에 이르기를 '오고 가는 길에 구덩이 투성이임'은 마침내 공이 없을 것이다.

3효는 음이 양자리에 있기 때문에 부정不正이고, 하괘의 끝자락에 있을 뿐만 아니라[不中], 상효와도 부적응이며, 더욱이 하괘에서 상괘로 넘어가는 길목에 있는 까닭에 구덩이가 겹쳐 있는 형국이다. 주역에는 고난과 험남함을 얘기하는 곳이 네 개가 있다. 3번 수뢰둔괘 水雷屯卦(☲), 29번 중수감괘重水坎卦(☲), 39번 수산건괘水山蹇卦 (☲), 47번 택수곤괘澤水困卦(☲)가 그것이다. 이들은 공통적으로 물[水]이 들어가 있다. 그 중에서 감괘는 물이 거듭 존재하여 사면초가의 상태를 나타낸다. 특히 3효는 하괘에서 상괘로 넘어가는 문턱에 존재하기 때문에 하괘에서 멀어지려 하고, 그렇다고 아직은 상괘에 도달하지 못했기 때문에 3효 자체의 소속감마저도 불투명하다.

3효는 아래로 내려와도 물이 놓여(감괘) 험난하고, 위로 올라간들 물을 만나(감괘) 험난하다. 험난한 속에 다시 베개를 베고 누워 있는 모습이다[險且枕<sup>험차침</sup>]. 몸부림치면 칠수록 더욱 늪에 빠지는 꼴이다. 그러니까 아무런 쓸모가 없기 때문에 공을 이룰 수가 없는 것이다.

감괘는 하늘과 땅의 생태계가 파괴되어 오염되었고, 인류사는 강자의 힘과 배반으로 점철되었고, 문명사 역시 불균형이 심화되었음을 상징한다. 국가는 내우외환에 시달리고, 가정윤리는 붕괴되어 새로운 대안이 마련될 시간이 없고, 인간관계 또한 불신과 혐오로 대립되어 싸움이 그칠 날이 없고, 신용이 마비되어 불임의 사회로 변질된 지 오래다. 삶의 터전 전체가 위험으로 둘러싸였음을 시사하고 있다.

3효에서 '온다[來]'는 뜻은 무엇인가? 괘의 명칭은 상괘를 먼저 부른 다음에 하괘를 부르는 것이 원칙이다. 그것은 어머니 뱃속에서 머리가 먼저 나온 다음에 다리가 나오는 이치와 비슷하다. 태어나는 순간부터는 다리로 땅을 걸으면서 하늘을 머리에 짊어지고 살아가는 것이 우리네 인생사다. 진리는 하늘에서 계시된다는 뜻과 같다. 즉 물이 위에서 아래로 흐르는 원칙에서 보면 상괘가 선천이고, 하괘는 후천이다. 시간적인 의미의 선후천이 오고가는 시기(교체기)에는 감감坎坎[깜깜]할 수밖에 없다는 뜻이다.

> ☞ 극심한 고난의 시기에는 편안한 마음으로 때를 기다려야 한다.

## 8. 4효 : 구원을 얻는 길

* 六四는 樽酒와 簋貳를 用缶하고
  納約自牖면 終无咎하리라

  象曰 樽酒簋貳는 剛柔際也일새라

육사는 동이술과 대그릇 둘을 질그릇(장구)에 쓰고, 간단하게 들이되 (서남쪽으로 난) 들창문으로부터 하면 마침내 허물이 없을 것이다. 상전에 이르기를 '동이술과 대그릇 둘'은 강과 유가 만나기 때문이다.

'준樽'은 술을 담는 자그마한 그릇, '궤簋'는 마른 안주를 담는 대그릇을 뜻한다. 험난한 시기에는 상다리가 휠 정도의 산해진미를 즐기면 안 된다는 것이다. 소박한 동이술과 간단한 먹거리를 준비하여 하늘과 땅에 제사지내면 된다. 왜냐하면 하늘과 땅이 특별하게 서로 만나는 계절에는 허물이 있어서는 안 되기 때문이다[剛柔際也]. 소박하게 차린 제물로 정성을 증명하는 것으로 충분하다.

하늘과 땅의 일은 공공의 사업이므로 널리 알려질 수밖에 없다. 다만 그것을 깨닫느냐 못하느냐는 사람의 몫이다. 고대인의 하늘에 대한 교접행위는 제사를 통해 의사소통이 이루어졌다. 정성을 다한 제물을 받치면, 이를 하늘이 허락하는 의례가 성립되었다. 제사를 올리는 이유는 '구원의 길'을 찾기 위해서일 것이다. 따라서 구원은 감괘의 중요한 명제로 부각되는 것이다.

왜 구원의 방향이 서남쪽으로 튼 문[牖]으로 연결될까? 이는 선후천론의 시각에서 살피면 분명하다. 하나는 곤괘坤卦에 나오는 '서남득붕西南得朋'의 결과를 전제한 발언이다. 곤괘의 "西南은 得朋하고 東北은 喪朋이니 安貞하여 吉하니라"는 명제는 분명히 정역에서 말하는 '氣東北而固守, 理西南而交通.'라는 명제에 비추어 해석해야 제대로 매듭이 풀린다. 하도와 낙서는 서방과 남방이 바뀌어 있다. 그 것의 실상이 바로 '금화교역金火交易'이다. 금화교역은 일정한 시간대에 선천이 후천으로 전환되는 원리와 과정을 뜻한다. 따라서 서남을 가리키는 '유牖'는 선후천교체의 열쇠가 되는 방향과 공간임을 시사하는 묵직한 언어인 것이다. 다른 하나는 질그릇과 장구를 뜻하는 '부缶'라는 글자에 담겨 있다. '부'는 '오午'와 '산山'의 조합이다. 지금은 불기운이 넘치는 '오'의 시간대가 '미토未土'의 단계로 넘어가면, 그것은 간방艮方을 중심으로 이루어진다는 것을 시사한다. 이에 대해 김석진은 다음과 같이 언급하고 있다.[24]

"3효는 아래의 내괘에 있어 후천이 왔다는 '올 래來 자'를 놓았는데, 4효는 위의 외괘에 있으니 선천이 끝나는 자리이다. 오전이 끝나고 막 오후로 넘어가려는 때이다. 선천이 끝나고 후천으로 갈 때에는 험한 꼴을 많이 당하게 되어 이것을 다스려야 하는데 정신적으로 4효처럼 행동해야 무사히 건널 수 있다는 의미가 들어 있다. 그런데 그 시기가 언제냐 하면 바로 '부缶'인데 이 부는 '장구 부'라고도 한다. 午는 한낮으로 오회중천午會中天시대를 말하고, 산은 우리나라 간방을 말한다. 간방산에 오회가 왔다는 것이다."

---

24 김석진, 『대산주역강의(1)』(서울: 한길사, 2001), 655쪽.

> ☞ '강유가 만난다'는 것은 근원적인 변화의 조짐을 시사한다.

## 9. 5효 : 중도를 지켜야 허물이 없다

* 九五는 坎不盈이니 祇旣平하면 无咎리라
  <sub>구 오   감 불 영      지 기 평    무 구</sub>

  象曰 坎不盈은 中이 未大也라
  <sub>상 왈  감 불 영    중   미 대 야</sub>

구오는 구덩이가 가득 차지 않음이니 이미 평평한 데 이르면 허물이 없을 것이다. 상전에 이르기를 '구덩이가 가득 차지 않음'은 중이 크지 못함이다.

5효는 양이 양자리에 있고[正], 상괘의 중앙[中]에 있으며, 하괘의 2효와는 적응하지 않는다. 중정中正의 위상을 확보했지만, 파트너인 2효와의 결합은 중도의 에너지가 지나치게 넘치고 있음을 상징한다. 지나친 것은 오히려 모자람만 같지 못하다는 말이 있다. 애틋한 사랑이 오래가는 것처럼 과도한 애정은 위험하기 짝이 없다.

구덩이 꼭대기까지 물이 차올라 찰랑찰랑 넘칠 지경이다. 이미 평평한 상태에 이르렀다는 말이다. 그러면 왜 '길하다'라고 하지 않고, '허물이 없다'고 했는가? 5효는 중용의 덕을 갖추고 있음에도 불구하고 그 중용의 혜택이 널리 퍼지지 않았음을 지적한 말이다. 아직은 중용의 힘이 미약할 따름이다.

☞ 중용의 도를 지키면 위험이 닥쳐도 무섭지 않다. 고난이 끝날 시간이 머지않음을 말한다.

## 10. 상효 : 밝음의 세상으로

\* 上六<sup>은</sup> 係用徽纆<sup>하여</sup> 寘于叢棘<sup>하여</sup>
三歲<sup>라도</sup> 不得<sup>이니</sup> 凶<sup>하니라</sup>

象曰 上六失道<sup>는</sup> 凶三歲也<sup>리라</sup>

상육은 매는 데에 휘와 묵(노끈)을 써서 가시덩굴에 두어 삼 년이라도 얻지 못하니 흉하다. 상전에 이르기를 '상육의 도를 잃음'은 그 흉함이 3년일 것이다.

상효는 음이 음자리[正]에 있고, 상괘의 중앙을 벗어나 부중不中 있을 뿐만 아니라 험난함의 극치를 걷는 모양새다. 흐르는 물마저 더 이상 흐를 곳이 없는 막다른 골목에 다다랐다. 그것도 두겹[纆] 세겹[徽]으로 꼰 새끼줄로 꽁꽁 묶이고, 다시 가시나무가 우거진 감옥에 갇힌 형상이다. 외부로부터의 정보와 인연이 끊긴 상태는 암울하여 흉하기 짝이 없다. 정보가 차단된 형무소에 갇혀 세상일에 관여할 수 없는 처지인 것이다.

3년이란 기나긴 고통의 삶은 곤혹스럽다. 몸은 포승줄에 묶이고, 마음 역시 가시에 찔려 벗어날 수 없다. 망각이 차라리 편할 수도 있다. 차갑고 어두운 나날은 끝이 없다. 어둠이 죽음이라면 빛은 생명이라 했던가. 칠흑같이 어두운 밤이 지나야 새벽이 온다. 어둠을 지나치지 않고는 밝음은 오지 않는다.

밝은 세상이 되려면 적어도 3년이라는 오랜 세월이 걸린다[25]고 했다. 기성세대가 신세대에게 자리를 비켜주듯이, 어둠은 밝음에 의해 밀려나는 것이 세상사다. 이는 어둠에서 광명으로, 북방의 감괘[水]에서 남방의 리괘[火]가 곧이어 나오는 이치를 밝힌 것이다. 세상의 존재방식과 작용방식이 물과 불로 구성됨을 어둠과 밝음으로 대비시켜 설명하고 있는 것이다.

> ☞ 밤이 지나야 새벽이 온다. 오랜 고통의 기간을 거치지 않고는 위험지대에서 벗어날 수 없다. 밝음과 희망을 표상하는 리괘離卦를 전제한 설명이다.

## 11. 주역에서 정역으로

정역사상의 연구자 이상룡李象龍은 감괘의 성격을 다음과 같이 설명한다.

坎은 在文爲土欠이며 欠은 人之張口也라

土水土는 同宮而深險之地也일새

---

25 『도전』 7:41:5, " 전 세계를 3년 동안 쓸어버릴 것이니라."

<sup>중 인 함 심 험</sup> <sup>경 이 장 구 야</sup>
衆人陷深險하여 驚而張口也니라

<sup>습 자 종 우 종 백</sup> <sup>상 비 조 시 생 백 우</sup>
習字從羽從白이니 象飛鳥始生白羽와

<sup>중 복 순 습 야</sup>
重複馴習也니라

<sup>위 괘 상 유 선 천 지 월 이 십 구 일 지 천 심 월 야</sup>
爲卦上有先天之月二十九日之天心月也며

<sup>하 유 후 천 지 월 삼 십 일 지 황 중 월 시 야</sup>
下有后天之月三十日之皇中月是也라

<sup>차 감 지 리 이 위 일</sup> <sup>리 지 감 이 위 월</sup>
且坎之離而爲日이오 離之坎而爲月이니

<sup>대 명 어 천 하 지 리</sup> <sup>전 성 후 성 천 지 상 의</sup>
大明於天下之理와 前聖后聖闡之詳矣이며

<sup>이 비 습 관 어 추 연 자 불 극 계 지</sup> <sup>고 차 어 리 야</sup>
而匪習慣於推衍者不克繼之일새 故次於離也라

감은 문자적으로 흙 토土와, 모자라다 또는 입이 크게 벌어진 모습을 형상화한 하품 흠欠의 합성어다. '감'은 수토水土가 동일한 근원지에 자리잡은 깊고 험난한 곳을 상징한다. 많은 사람이 깊고 험한 구덩이에 빠져 놀라서 입을 벌린 글자가 바로 '감'이다. 익힐, 배울 습習은 날개 우羽와 흰 백白 자의 합성어로서 훨훨 나는 새에 처음으로 흰 깃털이 생겨나는 모습을 본뜬 것으로 반복하여 연습한다는 뜻이다. 괘의 형성에서 상괘는 한 달이 29일인 선천의 천심월天心月이며, 하괘는 한 달이 30일이 되는 후천의 황중월 皇中月을 가리킨다. 그리고 감坎이 리離로 변화하여 해가 되고, 리가 감으로 변화하여 달이 되는 것에서 세상의 이치가 밝혀진다. 이는 옛날의 성인들이 모두 천명하였던 것이다. 그럼에도 이를 미루어 익히지 않으면 계승할 수 없기 때문에 감괘를 리괘 다음에 놓은 것이다.

象曰 習坎은 有孚하여 維心亨이니 行하면 有尙이리라는

月合于中也오 天險不可升과 地險山川丘陵은

表裡裨瀛也오 王公設險하여 以守其國은

球少相爭하여 制險而禦之也니라

* 「단전」- "거듭 험난함에 믿음이 있고, 가면 숭상함이 있음"은 달의 위상이 새로운 중도中道에 부합하는 것에 있다. "하늘의 험한 것은 오를 수 없고 땅의 험한 것은 산천과 구릉이다"라는 말은 (지구의) 겉과 속이 바다에 도움을 줄 것이라는 뜻이다. "왕공은 험난한 것을 설치하여 나라를 지킨다"는 말은 지구에 작은 쟁탈이 일어나므로 험난한 것을 제어하여 대비하는 것을 뜻한다.

象曰 君子以하여 常德行하며 習敎事하나니라는

文武幷用이니 重複習熟也라

* 「상전」- "군자는 이를 본받아 덕행을 항상되게 실천하고 가르치는 일을 익힌다"는 말은 문무文武를 겸비하여 거듭 배워서 익혀야 한다는 뜻이다.

初六은 習坎에 入于坎窞이니 凶하니라는

泄下益深이니 溢其澤隩也라

* 초효- "거듭된 험난에다가 구덩이에 들어감이므로 흉하다"는 것은 아래로 물이 새는 것이 더욱 깊어지고 넘쳐서 연못 또는 강

물이 되는 것을 말한다.

九二는 坎에 有險하나 求를 小得하리라는

處險而收衆하여 終必大也니라

＊2효-"험난함에 또 위험이 있으나, 구하는 것을 조금 얻는다"는 말은 험난함에도 불구하고 많은 것을 얻어 마침내 커질 것이라는 뜻이다.

六三은 來之에 坎坎하며 險에 且枕하여

入于坎窞이니 勿用이니라는

水溢益深이니 治匪其人也니라

＊3효-"오고 가는 길에 구덩이 투성이고, 험한 데에 또한 베개하여 구덩이에 들어감이니, 움직이지 말라"는 것은 물이 넘쳐 흘러 더욱 깊어져 사람의 힘으로 다스릴 수 없는 상황이다.

六四는 樽酒와 簋貳를 用缶는 飮食以禮하여

而尤尙質慤也며 納約自牖면 終无咎는

啓其聰明也라

＊4효-"동이술과 대그릇 둘을 질그릇에 담아 제물을 올리는 것"은 음식물을 바쳐 예를 다하여 더욱 근원을 숭상하고 삼가는 것이며, "들창문으로 간단하게 들이면 끝내 허물이 없다"는 것은

그 총명함을 밝히는 것이다.

九五는 坎不盈이니 祇旣平하면 无咎리라는
<sub>구 오</sub> <sub>감 불 영</sub> <sub>지 기 평</sub> <sub>무 구</sub>

退之大瀛일새 水土抵平하여 縱厲无怨也라
<sub>퇴 지 대 영</sub> <sub>수 토 저 평</sub> <sub>종 려 무 원 야</sub>

* 5효- "구덩이가 가득 차지 않으니, 이미 평평함에 이르면 허물이 없을 것이다"라는 말은 물이 물러나 큰 바다가 되는 것은 수토水土가 균형을 이루어 마침내 원망이 사라짐을 뜻한다.

上六은 係用徽纆하여 寘于叢棘하여 三歲라도 不得이니
<sub>상 육</sub> <sub>계 용 휘 묵</sub> <sub>치 우 총 극</sub> <sub>삼 세</sub> <sub>불 득</sub>

凶은 行險而僥倖者는 終受殛刑也니라
<sub>흉</sub> <sub>행 험 이 요 행 자</sub> <sub>종 수 극 형 야</sub>

* 상효- "노끈으로 만든 동아줄로 꽁꽁 묶어 가시덩굴에 가두어 3년이라도 면하지 못하므로 흉하다"는 말은 험난함에서도 요행을 바란다면 극형을 면하지 못할 것이다.

중화리괘

# 重火離卦

어둠에서 밝음으로 천지의 속살을 드러내는
위대한 선각자의 출현은 인류의 희망이다.

*Chapter 6*

# 중화리괘重火離卦
## : 어둠에서 밝음으로

## 1. 새로운 질서로의 몸짓 : 리괘

정이천은 중수감괘重水坎卦 다음에 중화리괘重火離卦가 오는 이유를 다음과 같이 말한다.

* 離<sup>리</sup>는 序卦<sup>서괘</sup>에 坎者<sup>감자</sup>는 陷也<sup>함야</sup>니 陷必有所麗<sup>함필유소리</sup>라
  故受之以離<sup>고수지이리</sup>하니 離者<sup>리자</sup>는 麗也<sup>리야</sup>라 하니라
  陷於險難之中<sup>함어험난지중</sup>이면
  則必有所附麗<sup>즉필유소부리</sup>는 理自然也<sup>리자연야</sup>니
  離所以次坎也<sup>리소이차감야</sup>라
  離<sup>리</sup>는 麗也<sup>리야</sup>오 明也<sup>명야</sup>니

取其陰麗於上下之陽<sup>이면</sup> 則爲附麗之義<sup>요</sup>
取其中虛<sup>면</sup> 則爲明義<sup>라</sup>
離爲火<sup>하니</sup> 火體虛<sup>하니</sup> 麗於物而明者也<sup>요</sup>
又爲日<sup>하니</sup> 亦以虛明之象<sup>이라</sup>

리괘는 「서괘전」에 '감은 빠짐이니 빠지면 반드시 붙는 바가 있다. 그러므로 리괘로 받았으니, 리離는 붙음이다'라고 하였다. 험난한 가운데에 빠지면 반드시 붙는 바가 있음은 이치의 자연스러움이니, 리괘가 이런 까닭에 감괘 다음이 된 것이다. '리'는 붙음이요 밝음이니 음이 상하의 양에 붙은 것을 취하면 붙음의 뜻이 되고, 가운데 허함을 취하면 밝은 뜻이 된다. 리는 불이 되니 불의 실체는 비었으니 사물에 붙어 밝은 것이며, 또한 해가 되니 역시 허명의 모습이다.

상경의 마지막 괘는 불[火]로 이루어진 리괘離卦이다. 상경은 천지天地로부터 시작해서 수화水火로 매듭짓는 천도天道원리를 설명하고 있다. 주역 '천도론의 구체적 내용은 천지수화론天地水火論'이다. 감괘坎卦(☵)가 하늘의 아들인 물水에 대한 설명이라면, 리괘離卦는 땅의 딸(☲)이기 때문에 2효의 음이 중심[主爻]이 되고 있다.

리괘離卦는 하괘와 상괘 모두가 불로 이루어져 있다. 문자적 의미에서 '리離'는 떠날 리, 붙을 리, 밝고 빛난다는 세 가지의 뜻이 있다. 리괘가 말하는 리離는 음과 양이 붙어서[26] 밝고 빛나는 문명이 수립되

---

26 선후천론에서의 양陽 선천先天, 음陰 후천後天(캘린더로는 선천은 태음, 후천은 태양)이라는 조양율음調陽律陰의 과정을 거친 정음정양正陰正陽의 세계.

는 것을 시사하고 있다.

밝음과 어둠은 하나의 기둥의 두 끝이다. 즉 한 기둥의 양끝이 밝음과 어둠인 것이다. 기둥은 밝음과 어둠으로 지탱된다. 어느 하나가 결핍되면 다른 하나도 저절로 기우뚱거릴 수밖에 없다.

자연만 변하는 것이 아니라 인간을 비롯하여 역사 등 모든 것들은 변화한다. 생명체는 시간의 먹이감이다. 시간은 유형 무형의 모든 것을 마구 먹어치운다. 시간 앞에는 천하장사도 소용없다. 시간은 변화를 수반하기 때문이다. 밤과 낮이 서로 바뀌면서 순환한다. 그리하여 밝음과 어둠은 하나의 싸이클을 이루면서 돌아간다. 음양의 시작과 끝이 대극성을 이루면서 순환한다. 양괘인 감괘와 음괘인 리괘는 서로가 시작과 끝이 되어 한없이 돌아간다.

생명 잉태의 집인 북방의 감괘는 안으로 믿음을 굳게 다지는 형상이라면, 생명이 활짝 꽃피는 남방의 리괘는 밖을 환하게 비추는 형상이다. 불은 태양이다. 동서양 원시신화의 원형은 태양숭배였다. 태양은 스스로의 에너지를 자급자족하는 유일한 천체이다. 자신을 불태우면서 다른 생명체를 살찌운다. 그래서 태양은 영원한 생명의 불꽃으로 불리었던 것이다. 불의 생명 에너지는 어마어마한 저주일 수도 있지만, 질적인 비약을 가져오는 행운일 수도 있다.

리괘는 질적인 변화가 양적인 변화를 가져온다는 메시지를 전달한다. 천도의 내부구조인 율려도수가 작동함으로써 (자연현상에는) 가시적인 양적 변화로 나타난다는 것이다. 그것은 대격변 혹은 대재앙으로 끝나는 종말론이 아니라, 새로운 질서가 세워지려는 일종의 몸짓이다. 물리적 힘에 의한 변화를 통해서 한 달은 30일로 드러나는 극적인 전환을 얘기하는 것이 리괘의 가르침이다.

역도수逆度數의 발동으로 인해 세상은 온통 질곡의 나날로 이어지는 가운데에서도 '믿음[孚]'을 잃지 말라고 감괘坎卦는 가르쳤다. 이를 이어서 리괘離卦는 '극즉반極則反의 원리'에 따라 희망을 노래한다. 따라서 우리는 리괘離卦를 해석하는데 있어서 캘린더 구성의 근원적 근거에 포인트를 맞추어야 할 것이다. 그 이유는 괘사에서 설명하고 있다.

## 2. 리괘 : 축판의 세상을 향하여

* 離는 利貞하니 亨하니 畜牝牛하면 吉하리라

리離는 바르게 함이 이롭고 형통하니, 암소(와 같은 유순함)를 기르면 길할 것이다.

리괘의 주효主爻는 2효다. 2효는 음자리에 음이 있고[正] 하괘의 중앙[中]에 있다. 리괘 2효의 뿌리는 곤괘 2효다. 왜 리괘의 2효가 곤괘에서 비롯되었을까. 건곤괘가 부모라면 감리괘는 중남중녀의 괘이다. 리괘는 위아래가 양효로 둘러싸인 2효가 음효다. 그것은 촛불이 밝게 타는 형상과 유사하다. 2효는 가운데가 비어 있다. '비어 있음[空]'은 만물을 빚어내는 무형의 궁극적 근거이다. 이것이 바로 음양조화의 신비성인 것이다.

곤괘에서는 유순한 동물인 '소[牛]'를 얘기했다. 소는 지지地支로는 축丑이다. 이는 선천이 '자子'의 세계라면, 후천은 '축丑'의 세계임을 암시하는 대목이다.

> ☞ 올바름을 굳게 지키고, 유순함을 기르는 일이 밝음 [離]으로 형통하는 길이다.

## 3. 단전 : 정음정양의 세계상

\* 彖曰 離는 麗也니 日月이 麗乎天하며
　百穀草木이 麗乎土하니
　重明으로 以麗乎正하여
　乃化成天下하나니라

　柔麗乎中正故로 亨하니 是以畜牝牛吉也라

단전에 이르기를 리는 붙음이니 해와 달이 하늘에 붙어서(밝게 빛나며), 백곡과 초목은 흙[土]에 붙으니 거듭 밝음으로써 올바른 데에 붙어 천하를 조화하여 완수한다. 부드러운 것이 중정에 붙는 까닭에 형통하니 이로써 암소를 기르면 길하다.

리괘는 하나의 음이 두 양 사이에 걸린(붙어 있는) 형상으로서 밝게 빛난다[文明]는 뜻이 함축되어 있다. 천지가 생긴 이래로 선후천을 막

론하고 해와 달이 하늘에 붙어 있는 현상은 지극히 당연한 사실이며, 백곡초목이 땅에 붙어 있는 것도 당연한 이치이다. 그러면 하필 '땅地'라 하지 않고 왜 '흙[土]'이라 했을까? 상식적으로 보아서 위를 '하늘天'이라 했으면, 아래는 마땅히 '땅[地]'라고 하는 것이 문법적으로도 매끄럽다. 이것이 바로 수수께끼다. '토土'는 십미토十未土를 가리킨다. 10토의 세계가 이룩되는 것이 바로 무극대도이다.

그래서 하늘의 세계가 '거듭 밝아짐으로써[重明]' 올바른 세계로 정착되어[麗乎正] 천하를 조화造化로써 완성시킨다는 발언이 뒤따른 것이다. 태양의 속성은 밝음이고 그 이미지가 바로 '해'인 것이다.

일반적 의미에서는 하괘도 밝고 상괘도 밝음이니까 두루뭉실하게 '이중의 밝음'이라고 풀이하는 경우가 허다하다. 아무리 주역의 가르침이 평범한 것에 기초하고 있더라도, 그 밑바탕에는 치밀한 논리체계와 이치가 담겨 있음을 알아야 한다.

하괘의 2효는 음이 음자리에 있기 때문에 올바르고[正], 또한 하괘의 중효中爻인 까닭에 중도의 길을 걷는다. 그리고 상괘의 5효는 음이 양자리에 있는 까닭에 비록 올바르지 않지만[不正], 상괘의 중효中爻인 까닭에 중도中道[27]를 걷는다. 2효와 5효가 결합하면 중정中正이므로 형통할 수밖에 없는 것이다. 그러니까 새로운 축판丑板[28](암소=牝牛)으로 열릴 정음정양正陰正陽의 세계, 즉 곤도坤道로 펼쳐질 새로운

---

27 中은 正을 내포할 수 있으나, 正은 中을 내포할 수 없다.
28 『도전』 5:155:4, "子여 子여 하늘이 열리고, 丑이여 丑이여 땅이 열리도다. 寅이여 寅이여 사람이 일어나고 卯여 卯여 기묘하도다.(子兮子兮天開하고 丑兮丑兮地闢이라. 寅兮寅兮人起하니 卯兮卯兮奇妙로다)"

세상은 길하다고 한 것이다.

> ☞ 일월은 천지에 근거하여 변함없는 항상성[中]과 올바름[正]을 지향하면서 운행한다.

### 4. 상전 : 대인— 천지의 속살을 드러내는 위대한 선각자

* 象曰 明兩이 作離하니
   大人이 以하여 繼明하여 照于四方하나니라

상전에 이르기를 밝은 것 둘이 리離를 지었으니, 대인은 이를 본받아 밝음(밝고 밝은 이치)을 계승하여 사방에 비춘다.

건괘의 2효가 변하여 생긴 것이 바로 13번 째 천화동인괘天火同人 괘라면, 건괘의 5효가 변하여 생긴 것이 14번 째 화천대유괘火天大有 괘이다. 따라서 건괘의 2효와 5효가 동시에 변해서 생긴 것이 리괘離 괘이므로 '밝다'는 말이 두 번이나 언표된 것이다. 이런 관점에서 보면 '대인大人'은 건괘 5효에 나오는 대인이라 하겠다.

그러면 '밝음이 두 개[明兩]'는 어떻게 해석할 것인가? 달력에는 음력陰曆과 양력陽曆이 있듯이, 역에는 윤역閏易[=閏曆]과 정역正易[=正曆]이 있다. 윤역의 세계이든 정역의 세계이든 간에 태양은 언제나 밝은 빛을 쏟아낸다. 천지개벽 이래로 언제나 밤은 어둡고 낮은 밝았다. 자연사는 음양의 규칙적 교체인 밤낮의 기록이고, 우주사는 윤역과 정역의 역사이다. 왜 선천에는 음양의 관계가 기우뚱한 불균형이었으며, 또한 음양은 어떤 과정을 거쳐 분리되었는가의 문제가 김일부의 최대 관심사였다. 윤역은 1년 360일[29]에 5¼일이라는 시간의 꼬리가 덧붙여진 세계이고, 정역은 1년 365¼일에서 5¼일의 시간의 꼬리가 떨어져 나간 캘린더이다. 따라서 '두 개의 밝음이 리괘를 만들었다[明兩, 作離]'는 조양율음調陽律陰[음양의 근원적 재조정]의 과정을 거쳐 윤역과 정역이 하나로 붙어 일치된다로 해석하면 되는 것이다.

대인이 본받는 밝음[繼明]의 대상은 현재 우리가 사용하는 캘린더의 구체적인 구성법칙을 밝히라는 의미가 아니다. 그것은 그 이면에 숨겨진 정역의 이치, 즉 천지의 속살이 드러나는 광명의 세계를 밝히라는 뜻이다.

> ☞ 밝음의 이치인 천도를 본받아 밝은 덕으로 세상을 교화해야 한다.

## 5. 초효 : 천도에 대한 공경심

* 初九는 履錯然하니 敬之면 无咎리라

---

29 음양력의 기준은 360일이다. 양력은 360을 기준으로 약 5일 정도 남고(플러스), 음력 또한 약 5일 정도 모자란다(마이너스). 현재는 360일에서 대략 5¼일이라는 시간의 꼬리[閏曆]가 생겼다. 그러니까 플러스 마이너스 방향으로 5일이 작동하는 시스템이 현행의 캘린더이다. 그러니까 360은 플러스 방향이든 마이너스 방향이든 5일 이상의 범위를 넘지 않도록 중앙에서 조정하는 시간의 파수꾼[正曆]인 셈이다.

象曰 履錯之敬은 以辟咎也라
<sub>상 왈 리 착 지 경   이 피 구 야</sub>

초구는 밟는 것(신발)이 뒤섞였으니 공경하면 허물이 없을 것이다. 상전에 이르기를 '밟는 것이 뒤섞였으니 공경함'은 허물을 피하려 함이다.

초효는 막 밝은 세상으로 되어가려는 과정의 첫 단계이다. 아직은 정리정돈이 제대로 되지 않았기 때문에 신발[履]이 뒤섞여 엉망진창된 모습이다. 그러니까 내면적으로 삼가 공경하는 태도를 유지하여 미래의 사태에 대비하라는 교훈이다.

내면적으로 공경한다고 할 때, 불교와 명상가들이 외치는 내면으로의 여행을 떠나 '내가 신神이다' 또는 '신이 곧 나이다'라는 유심론적인 신비의 경지에 도달하라는 말이 아니다. 그것은 천도(하늘의 소리, 즉 진리)에 대한 경건성을 가지고 항상 준비된 자세를 확보하라는 뜻이다. 그러면 암울한 상태에서도 허물을 피할 수 있다는 것이다.

> ☞ 공경한 자세로 일을 시작하고, 미래에 대비하라.

## 6. 2효 : 땅 위에 펼쳐지는 하늘의 뜻

★ 六二는 黃離니 元吉하니라
<sub>육 이   황 리   원 길</sub>

象曰 黃離元吉은 得中道也라
<sub>상 왈 황 리 원 길   득 중 도 야</sub>

육이는 황색의 빛남에(붙음이니) 크게 길하다. 상전에 이르기를 '황색의 빛남이니 크게 길하다'는 것은 중도를 얻었기 때문이다.

2효는 음이 음자리에 있고, 하괘의 중도이다. 상수론에서 중이란 하도낙서의 중앙 '토土'를 뜻한다. 중앙의 5토와 10토의 색깔은 누렇다. 2효는 하늘의 불이 땅으로 내려와 좋은 징조를 보인다. 즉 하늘의 뜻이 지상에서 이루어짐을 암시하고 있다.

곤괘 5효에서는 '황중통리黃中通理'라 했다. '가장 으뜸가는 최적의 정황[元吉]'이라는 개념도 곤괘 5효에서 비롯되었다. 그러므로 리괘 2효는 곤괘 5효에서 온 것이다. 이런 의미에서 불은 땅의 딸인 것이다.

☞ 중용의 실천은 상서로움으로 직결된다

## 7. 3효 : 선후천의 변화

$$* \overset{구\ 삼}{九三}_{은} \overset{일\ 측\ 지\ 리}{日昃之離}_{니}$$
$$\overset{불\ 고\ 부\ 이\ 가}{不鼓缶而歌}_{면} \overset{즉\ 대\ 질\ 지\ 차}{則大耋之嗟}_{라} \overset{흉}{凶}_{하리라}$$
$$\overset{상\ 왈}{象曰} \overset{일\ 측\ 지\ 리}{日昃之離} \overset{하\ 가\ 구\ 야}{何可久也}_{리오}$$

구삼은 해가 기울어져 붙음이니 장구를 치고 노래하지 않으면 노쇠한 늙은이의 탄식함이라 흉할 것이다. 상전에 이르기를 '해가 기울어져 붙음'이 어찌 오래 가겠는가.

3효는 양이 양자리에 있고, 하괘에서 상괘로 넘어가기 직전의 상태에 있기 때문에 매우 불안정하고 어두운 내용으로 가득 차 있다. 여기서는 황혼기에 접어든 80대 늙은 노인의 슬픔을 얘기하고 있지만, 그 배후에는 자연의 변화가 도사리고 있음을 유의해야 한다.

　감괘 4효에서는 질그릇 부缶를 제시하고 있는데 비해, 리괘 3효에서는 장구 부缶[30]를 언급한다. 감괘坎卦는 믿음의 대상인 절대자에게 정성스레 제사 올리는 것을 말하며, 리괘離卦는 선천에서 후천으로 넘어가기 직전에 장구를 치면서 마음 속 깊은 곳부터 흥에 겨워 노래하는 심정을 토로하고 있다.

　'해가 기울어지는 때의 걸림[日昃之離일측지리]'에서 해가 기울어진다는 뜻은 하루의 저녁 무렵이거나 혹은 태양운행의 변동을 시사하는 발언이다. 왜 '걸림[離]'이란 용어가 뒤에 붙을까? 그것은 원래 기울어졌던 태양권 천체운행이 정상적인 운동으로 전환되는 것을 암시한다. 구체적으로 말해서 윤역閏曆이 정역正曆으로 바뀐다는 내용이 바로 3효의 요지인 것이다.

　'어찌 오래 갈 수 있겠는가'라는 말은 천체운동의 변화가 눈 깜짝할 사이에 일어나는 순간적인 변동을 의미한다. 질적인 변동은 어느 날 갑자기 일어나는 사태를 지적한 내용으로서 그것은 급격하고도 대규모로 이루어지는 선후천변화의 내용을 예시한 것이라 할 수 있다.

---

30 缶는 '午와 山'의 합성어다. 이는 午火가 未土로 바뀌는 시간대에 접어들었으며, 아울러 그것은 艮方(艮은 山이기 때문)에서 이루어짐을 시사한다.

> ☞ 탄식하는 노인의 노래 뒤에 왜 자연의 변화를 얘기하는가를 살펴야 한다.

## 8. 4효 : 공포로 다가오는 대재앙

* 九四는 突如其來如라
  焚如니 死如며 棄如니라

  象曰 突如其來如는 无所容也니라

구사는 돌연히(문득, 갑자기) 오는 듯이 온다. 불사른 듯, 죽은 듯, 버려진 듯 할 것이다. 상전에 이르기를 '갑자기 오는 듯이 온다'는 것은 용납할 바가 없는 것이다.

자연의 대재앙은 아주 긴박하게도 갑자기 닥쳐와서[突如], 모든 것을 태우고[焚如], 죽은 시체가 계곡을 가득 채우는 것과 흡사하여 [死如] 하늘이 모든 것을 포기한 것 같은[棄如] 실제상황을 적나라하게 묘사하고 있다. 무섭다고 하지 않을 수 없는 공포의 대재앙이다.

3효에서 4효로 건너가는 시점이기 때문에 '올 래來자'가 쓰였다. 과연 대재앙은 어디서 오는 것일까? 그것은 아무도 모른 채 다가온다. 하늘의 재앙은 자연현상의 조짐으로 나타난다.[31] 그것은 시초부터 엄청난 파괴력을 갖는 징험인 것이다.

---

31 "천지는 말이 없으되 오직 뇌성과 지진으로 표징하리라."(『도전』 5:414:8)

'용납되는 것은 어디서도 찾을 수 없고, 용서의 대상이 없다[无所容]'는 뜻은 무엇인가? 선천이 후천으로 바뀔 때 일어나는 질적 변화는 양적 변화를 수반하므로 아무도 그것을 비껴갈 수 없다. 그러한 변화는 천지의 섭리에서 비롯된 우주의 보편적 변화현상이기 때문에 종교와 신분과 성별과 국적, 선악 등을 초월하여 심판한다[32]는 뜻이다.

주자朱子는 3효를 '앞의 밝음', 4효를 '뒤의 밝음'이라고 추상적으로 말한 바 있다.[33] 그는 간접적 어투로 선후천변화에 대해서, 아무런 예고 없이 갑자기 물밀 듯이 오는 것으로 추상적으로 말했다. 정역사상 역시 이를 원론적 차원에서 언급하고 있다. 하지만 증산도사상은 너무나도 노골적이다 못해 생생한 사실로써 전달하고 있다.

> ☞ 하늘이 내리는 재앙은 누구도 비껴갈 수 없는 종말현상이다.

---

32 『도전』 8:62:3-4, "천지의 大德이라도 春生秋殺의 恩威로써 이루어지느니라. 의로움[義]이 있는 곳에 道가 머물고, 도가 머무는 곳에 德이 생기느니라." 불교는 죽음을 화두로 삼아 죽음의 공포로부터 해탈한 영원한 삶을 꿈꾸어 살생을 터부시하는 종교이다. 그러나 증산도의 '春生秋殺'의 근본정신은 영원히 살리기 위한 전제조건으로서의 '죽임'을 뜻한다. 다시 말해 분열로 치닫는 모든 생명체의 죽임을 막고, 통일된 보편적 '살림'을 위한 숭고한 정신을 내포하는 패러독시컬한 논리이다.

33 "(九三)重離之間, 前明將盡, 故有日昃之象. … (九四)後明將繼之時, 而九四以剛迫之, 故其象如此."

## 9. 5효 : 지도자에게 이로움이 있다

* **六五**는 **出涕沱若**하며 **戚嗟若**이니 **吉**하리라
  <sub>육오 출체타약 척차약 길</sub>

  **象曰 六五之吉**은 **離王公也**일새라
  <sub>상왈 육오지길 리왕공야</sub>

육오는 눈물이 나옴이 물흐르듯 하며 슬퍼하고 탄식하니 길할 것이다. 상전에 이르기를 '육오의 길함'은 왕공에 붙어 있기 때문이다.

대부분의 번역서들은 한결같이 음이 양자리에 있는 임금은 마땅히 천하와 백성을 위해서 노심초사 걱정하고 성심껏 최선을 다하는 자세로 풀이한다.

하지만 왜 눈물을 흘리면서까지 슬퍼하고 탄식하는지에 대한 물음에 대해서는 시원스런 대답이 없다. 눈물을 흘리고 슬퍼하고 탄식하는 행위는 가슴에서 사무치는 믿음으로부터 우러나오는 영혼의 울음이다. 또한 자신의 힘으로는 눈 앞에 벌어지는 어려움을 극복하기가 불가능하다고 판단하여 결국에는 슬퍼하고 탄식한다고 해석해야 옳다. 따라서 선후천변화에 대한 시각이 전제되지 않고는 평범한 윤리도덕적 수준의 번역에 머물고 말 것이다.

리괘의 주효는 2효인 까닭에 2효에서는 '원초적인 좋음[元吉]'이라 했으며, 5효에서는 단순히 '좋음[吉]'이라 했다. 그것은 2효가 신하의 자리이면서도 중도(주효主爻인 동시에 음이 음자리를 지키는 양상)로써 5효를 보필하기 때문이다.

> ☞ 두려워할 줄 아는 영혼의 울음 뒤에는 좋은 일이 기다린다.

## 10. 상효 : 지도자의 통치- 천하사

* $上九$는 $王用出征$이면 $有嘉$니
  $折首$코 $獲匪其醜$면 $无咎$리라

  $象曰\ 王用出征$은 $以正邦也$라

상구는 왕이 출정하면 좋은 일이 있으니, 우두머리를 치되 잡는 것이 그 무리가 아니면 허물이 없을 것이다. 상전에 이르기를 '왕이 출정함'은 천하를 바로잡기 위함이다.

상효는 리괘의 마지막이자 주역 상경을 끝맺는 중요한 자리이다. 각 괘의 상효는 좋지 않은 일로 끝나는 내용이 대부분인데도 불구하고 리괘의 상효는 예외로서 '허물이 없다'거나 '천하가 안정될 것'이라는 긍정적인 말로 장식하고 있다.

왕이 천하사를 위해 몸소 정치현실에 뛰어드는 사건 자체부터가 지극히 중대하고 아름다운 일이다. 직접 출정해서 혼란을 일으키는 무리들을 진압시켜 민심을 안정시키되, 그 주동자만 처벌하고[折首], 명령에 죽고사는 조무래기까지 모조리 징벌하지 않기 때문에 허물이 없을 것이라고 단정했다.

왕이 직접 군사행동에 참여하는[親政친정]하는 까닭은 작게는 국가안정을 도모하고, 넓게는 천하사를 관장하여 평화를 이루려는 것에 목적이 있다.

> ☞ 천하사를 위해 직접 현장에 뛰어드는 지도자는 칭찬받아 마땅하다.

## 11. 주역에서 정역으로

정역사상의 연구자 이상룡李象龍은 리괘의 성격을 다음과 같이 설명한다.

離리는 在文從离從雉재문종이종치니 雉物之火類也치물지화류야며
离이는 象六爻陰陽之老少動變也상육효음양지노소동변야라
爲卦上有先天之日위괘상유선천지일과 下有后天之日하유후천지일으로
日一而已也일일이이야이나 而生成數度이생성수도는
各不同於先后天之理也각부동어선후천지리야니라
且天地日月有差過於數度차천지일월유차과어수도는 則必推測而正之즉필추측이정지라
故次於小過也고차어소과야니라

'리'는 문자적으로 짐승 또는 산신 이离와 불[火]을 상징하는 꿩

치稚의 합성어다. 리괘의 상괘는 선천의 태양을, 하괘는 후천의 태양을 표상하는데 태양은 하나일 뿐이다. 만물을 생성시키는 도수는 각각 선천과 후천의 이치가 다르다. 또한 천지와 일월이 운행하는 도수가 다르다는 것을 밝혀야 하므로 소과괘 다음에 놓은 것이다.

象曰 離는 利貞이니 亨하니 畜牝牛하면 吉하리라는

日月貞明이니 丑會之吉運也라

*「단전」- "'리'는 올바르게 함이 이롭고 형통한다. 암소를 기르면 길할 것이다"는 일월이 올바르게 빛나는 축회丑會의 길운을 뜻한다.

象曰 大人이 以하여 繼明하여 照于四方하나니라는

天下歷一明无不照也니라

*「상전」- "대인은 이를 본받아 밝음을 계승하여 사방에 비춘다"는 말은 천하의 역법이 통일되어 그 밝음이 비추지 않은 곳이 없다는 뜻이다.

初九는 履錯然하니 敬之면 无咎리라

道雖不同이나 誠敬何咎乎리오

* 초효- "발자국이 뒤섞였으니, 공경하면 허물이 없다"는 것은 비록 도가 다를지언정 정성을 다하고 공경하면 어찌 허물이 있겠

는가.

<sup>육이</sup> <sup>황리</sup> <sup>원길</sup>
六二는 黃離니 元吉하나라는

<sup>화치문명</sup> <sup>지정대길야</sup>
火熾文明이니 地政大吉也라

＊2효-"황색의 빛남이니(걸림, 붙음이니), 크게 길하다"는 밝은 불기운 문명을 일으켜 땅의 정사政事가 크게 길하다는 것이다.

<sup>구삼</sup> <sup>일측지리</sup> <sup>불고부이가</sup> <sup>즉대질지차</sup>
九三은 日昃之離니 不鼓缶而歌면 則大耋之嗟라

<sup>흉</sup> <sup>역수궁이욕종</sup> <sup>수선필패야</sup>
凶하리라는 歷數窮而欲終이니 雖善必敗也라

＊3효-"해가 기울어져 걸림이니, 장구를 두드려 노래하지 않으면 노쇠한 늙은이의 탄식함이다. 흉할 것이다"는 하늘에 새겨진 역수曆數가 다하여 마칠 즈음에는 선善도 쇠퇴할 것이라는 뜻이다.

<sup>구사</sup> <sup>돌여기래여</sup> <sup>분여</sup> <sup>사여</sup> <sup>기여</sup>
九四는 突如其來如라 焚如니 死如며 棄如니라는

<sup>응천승기기염혁름야</sup>
應天桀幾氣焰赫懍也라

＊4효-"돌연히 오는 듯이 온다. 불사른 듯, 죽은 듯, 버려진 듯 할 것이다"는 뜻은 하늘이 내리는 불기운의 징조가 왕성하고 엄숙한 모습이다.

<sup>구오</sup> <sup>출체타야</sup> <sup>척차약</sup>
六五는 出涕沱若하며 戚嗟若이니

<sup>길</sup> <sup>종사불복야</sup>
吉하리라는 宗社不覆也라

* 5효-"눈물이 줄줄 흘러내리며 슬퍼하고 탄식하니, 길할 것이다"라는 말은 종사宗社가 굳건함을 애기한다.

$\overset{상구}{上九}$는 $\overset{왕용출정}{王用出征}$이면 $\overset{유가}{有嘉}$는 $\overset{천리지순시야}{天吏之順時也}$오

$\overset{절수}{折首}$코 $\overset{획비기추}{獲匪其醜}$면 $\overset{무구}{无咎}$는 $\overset{주기군이조기민야}{誅其君而弔其民也}$라

* 상효-"왕이 출정하면 좋은 일이 있을 것"이란 말은 관료가 천시天時에 순응하는 것이며, "우두머리를 치되 잡는 것이 무리가 아니면 허물이 없을 것이다"라는 것은 임금을 베어 백성을 어루만지는 것을 뜻한다.

택산함괘
# 澤山咸卦

천지는 감응感應의 메카니즘으로 움직인다.
천지의 막둥이들이 새로운 세상의 주역이다.

## Chapter 7

# 택산함괘澤山咸卦
## : 막둥이들의 창조적 감응

### 1. 천지가 결합하는 혼인이 진정한 감응이다 : 함괘

정이천은 중화리괘 다음에 택산함괘가 오는 이유를 다음과 같이 말한다.

\* 咸은 序卦에 有天地然後有萬物하고
有萬物然後有男女하고 有男女然後有夫婦하고
有夫婦然後有父子하고 有父子然後有君臣하고
有君臣然後有上下하고
有上下然後禮義有所錯라 하니라
天地는 萬物之本이오 夫婦는 人倫之始라

<sup>소이상경</sup> <sup>수건곤</sup> <sup>하경</sup> <sup>수함계이항야</sup>
所以上經은 首乾坤하고 下經은 首咸繼以恒也라

<sup>천지이물</sup>
天地二物이라

<sup>고이괘분위천지지도</sup> <sup>남녀교합이성부부</sup>
故二卦分爲天地之道요 男女交合而成夫婦라

<sup>고함여항</sup> <sup>개이체합위부부지의</sup>
故咸與恒이 皆二體合爲夫婦之義라

<sup>함</sup> <sup>감야</sup> <sup>이열위주</sup>
咸은 感也니 以說爲主하고

<sup>항</sup> <sup>상야</sup> <sup>이정위본</sup> <sup>이열지도자유정야</sup>
恒은 常也니 以正爲本이요 而說之道自有正也라

<sup>정지도</sup> <sup>고유열언</sup>
正之道는 固有說焉이니

<sup>손이동</sup> <sup>강유개응</sup> <sup>열야</sup>
巽而動과 剛柔皆應은 說也라

<sup>함지위괘</sup> <sup>태상간하</sup> <sup>소녀소남야</sup>
咸之爲卦 兌上艮下하니 少女少男也니

<sup>남녀상감지심</sup> <sup>막여소자</sup>
男女相感之深이 莫如少者라

<sup>고이소위함야</sup>
故二少爲咸也라

<sup>간체독실</sup> <sup>지위성각지의</sup>
艮體篤實하고 止爲誠慤之義하니

<sup>남지독실이하교</sup> <sup>여심열이상응</sup>
男志篤實以下交하며 女心說而上應하니

<sup>남</sup> <sup>감지선야</sup>
男은 感之先也라

<sup>남선이성감</sup> <sup>즉여열이응야</sup>
男先以誠感이면 則女說而應也라

"함괘는 「서괘전」에 '천지가 있은 뒤에 만물이 있고, 만물이 있은 뒤에 남녀가 있고, 남녀가 있은 뒤에 부부가 있고, 부부가 있은 뒤에 부자가 있고, 부자가 있은 뒤에 군신이 있고, 군신이 있은 뒤에 상하가 있고, 상하가 있은 뒤에 예의를 둘 곳이 있다'고 했다. 천지는 만물의 근본이요 부부는 인륜의 시초이다. 이런 까닭에 상경은 건곤괘를 머리에 놓았고, 하경은 함괘를 머리에 두고 항괘를 뒤에 이은 것이다. 하늘과 땅은 두 물건이므로 두 괘가 나뉘어 천지의 도가 되었고, 남녀가 교합하여 부부를 이루므로 함과 항이 모두 두 실체가 합하여 부부의 뜻이 된 것이다. 함은 감응함이니 기쁨을 주장하고, 항은 항상함이니 올바름을 근본으로 삼으며, 기뻐하는 도는 스스로 올바름이 있는 것이다. 올바른 도는 진실로 기쁨이 있으니 공손하게 움직임과 강유가 모두 감응함은 기뻐함이다. 함괘는 태가 위에 있고 간이 아래에 있으니, 소녀와 소남이다. 남녀가 서로 감응함의 깊음은 어린 것보다 더한 것이 없다. 그러므로 두 어린 것이 함이 된 것이다. 간의 실체는 독실하고, 그침은 정성스러움의 뜻이니 남자가 뜻이 독실하여 아래로 사귀면 여자가 마음에 기뻐하여 위로 상응하니 남자는 감응함의 먼저이다. 남자가 먼저 정성으로 감응시키면 여자가 기뻐하여 상응하는 것이다."

현재 통용되는 『주역』에서 건곤괘는 상경의 시초이고, 함항괘는 하경의 시초이다. 전통에서는 주역의 상경과 하경을 나누는 준거를 천도와 인사로 삼았다. 천도와 인사는 상응의 구조로 이루어져 있다. 상응은 동등과 일치의 관계를 포괄하는 생명의 언어다. 주역은 상응의 논리를 바탕으로 상경과 하경의 틀로 구성되어 있다.

조선 초기의 유학자 권근權近(1352~1409, 호는 양촌陽村)은 이를 분명히 밝히고 있다. "상경은 건곤을 머리로 삼아 감리에서 마치니, 하늘과 땅이 제자리를 잡고 해와 달이 교대로 밝아서 천도가 유행하는 이치의 극치이다. 하경은 함항에서 시작하여 기제와 미제로 마치니, 부부가 가정을 이루고 남자와 여자가 세대를 이어서 인도가 변화하는 지극함이다. 그러나 (상경과 하경) 모두 감리로 끝난다는 점이 동일하다. 천도에서는 물과 불이 처음으로 교제하니 낳고 낳는 근본이요, 인도에서는 물과 불이 서로 구제하니 역시 낳고 낳는 근본이다. 끝마치면 다시 시작하여 변화가 무궁하니 이것이 곧 역이 되는 까닭이다."[34]

권근은 상경의 첫머리인 건곤괘와 하경의 첫머리인 함항괘에서 드러나는 상응구조의 성격에 주목했다. 건곤은 천지가 자리잡는 천도이며, 함항은 부부가 가정을 이루는 인도를 가리킨다. 우주형성의 근원과 인류의 시초는 상응관계로 형성됨을 얘기했다. 이를 정리하면 상경-하경, 천도-인도, 본체-유행의 대비는 하늘과 사람, 본체와 작용의 조화를 강조하는 체계이다.

소강절은 자신이 창안한 상수론을 중심으로 주역의 논리구조를 재편하여 선후천의 역학관을 수립했다. 그는 선후천관을 준거로 상경과 하경을 나눈다. "건곤에서 감리까지는 천도를, 함항괘로부터 기제와 미제괘까지는 인사를 말한다. 역이 건곤을 으뜸으로 삼아 감리의 중간점을 거쳐 수화의 교역 여부에서 종결짓는 것은 지극한 이치이

---

[34] 『주역천견록周易淺見錄』「역설易說」, "周易上經, 首乾坤而至坎離, 天地定位, 日月代明, 天道流行之極也. 下經始咸恒, 而終旣未濟, 夫婦成家, 而男女著代, 人道變更之至也, 然皆以坎離爲終, 則同, 在天道, 則水火始交, 生生之本也. 在人道, 則水火相濟, 亦生生之本也, 終而復始, 變化无窮, 斯其所以爲易也."

다."[35] 천도와 인사를 나누는 까닭은 주역의 종지가 바로 경세치용의 학문이기 때문이다. 정명도程明道는 "하늘과 사람의 문제를 다루지 않는 배움은 진정한 학문이 되기에 부족하다"[36]고까지 단언하여 소강절의 역학을 '내성외왕內聖外王'의 학문이라고 규정하였던 것이다.

소강절이 얘기하는 선천과 후천은 구체적으로 무엇일까. 괘도로 보면 복희팔괘도가 선천이고, 문왕팔괘도는 후천이다. 시간적으로는 "요임금 이전이 선천이고, 요임금 이후는 후천이다."[37] 요임금 이전의 선천은 우주의 자연사이고, 요임금 이후의 후천은 인류의 문명사를 가리킨다. 후자는 전자에 종속되기 때문에 먼저 선천이 있어야 나중에 후천이 존재한다는 뜻이다.

후천을 밝히려면 선천을 알아야 마땅하다. 소강절이 선후천관을 중시여겼던 이유는 자연사를 근거로 인류 문명사의 유래를 밝히면 역사의 흥망성쇠를 알 수 있다고 판단했기 때문이다. 이런 연유에서 윤화정尹和靖은 "소강절의 이론은 본래 경세의 학문이다. 지금 사람들은 단지 미래사를 알기 위해 역수를 밝힌 것이라고만 알아 도리어 그의 학문을 낮게 평가했다"[38]고 변호한 바 있다.

소강절 역학의 결정체는 '원회운세설'에 있다. 주희의 제자인 채원정蔡元定(1135~1198)은 "원회운세와 연월일시의 이론으로 천지의 끝

---

35 『황극경세서皇極經世書』「관물외편觀物外篇」, "自乾坤至坎離, 以天道也. 自咸恒至旣濟未濟, 以人事也. 易之首于乾坤, 中于坎離, 終于水火之交不交, 皆至理也."
36 같은 책, 같은 곳, "學不際天人, 不足以謂之學."
37 같은 책, 같은 곳, "堯之前, 先天也. 堯之後, 後天也."
38 余敦康, 「邵雍的 易學」『漢宋易學解讀』(北京: 華夏出版社, 2006), 271쪽 참조

마침과 시작을 밝혔다. 황제왕패와 역, 서, 시, 춘추로 성현의 사업을 밝혔다. 진한 이래 오직 한 사람 뿐이다"[39]라고 하여 소강절을 매우 존경했다. 소강절은 선후천론에 입각하여 하늘과 땅이 열리는 시간표를 작성하여 세상을 깜짝 놀라게 했다. 그는 '원회운세설'로 우주의 시간표를 작성하여 천지의 순환을 해명했던 것이다. 그가 관심을 기울였던 분야는 수학적으로 시간표를 계산한 것이 아니라 음양이 소장하는 이치를 통하여 우주변화를 밝힌 점에 있다.

소강절은 천지인天地人 삼재三才의 원칙에 따라 괘의 구성법칙과 천간지지를 결합시켜 3개의 시간좌표를 제시했다. "하늘은 자에서 열리고, 땅은 축에서 열리고, 인간은 인에서 태어난다.[天開於子, 地闢於丑, 人生於寅]" '자子'는 두터운 땅 속에서 처음으로 양기운이 올라오는 복괘(䷗)를, '축丑'은 양기운이 점점 올라와 두 개가 되는 임괘(䷒)를, '인寅'은 음양이 균형을 이루는 태괘(䷊)의 이치를 뜻한다. 그것은 각각 천체의 형성기, 대지의 형성기, 인류의 형성기를 가리킨다. 이처럼 소강절은 우주의 발생과 진화과정을 풀이하는 모델을 세웠던 것이다.

연못과 산의 결합으로 이루어지는 괘의 형성을 우주의 진화와 목적으로 간주하는 사상이 바로 『정역正易』[40]의 간태합덕艮兌合德'이다. 간태합덕은 간 '산'과 태 '택'이 결합하여 새로운 질서를 창조함을 뜻하는 '산택통기론山澤通氣論'으로 귀결된다.

---

[39] 『皇極經世緒言』, "以元會運世, 年月日時, 盡天地之終始. 以皇帝王覇, 易書詩春秋, 盡聖賢之事業. 自秦漢以來, 一人而已耳."

[40] '正'은 '一' + '止'의 합성어다. 하늘의 일은 '艮간'의 이치에 담겨 있다는 뜻이다.

「설괘전」에는 산과 연못이 그 기운을 서로 통한다는 내용이 두 군데 나온다. 하나는 소강절에 의해 소위 '복희팔괘도'라 불린 3장의 "하늘과 땅의 위치가 정해지며, 산과 연못이 기운을 통하며, 우레와 바람이 서로 부딪치며, 물과 불이 서로 쏘지 아니하여(아직 제대로 된 작용을 못한다), 팔괘가 서로 섞이니[天地定位, 山澤通氣, 雷風相薄, 水火不相射, 八卦相錯.]"이며, 다른 하나는 6장의 "그러므로 물과 불이 서로 따르며(미치며), 우레와 바람이 서로 거슬리지 아니하며, 산과 연못이 그 기운을 통한 연후에야 능히 변화하여 이미 만물을 다 이루느니라[故水火相逮, 雷風不相悖, 山澤通氣然後, 能變化, 旣成萬物也]"이다.

『정역』은 복희팔괘도, 문왕팔괘도, 정역팔괘도를 우주의 진화과정을 설명하는 생장성生長成의 단계로 설정한다. 복희팔괘도는 갓난 어린아이의 단계이므로 산과 연못의 기운이 활발하게 소통되지 못하고, 문왕팔괘도는 하늘과 땅[天地]이 서북과 서남으로 기울어져 서쪽에 있는 연못을 성숙시키에 온 힘을 쓰지만 제대로 역할을 못하고, 김일부에 의해 정역팔괘도라고 명명된「설괘전」 6장의 '능히 변화하는[能變化]' 지독한 몸살을 겪은 뒤에야 비로소 새로운 질서가 수립되어 만물의 존재가치가 온전히 드러날 수 있음을 언급했다.

소강절과 김일부는 주역읽기의 방법을 선후천론의 시각에서 출발한다. 하지만 선후천론의 실질적 내용은 다르다. 소강절이 복희팔괘도는 선천이고 문왕팔괘도는 후천이라고 규정한 것을 뒤집어엎은 김일부는 문왕팔괘도가 선천, 정역팔괘도는 후천이라고 단정하여 선천과 후천은 일정한 시간대에 맞추어 순환한다는 논리를 체계화했다. 이런 점에서 전자가 선천에 초점이 맞추어진 과거지향성 사상이라면, 후자는 후천에 초점이 맞추어진 미래지향성 사상이라고도 규정할 수 있다.

## 2. 함괘 : 생명의 영속은 남녀의 결합으로부터

★ 咸은 亨하니 利貞하니 取女면 吉하리라
<sub>함 형 이정 취녀 길</sub>

함은 형통하니 올바르게 함이 이로우므로 여자를 취하면 길할 것이다.

음양의 결합 중에서 남녀의 결합이야말로 생명의 신비를 해명하는 최상의 코드이다. 함괘의 구성은 아버지와 어머니(건곤)의 최종 열매인 소남소녀少男少女로 이루어져 있다. 왜 장남장녀나 중남중녀가 아니고, 소남소녀일까? 왜냐하면 막내는 미래를 이끌어갈 씨앗이기 때문이다. 함괘는 소남소녀를 통해 새로운 질서를 창조하는 생명력을 찬미했던 것이다.

남녀의 육체적 결합 없이는 후손을 기약할 수 없다. 가문의 단절은 물론이고 세상은 당장 문닫아야 할 것이다. 생명의 끝장은 종말과 연결된 암울한 세상을 떠올린다. 하지만 함괘는 남녀의 사랑을 비롯한 온갖 생명체의 결합을 통해 생명의 영속성을 찬양하고 있다.

☞ 남녀의 결합은 올바름을 밑바탕으로 삼아야 한다.

## 3. 단전 : 천지는 감응의 메카니즘으로 움직인다.

* 象曰 咸은 感也니 柔上而剛下하여
  二氣感應而相與하여 止而說하고 男下女라
  是以亨利貞取女吉也니라
  天地感而萬物이 化生하고
  聖人이 感人心而天下和平하나니
  觀其所感而天地萬物之情을 可見矣리라

단전에 이르기를 함은 느낌이다. 부드러운 것은 올라가고 강한 것이 내려와 두 기운이 느끼고 응함으로써 서로 더불어 그쳐서 기뻐하고, 남자가 여자에게 내려옴이다. 이로써 형통하니 올바르게 함이 이로우므로 여자를 취하면 길할 것이다. 하늘과 땅이 느껴서 만물이 화생하고 성인이 인심을 느껴서 천하가 화평해진다. 그 느끼는 바를 보아서(깨달아서) 천지만물의 실정을 알 수 있을 것이다.

생명의 탄생은 느낌에서 비롯된다. 느낌은 감응이다. 생명 있는 모든 것은 외부 대상에 대해 첫인상을 느끼자마자 반응한다. 생명의 반응체계는 정보전달의 기초임을 주역은 깨닫도록 한다. 느낌[感應]은 일방적 감정이 아니라 상호반응의 정감에 기초한다. 그러니까 상대방을 나의 평생 동반자로 받아들여야 좋다는 가치평가가 뒤따른다 [取女, 吉]. 따라서 함괘는 자연과 인간, 인간과 역사와 문명, 인간과 사회는 배타적 관계가 아니라 서로를 용납하고 배려하는 관계를 설정해야 한다고 가르치고 있는 것이다.

남녀가 서로 느껴야 애틋한 사랑의 감정이 싹트고 혼인을 이루어 형통할 수 있다. 전혀 알지 못했던 남녀가 만나 결혼하여 가정을 이루고, 자녀를 낳아 웃음꽃이 피어나므로 형통할 수밖에 없다. 혼인의 길에는 일정한 법도가 있다. 혼인은 남자가 먼저 여자에게 프로포즈하는 형식으로 이루어진다[取女<sup>취녀</sup>]는 것이다.

'취녀'는 곧 혼인한다는 뜻이다. 옛날에는 신랑이 신부의 집에 가서 혼례를 치른 다음에 데려 오는 전통이 있다. 동적인 남자가 정적인 여자보다 앞서 움직이는 게 음양법칙이다. 꽃이 벌을 찾아다니는 것이 아니라 벌이 꽃을 찾아 날아다니며, 수컷이 암컷을 쫓아다니는 것이야말로 음양이 감응하고 교합하는 이치이다. 음양의 교류는 온 세상을 지배하는 법칙이라 할 수 있다.

감응에는 일정한 원칙이 있는데, 올바름[正道<sup>정도</sup>]이 바로 그것이다. 쌍방이 교감하는데 사리사욕이 끼어들면 끼리끼리 어울리는 술친구에 지나지 않으며, 사회와 조직을 망가뜨리는 좀벌레에 불과하다. 결코 형통을 기대할 수 없다. 만사형통의 원칙은 곧 정도인 것이다.

함괘의 핵심은 감통感通에 있다. 감통은 느껴서 서로 소통한다는 뜻이다. 느끼지 못하면 대화는 물론 서로의 의지마저 알지 못한다. 그 명칭은 비록 함괘이지만 실질적으로는 감괘感卦로 불러도 무방하다는 것이 공자의 견해이다. 아버지 하늘은 대지의 숨결을 느끼고, 땅은 하늘의 의지를 느껴 만물을 변화의 세계로 접어들게 하는 것이 감통의 원칙이다. 천지는 스스로 작동하면서 감응하는 메카니즘으로 이루어져 있고, 성인은 보통사람의 마음에 감응하여 천하를 안정시킨다는 것이 「단전」의 핵심이다.

함괘는 왜 부드러운 것은 올라가고 강한 것이 내려오는 현상[柔上而剛下]을 감응의 원리라고 했을까? 주역에서 말하는 감응의 최고원칙은 천지비天地否와 지천태地天泰의 교환에서 찾을 수 있다. 가벼운 하늘기운[陽]은 위로 올라가고, 무거운 땅기운[陰]은 아래로 내려와 음양이 서로 만나 기뻐하는 모습이 바로 지천태괘이다. 반면에 하늘기운은 올라가고 땅기운은 내려가 음양이 서로 멀어져 부조화를 빚어내는 형상이 천지비괘이다.

천지비에서 지천태로 전환하는 중간과정을 묘사한 내용이 바로 '부드러움은 올라가고 강함이 내려오는[柔上而剛下]' 현상이다. 즉 남성괘인 남자 막둥이 간괘(☶)의 맨 위의 3효는 위로 올라가고, 여성괘인 여자 막둥이 태괘(☱)의 상효上爻는 아래로 내려와 이 둘이 결합하는 형상이 곧 택산함괘의 구조이다.

음의 에너지와 양의 에너지가 공간이동하는 것이 바로 감응하는 이유이다. 단지 상대방의 존재를 인지하는 상태에 그치는 것이 아니라, 적극적인 자리이동을 통하여 너와 내가 하나로 일치되는 작업이 바로 감응의 본질인 것이다. 감응이란 자리이동하는 일이고, 그 결과 서로가 한몸되는 것이 만물이 생성변화하는 궁극목적[山澤通氣然後, 能變化]이다. 주역해석가들은 연못과 산이 서로 대응하는 모습을 일컬어 대대待對라 했고, 서로의 에너지를 교환하는 과정을 유행流行이라 했다. 따라서 감응이란 이 둘의 역동성을 지칭한다.

감응이 음양결합의 소극적 표현이라면, 감통은 음양결합의 적극적 표현이다. 이런 의미에서 주자는 함괘「단전」은 '감통의 이치를 극진히 설명했다'고 하여 공자를 치켜세웠다. 감통이 주역사상의 핵심인 까닭에 음양의 결합을 정당화했던 것이다. 남자와 여자가 만나면 심장이 두근거리고 가슴이 뭉클해진다. 같이 있어도 같이 있고 싶고, 보고 있어도 보고 싶은 것이 애정이다. 남녀의 사랑은 육체의 결합으로 나타난다. 육체의 결합은 '하나됨[相與]'이고, 하나됨이 곧 사랑이다. 이를 단전은 '멈추면서(그치면서) 생기는 기쁜 일[止說]'이라고 했다.

'하나됨'의 방식에는 올바름[正]의 가치와 절차[禮]가 있다. '태兌'는 가정에서는 소녀로서 즐거움과 기쁨의 뜻이고, '간艮'은 가정에서는 소남으로서 우뚝하고도 독실하다는 뜻이다. 남자는 공손한 마음과 독실한 태도로 청혼해야 하고 여자를 기쁘게 해야 한다. 그것은 음양이 상호감응하는 정도正道인 동시에 세상이 둥글어가는 원리이기 때문이다. 애정이 넘치는 남녀가 결합하여 다정한 부부로 탄생할 수 있고, 화목한 가정에서 효성스런 자녀가 태어날 수 있는 것이다.

고대의 혼인예법에는 여섯 가지 절차인 납채納采, 문명問名, 납길納吉, 납폐納幣, 청기請期, 친영親迎 등의 세레모니가 존재했다. 남자가 먼저 여자를 인격자로 대우하면, 여자도 반드시 남자에게 순종으로 감응한다는 이치를 제도화한 예증이다. 인격과 인격의 만남이 진정한 사랑이다. 사랑이 샘솟는 혼인이어야[取女] 행복하다[吉]. 사람들은 행복을 누리려 하지 않고 행운을 찾으려 시간을 소비한다. 행복은 주변 곳곳에 널려 있다. 하지만 행운은 어쩌다 한 번 오는 우연일 따름이다. 행운에 목메는 어리석음을 저질러서는 안 된다.

「단전」의 요지는 하늘과 땅의 서로에 대한 느낌[感應] 행위 자체가 사랑이라고 한 점에 있다. 감응원리가 곧 주역의 핵심이다. 감응은 단순히 남녀간에 생기는 애틋한 감정만을 뜻하지 않는다. 그것은 자연과 역사와 문명과 세상을 꿰뚫는 보편적 원리이다. 그러므로 하늘과 땅의 기운이 상호 감응하여 만물이 생성하고, 성인은 하늘과 땅의 감응원리를 깨달아 인심을 감화시켜 천하를 태평하게 만든다. 이러한 감응의 원리와 현상을 관찰하면 천지만물의 정황을 알 수 있는 것이다.

> ☞ 하늘과 땅의 느낌[感應] 행위 자체가 사랑인 동시에 생명의 보편원리이다.

## 4. 상전 : 허위와 독선으로 가득 찬 '나'를 비워야

* 象曰 山上有澤이 咸이니

  君子以하여 虛로 受人하나니라

  상전에 이르기를 "산 위에 연못이 있는 것이 함이다. 군자는 이를 본받아 비움으로써 사람을 받아들인다.

민족의 성지, 백두산 꼭대기 위의 천지를 상상해보라. 천지는 백두산 정상에 있다. 한민족의 꿈과 이상과 열망이 백두산에 녹아 있다. 육당六堂 최남선崔南善(1890~1957)은 백두산을 근간으로 형성된 고대 문화를 불'함'문화不'咸'文化라고 주장했다. 그것은 다함이 없는 생명력으로 백성들을 먹여 살리는 불멸의 신성한 나라를 상징한다.

주역은 연못과 산의 사랑행위를 바로 함괘로 표현했다. 막둥이(소남 소녀)들의 신나는 잔치, 즉 신성한 생명력의 표출을 극명하게 드러내는 것이 함괘인 것이다. 군자는 이를 본받아 행위의 표준을 설정해야 한다. 초효부터 삼효까지는 우뚝 솟은 산처럼 뚝심있게 처신할 것을 가르친다. 그것은 꼼짝하지 않는다는 것이 아니라, 자기를 내세우지 않음을 뜻한다. 자신의 사리사욕을 버리고 남을 배려하고 수용하는 자세이다.

어머니는 자신을 내세워 자랑하지 않는다. 어머니의 무기는 오로지 사랑이다. 사랑은 받는 것이 아니라 주는 것이기 때문에 한없이 아름답다. 남편의 허물은 물론이고 심지어 자식의 무능마저도 사랑으로 감싸 안는다. 위정자는 백성의 아픔을 나의 아픔으로 느껴 상처를 아물도록 한다. 그러니까 주위에 사람이 몰릴 수 밖에 없는 것이다.

'비움[虛]'은 불교의 공空처럼 만물의 시원처, 혹은 귀향처로만 인식하는 것보다는 반드시 구현해야할 실천의 규범으로 부각된다. 고집과 독단을 낮추어 최대한 비우고, 겸허한 자세로 남을 높이면 저절로 타인과의 공감대가 한층 상승할 것이다. 남자가 여자를 향해 나아가 자신을 낮추면서 애정공세를 펼치면 여자 역시 좋은 반응을 할 것이다.

외로움이 상대적이라면 고독은 절대적이다. 비움[虛]과 채움[實]

은 절대적인 동시에 상대적 개념이다. 실천의 덕목일 경우는 채움에서 비움으로, 또는 비움에서 채움을 지향한다. 만물생성의 근원의 입장에서 자연 그 자체는 아무 것도 없는 공허虛空의 상태이지만, 그것은 역동적으로 살아 움직이는 까닭에 실제로는 가득 차 있다. 그렇지 않으면 가공의 허구적 존재에 불과하기 때문이다.

유교의 전제에 맞선 최대의 이단아 이탁오李卓吾[41](1527~1602)는 『분서焚書』권3 「허실설虛實說」에서 허실에 대해 명언을 남겼다.

> "도를 배울 때는 허虛를 귀하게 여기지만, 중임을 맡을 사람은 실實을 귀하게 여겨야 한다. 허하면 선善을 받아들이지만, 실해야만 굳건히 지키는 바가 생긴다. 허하지 않으면 선택이 정밀하지 않고, 실하지 않으면 지키는 것이 굳지 못하다. 허하면서 실하고 실하면서 허한 것이야말로 참된 허는 참된 실이요, 참된 실은 참된 허이다. 이는 오직 진인眞人만이 이를 수 있는 경지이다."

그렇다면 군자는 마음 자체를 없애야 하는가? 사심을 비운다는 것인가? 유교는 마음닦기를 비롯하여 본성의 회복을 주장한다. 그것은 마음 자체를 없앤다는 뜻이 아니라 사리사욕으로 얼룩지고 고집으로 가득 찬 자아를 솎아내라는 충고일 것이다. 군자는 사사로운 주관이 없는 존재이기 때문에 만물과의 감통이 가능한 것이다.

☞ 타인에 대한 포용력이 감정교류의 밑천이다.

---

[41] 이름은 지贄이다. 그는 전통의 권위에 맹종하지 않고 혁신적 사유를 전개했다.

## 5. 초효 : 몸과 마음은 감응의 원리로 존재한다

\* 初六은 咸其拇라 象曰 咸其拇는 志在外也라
<sub>초 육   함 기 무    상 왈  함 기 무     지 재 외 야</sub>

초육은 엄지발가락에 느낌이다. 상전에 이르기를 '엄지발가락에 느낌'은 뜻이 밖에 있음이다.

서양에서는 몸을 정신의 감옥, 또는 욕망의 고기덩어리라고 말하여 몸과 정신은 인간을 이루는 별개의 존재로 설정하는 전통이 있다. 이러한 심신이원론心身二元論의 극치는 데카르트에 이르러 절정을 이룬다. 하지만 주역은 몸과 마음은 항상 따라다니는 동반자임을 얘기한다. 어느 하나가 망가지면 다른 하나마저도 병들기 때문이다.

함괘는 발가락으로부터 얼굴에 이르기까지 심신의 에로스 여행으로부터 출발한다. 몸과 마음은 감응관계로 존재함을 지적하고, 몸과 마음의 동화를 통해 심신일원론心身一元論을 견지하고 있는 것이다.

몸을 바라보는 방식에는 두 가지가 있다. 하나는 몸을 밖에서 관찰할 수 있는 객체로서 보는 것이다. 근대의학에서 보는 눈은 철저히 이와 같은 관점에서 생겨났다. 근대의학은 객체인 다른 사람의 몸(객체적 몸)만이 보일 뿐이지, 그 마음[心]은 찾지 않는다. 이는 객체와 주체의 경계에서 몸과 마음을 분리하여 다루는 이분법적 관점이다. 근대의학의 이러한 신체관은 서양의 오랜 전통에 그 뿌리를 두고 있다. 정신과 물질을 분리해서 보는 생각은 플라톤의 형상idea – 질료hule의 이원론에서 출발하여 기독교의 영혼-육체의 구별로 받아들여졌고, 데카르트는 근대 학문연구의 방법론으로 만들었던 것이다.

몸에 대한 또 한 가지 관점은 몸을 주체로 보는, 즉 그 안쪽에서 보는 관점이다. 주체적인 몸이라는 말은 아주 낯설게 들리지만, 실제로는 아주 상식적인 견해이다. 우리는 지금 여기에 있는 자신을 자신의 몸으로 느끼고 있다. 즉 자신의 몸을 자신이라고 생각하고 있다. 그것 이외에 자신이라는 것은 존재하지 않는다. 이때 마음과 몸은 분리되지 않는다. 다른 사람의 몸에 접촉하는 일은 그 마음에 접촉하는 것이다. 데카르트가 고민했던 것은 이러한 상식적인 태도와 학문연구에서 심신분리의 물음 때문에 생겨난 모순이었다. 동양은 이러한 분리를 알지 못한다. 동양에서 몸을 보는 전통은 항상 주체적 몸을 기본관점으로 보와 왔기 때문이다.[42]

몸을 바라보는 동서양의 현저한 차이는 자연관에서 비롯된다고 하겠다. 서양은 자연을 나와 떨어져 존재하는 객관적 자연으로 인식했다면, 동양은 자연을 만물의 어머니와 같은 존재로 인식했다. 자연과 인간을 둘로 나누지 않는 발상은 죽음과 삶은 하나라고 여기는 관점으로 이어진다.

이는 의학의 발전과도 연관이 있다. 서양의학이 질병을 일으키는 원인을 찾아 그것을 없애는 대증치료對症治療의 공격형 치료라고 한다면, 동양의학은 병의 원인을 찾아내어 치료하는 것보다는 인체의 기에너지의 불균형을 회복하여 몸 안에 있는 자연치유력을 활성화함으로써 건강을 찾는 방법을 선호한다. 동양의학의 기초에는 심리적 사건(마음)과 물리적 사건(몸) 사이에는 상호연관성이 있다는 믿음이 짙

---

42 유아사 야스오/이정배·이한영, 『몸과 우주』(서울: 지식산업사, 2004), 96-97쪽.

게 깔려 있는 것이다.

이러한 사유패턴의 두드러진 예증이 함괘에 나타나 있다. 남녀가 결합할 때의 심리상태와 육체적 감각은 밀접한 관련이 있음을 얘기하고 있다. 발가락 → 장딴지 → 넓적다리(생식기) → 심장(마음) → 등짝 → 입맞춤이라는 과정을 거쳐 이루어지는 육체의 결합을 통해 만물이 생성되는 원리를 구체적으로 설명하고 있다.

초효는 양이 음자리에 있으므로 부정不正이고, 하괘의 맨아래에 있기 때문에 부중不中이지만, 양효인 4효와는 상응한다. 초효의 '발가락'의 느낌은 4효에 대한 감응을 뜻한다. 남녀가 처음 만나자마자 뭔지 모를 감정이 생기는 것은 우선 외모에 끌리는데서 비롯된다. 몸의 가장 먼 곳인 발가락에서 시작하여 점점 마음의 심장부까지 전달되는 것이 남녀간의 사랑이다. 육체의 결합은 사랑의 결실이요 아름다움의 출발인 것이다.

> ☞ 사랑의 표현인 육체의 결합은 서서히 무르익어야.

## 6. 2효 : 느낌의 무드와 육체의 기쁨은 함께 가야

* 六二는 咸其腓면 凶하니 居하면 吉하리라
象曰 雖凶居吉은 順하면 不害也라

육이는 장딴지에 느끼면 흉하니, 거처하면 길할 것이다. 상전에

>    이르기를 '비록 흉하지만 거처하면 길하다'는 것은 순응하면 해
> 롭지 않음이다.

그리스 조각가는 비너스를 빚어 여체의 아름다움을 뽐냈다. 조각가는 몸의 신비로움이 곧 생명의 아름다움임을 예술을 통해 드러냈다. 이 세상에서 가장 아름다운 것은 여자의 벌거벗은 나체가 아니라 정신을 품고 있는 몸의 아름다움을 찬미했던 것이다. 무드와 누드는 함께가야 하는 것이다.

섹스는 마냥 더러운 것만도 아니고, 항상 추켜세울 만한 행태도 아니다. 진선미는 선악을 너그럽게 감싸 안는 포용성에 있다. 인류역사는 육체의 결합을 더러운 본능의 표출로 보는 금욕주의와 섹스를 관능미의 완결로 보는 쾌락주의를 창출했다. 주역은 이 양자의 극단을 포용하고 넘어서 중용의 길로 나아가야 한다고 일깨운다.

2효는 발가락에서 장딴지로 한 단계 올라섰다. 그것은 음효가 음자리[正정], 하괘의 중앙에 있고[中중], 양효인 5효와도 상응한다. 발가락은 관절이 있어서 능동적으로 움직이고 느낄 수 있다. 하지만 장딴지 근육은 스스로 움직일 수 없다. 그런데도 장딴지가 움직일 정도로 느낌이 강하다면 흉하다는 것이다. 여기서는 수동적인 감응이 최상[吉길]이다. 2효는 간괘艮卦의 중용이다. 주역은 나아갈 때 나아가고 물러날 때 물러나는 일은 쉽지 않다고 가르친다. 움직일 때는 과감히 움직이고, 움직이지 말아야 할 때는 고요히 가만히 있는 것이 좋다는 뜻이다.

장딴지는 발과 넓적다리의 중간에 있다. 2효는 5효와 감응하는데, 3효의 유혹에 이끌려 빠지면 낭패하기 십상이다. 장딴지가 넓적다리

의 쾌감에 이끌려 마구 움직이면 흉하여 스스로를 망치기 일쑤이다. 2효는 원래 유순하고 중정의 덕을 갖추기 있는 까닭에 5효와 상응하면 된다. 경거망동하지 않고 자신의 본분을 지키다가 하괘의 아래에서 순응하면 교감이 이루어져 해롭지 않은 것이다.

> ☞ 조급한 행동은 금물이다. 편안한 마음으로 때를 기다리는 지혜가 필요하다

## 7. 3효 : 감정없는 사랑 행위는 삼가야 마땅하다

\* 九三은 咸其股라 執其隨니 往하면 吝하리라
  象曰 咸其股는 亦不處也니
  志在隨人하니 所執이 下也라

구삼은 넓적다리에 느낌이다. 그 따르는 이를 잡아서 가면 인색할 것이다. 상전에 이르기를 '넓적다리에 느낌'은 또한 처하지 않음이다. 뜻이 따르는 사람에 있으므로 잡는 바가 아래에 있다.

3효의 넓적다리(생식기)는 하괘의 끝자락에 있다. 하초에서 오르가슴을 느낀다는 것은 모든 동물들이 갖고 있는 생리적 구조의 특징이다. 넓적다리가 느낄 정도면 따르는 사람은 반드시 상대방을 꼭 부둥켜안을 수밖에 없다. 음과 양이 서로에게 반응하면서 교감이 이루어지므로 서로를 바짝 잡는다[執其隨]. 그럼에도 상대방이 싫다고 가

周易과 만나다 -천지의 율동, 생명의 논리- 179

버리면 교감과 느낌의 도리에서 인색한 것이 되므로 좋지 않다.

잡을 '집執'은 쉽사리 고치려 하지 않는 고집스런 태도, 따를 '수隨'는 초효와 2효가 넓적다리의 리듬에 따라 움직이는 양상을 상징한다. 최고의 감각은 넓적다리 부분에서 점점 깊어지지만, 넓적다리 자체는 스스로를 움직이지 못한다.

3효는 하괘[艮卦 : ☶]의 주효主爻이다. 하지만 간괘의 덕성은 우뚝하게 머무름이다. 그럼에도 3효는 하괘에서 상괘로 넘어가는 끝자락에 있기 때문에 양의 에너지를 감당하지 못해 중용을 잃기 쉽다. 초효와 2효의 움직임에 이끌려 경거망동하면 상응관계인 상효에게 비난받아 마땅할 뿐만 아니라 스스로 인색해지고 나중에는 후회한다는 것이다.

> ☞ 때로는 상대방의 사랑을 확인하는 것보다는 자신의 사랑을 굳게 지키는 것이 좋다.

## 8. 4효 : 사랑 없는 결합은 허무하고 쓸모없다

\* 九四구사는 貞정이면 吉길하여 悔亡회망하리니

憧憧往來동동왕래면 朋從爾思붕종이사라

象曰상왈 貞吉悔亡정길회망은 未感害也미감해야오

## 憧憧往來는 未光大也라
### (동동왕래)  (미광대야)

구사는 올바르게 하면 길하여 뉘우침이 없어지리니 자주자주 오고 가면 벗이 너의 뜻을 좇을 것이다. 상전에 이르기를 '올바르게 하면 길하여 뉘우침이 없어짐'은 느낌이 해롭지 않음이요, '자주자주 오고 감'은 빛나거나 크지 못함이다.

주역은 항상 정도를 걸으면 근심과 회한이 사라져[悔亡(회망)] 행복할 수 있다[吉(길)]고 했다. 하지만 근심과 회한은 이웃사촌보다 가까워 하루도 떨어지지 않는 것이 인생사다.

3효의 넓적다리를 건너면 몸과 마음의 중심부인 4효 심장心臟에 이른다. 몸이 쾌감의 절정에 도달하고, 심지어 마음까지 일치되는 것이 남녀결합의 극치이다. 그러니까 4효는 양이 음자리에 있는[不正(부정)] 까닭에 몸과 마음이 반드시 하나같이 옳아야 한다[貞=正(정)]고 그 당위성을 얘기하고 있다. 육체의 결합에서조차도 마음의 올바른 교감을 통해서만 긍정적 결과와 함께 남녀 사이의 유감마저도 소멸된다고 가르친다.

주역에서 감응원리가 얼마만큼 중요하면 「계사전」 5장에는 함괘 4효의 말이 인용되어 있다. 본능덩어리 육체가 하체로부터 느끼기 시작하면 그 감각은 위로 상승하기 마련이다. 육체적 오르가즘은 그 마음이 완전히 일치될 때 일심동체가 가능하다.

남녀간에 최후의 교감이 이루어질 때는 서로가 자주자주 가고 오는 현상이 나타난다[憧憧往來(동동왕래)]. 그때의 특징은 서로의 생각이 하나로 일치된다[朋從爾思(붕종이사)]는 점이다. 이렇게 완전한 교합이 끝나

면 임신이 이루어진다.[43]

애당초 길 아닌 길로 나섰다가도 옳은 길로 접어들어서면 완벽한 교감이 이루어져 감응에 해롭지 않다[未感害]. 그러니까 '자주자주 오고 가면 벗이 너의 뜻을 좇는다[憧憧往來, 朋從爾思]'라고 하여 부부의 일심동체를 얘기한 것이다. 몸이 가면 마음도 따라온다는 격언이 바로 그것이다. 몸과 마음은 잠시 떨어져 있을 뿐 다시 만나기 위해 존재한다. 이렇듯 주역은 몸과 마음의 일치를 강조하는 '맘론'이라고 할 수 있다.

함괘에서는 마음의 고유기능인 '생각[思]'을 제시한다. 생각은 자유라는 말이 있다. 의식이 지향하는 데에 따라 마음은 저절로 따라간다. 올바른 데로 가는 경우도 있고, 음탕한 생각을 품을 수도 있다. 불의로라도 권력을 움켜잡으려는 욕심이 생기는 게 인간의 마음이다. 유교에서는 마음 자체를 제거의 대상으로 여긴 적이 없다. 오히려 원래부터 존재하는 마음을 어떻게 원만하게 조절하느냐에 따라 성인과 범인이 나뉜다고 경계하였다. 불교처럼 마음에 의해 모든 것이 생성소멸을 거듭한다고 주장하지 않고, 유교는 어떻게 하면 삿된 마음을 되돌려 올바른 마음을 갖도록 하는 데에 관심을 쏟았던 것이다.

공자는 고대인의 심성을 노래한 『시경詩經』전체의 성격에 대

---

43 김석진, 앞의 책, 26-27쪽, "열 달 만에 애기를 낳는데, 함괘 구사로부터 열 번째 괘에 해당하는 산택손괘山澤損卦의 육삼에 가면 '三人行則損一人'이라 하여 애기 낳는 것이 나온다."

해 "한마디로 시를 말하면 '생각함에 사특함이 없는 것'이다"[44]라고 했다. 여기서 없을 '무無'자는 있다와 없다라고 할 때의 없다 nothing를 가리키는 것이 아니라, '없도록 하다'라는 금지의 어투로 번역하는 것이 옳다. 사특한 생각의 완전 소멸이라기보다는 차라리 절제와 극복을 통하여 도덕성을 성취하려는 실천력을 뜻한다. 불교에서 말하는 무심無心이 아니라 삿된 반도덕적 생각을 덜어내려는 강한 의욕에 가깝다. 어쩌면 느낄 감感 자에서 삿된 의미의 마음 심心이 배제되어 쐬여진 것이 '함咸'일지도 모른다.

☞ '올바른[正]' 형태의 몸과 마음의 결합이 가장 아름답다.

## 9. 5효 : 진정한 사랑은 육체의 욕망을 초월해야

★ 九五는 咸其脢니 无悔리라

象曰 咸其脢는 志末也일새라

구오는 등줄기(등심)에 느낌이므로 뉘우침이 없을 것이다. 상전에 이르기를 '등줄기에 느낌'은 뜻이 없기 때문이다.

5효는 4효 심장의 위, 상효 입의 아래에 있는 등짝이다. 5효는 양이 양자리에 있고[正], 상괘의 중앙에 있지만[中], 이미 4효 단계에서 에너지를 너무 쏟아부어 힘이 부치는 모습이다. 젊어서는 에너지가

---

[44] 『논어論語』「위정편爲政篇」, "子曰 詩三百이 一言以蔽之하니 曰思無邪니라"

넘쳤으나, 지금은 너무 정력을 소모한 나머지 늙은 부부가 서로 등짝을 맞대고 누워 사는 꼴이다. 등줄기로만 교감하므로 에너지 소모도 없고, 이미 감각 역시 쇠퇴했음을 인정하는 까닭에 인생에 대한 후회도 없다.

초효, 2효, 3효, 4효는 감각기관들을 언급했다. 하지만 5효는 특별한 감각과는 거리가 멀다. 사사로운 욕심이 없다는 말이다. 이런 점에 비추어 보면 정치권력은 매우 냉정하다. 주관적 가치와 욕심은 정치판을 오염시키고, 심지어 스스로를 망치기 일쑤이다. 인격이 원숙한 단계에 이르러야만 욕심을 부리지 않고 사물을 올바르게 들여다 볼 수 있는 지혜가 생긴다. 그래야만 사회와 국가와 인류에게 공헌할 수 있는 것이다.

지혜의 궁극적 목적[志末$^{지말}$]은 삿된 욕심이 제거되어 사회적 가치가 실현되는 경지일 것이다. 지혜는 개인의 지적 호기심을 만족시키는 배움이 아니라, 인류공영에 이바지할 수 있는 지식이어야 한다. 이것이야말로 등줄기에서 느낀다는 의식마저도 배제된 마음이라 할 수 있다.

> ☞ 애정 없는 감응은 상대방에 대한 모욕이다.

## 10. 상효 : 온갖 구설수는 입으로부터 비롯된다

* 上六은 咸其輔頰舌이라
   <sup>상육</sup>   <sup>함기보협설</sup>

  象曰 咸其輔頰舌은 滕口舌也라
   <sup>상왈</sup> <sup>함기보협설</sup>    <sup>등구설야</sup>

상육은 볼과 뺨과 혀로 느낌이다. 상전에 이르기를 '볼과 뺨과 혀로 느낌'은 구설수에 오름이다.

상괘인 태괘(☱)는 입 '구口'이므로 함괘는 마지막 글귀를 혀[舌]로 장식했다. 특히 상효는 '볼과 뺨과 혀로 느낌[咸其輔頰舌]'을 말하여 남녀간에 뺨부비기와 입술박치기로 느끼는 것을 얘기했다. 상효는 초효인 발가락으로 시작하여 장딴지와 넓적다리와 심장과 등줄기를 지나 얼굴에 이르렀다. 함괘의 끝자락에 도달한 상효는 이바구로 먹고사는 것을 얘기한다. 말이 많으면 실수하게 마련이다. 오죽하면 사공이 많으면 배가 산으로 간다고 하지 않았던가.

세상에는 조심할 것 투성이다. 말조심, 글조심, 손조심 등이 그것이다. 입방아에 휘말리는 설화舌禍, 붓놀림으로 인해 벌어지는 피비린내 나는 권력투쟁의 필화筆禍, 남의 물건을 보면 탐내는 수화手禍가 있다. 무심코 저지른 말실수가 개인이나 인류역사의 향방을 바꾼 사건이 종종 있다. 군자는 자신의 말에 감정을 싣지 않는다. 군자의 언행에는 뒤탈이 없다는 뜻이다. 눈을 크게 뜨고 바라보고, 냉정하게 생각한 다음에야 비로소 입으로 말해야 한다.

서양철학에서 말하는 궤변론자들은 상대론의 진리를 입으로만 떠드는 사상가들이다. 소피스트들이 강에 빠져죽으면 입만 동동 뜬다는 말이 있다. 칼로 흥한 자는 칼로 망하듯이, 이바구로 먹고사는 떠벌이는 말로 망한다. 다변多辯보다는 묵언黙言이 좋고, 묵언보다는 정언正言이 훨씬 좋다.

상효는 노년기를 넘어 황혼기에 접어든 단계이다. 정력이 고갈되어 입으로만 자신을 과시하므로 항상 구설수에 휘말린다. 더구나 세 치 혀로 떵떵거리기 때문에 세상을 혼란에 빠뜨린다. 법률을 전문으로 삼는 궤변론자와 입으로만 한몫 챙기는 변호사가 바로 그들이다. 힘든 육체노동으로 밥을 먹지 않고, 입을 널름거려 법을 무시하고 우롱한다. 앞으로는 정의를 내세우면서 뒷구녕으로는 불의와 타협함으로써 낮에는 법률가, 밤에는 야합꾼으로 변신하면서 출세한다. 입놀림으로 민족정기를 바로세우거나 대도무문을 외치면서 허풍을 떨기도 한다. 구설수가 뒤따르는 것은 너무도 당연하다.

> ☞ 뒤탈 없는 언행이 군자의 덕목이다.

## 11. 주역에서 정역으로

정역사상의 연구자 이상룡李象龍은 함괘의 성격을 다음과 같이 설명한다.

伊川曰 咸有皆義며

西溪曰 有心未感은 非易之道일새

故去心名卦以咸이라

愚以爲咸在文從戌從陰이니 戌陽陰陰也라

二卦陰陽交相感應婚姻之始오 形化之原일새

天地萬物皆感而構精이니 感之道廣矣라

夫震巽은 六宗之長이오 形化之尊이니

家道正而主器라

艮兌는 夫婦之和와 父母之少男女니

生生家道不窮之義라 故咸所以此恒也니라

정이천은 '함'에는 의리가 담겨 있다고 했으며, 박세당朴世堂[45](1629~1703)은 '마음으로 느끼지 못하면 역도易道가 아니기

---

45 박세당의 자는 계긍季肯이고, 호는 잠수潛叟·서계초수西溪樵叟 또는 西溪이다. 조선 후기의 학자로서 당시의 정국을 주도하던 노론계의 반대 입장에서 주

때문에 마음 심 자를 없애 함괘로 불렀다'고 말했다. 본인인 보기에, 함은 문자적으로 천간天干에서 다섯 번째 무戊와 음이 양을 무성하게 만드는 무戊의 합성어다. 이 두 괘는 음양이 서로 교합하고 감응하는 혼인의 시초, 형체와 변화의 근원으로서 천지만물은 모두 감응하여 생겨나기 때문에 느낌[感]의 도리가 광대한 것을 나타낸다. 대저 진괘震卦와 손괘巽卦는 6종六宗의 으뜸으로 형체와 변화의 존엄성이며, 가정의 도리가 똑바르게 되는 주재자이다. 간태艮兌는 부모에게는 소남소녀小男小女로서 부부의 화합과 가정이 지속되는 원리를 상징하기 때문에 항괘恒卦 다음에 위치한다.

彖曰 咸은 亨하니 利貞하니 取女면 吉은
陽陰待對而守其正也며 萬物化生天下和平이라
上元元元이 天人同道之化極矣일새라

\* 「단전」- "함은 형통하니 올바르게 함이 이로우니 여자를 취하면 길할 것이다"라 말했다. 함괘는 음양이 서로 기다리는 관계[待對]로 이루어져 올바름을 지키고 있다. 만물이 화생하여 천하가 평화로워지는 것을 형용하고 있다. 우주의 궁극의 근원까지 소급하여 하늘과 인간이 같은 길을 걷는 변화의 이치를 극명하게 밝히고 있다.

象曰 君子以하여 虛로 受人하나니라는 實中也라

---

자학을 비판하고 독자적 견해를 주장하였다. 성리학에서 벗어난 實事求是의 학문 태도를 강조하는 『사변록思辨錄』을 지었다.

\* 「상전」- "군자는 이를 본받아 비움으로써 사람을 받아들인다"는 말은 실제의 중도[實中]을 뜻한다.

初六은 咸其拇라는 說而不擲也라
<sub>초 육   함 기 무      열 이 불 척 야</sub>

\* 초효- '엄지발가락에 느낌'은 기뻐서 머뭇거리지 않는 것을 형용한다.

六二는 咸其腓면 凶하니 居하면 吉하리라는
<sub>육 이   함 기 비    흉      거       길</sub>

梗尼乃退也라
<sub>경 니 내 퇴 야</sub>

\* 2효- "장딴지에 느끼면 흉하다. 거처하면 길할 것이다"는 가시나무 또는 비구니를 만나 물러나는 것을 말한다.

九三은 咸其股라 執其隨니 往하며 吝은
<sub>구 삼   함 기 고    집 기 수    왕       인</sub>

志在金夫也라
<sub>지 재 금 부 야</sub>

\* 3효- "넓적다리에 느낌이다. 그 따르는 이를 잡으니 가면 인색할 것이다"는 뜻이 금부金婦에 있음을 말한다.

九四는 貞이며 吉하여 悔亡은 誠正而乾乾也오
<sub>구 사   정     길      회 망    성 정 이 건 건 야</sub>

憧憧往來면 朋從爾思는 安處非時也니라
<sub>동 동 왕 래    붕 종 이 사    안 처 비 시 야</sub>

\* 4효- "올바르게 하면 길하여 뉘우침이 없어질 것이다"라는 말은 진실로 올바르기 때문에 건실하며, "자주자주 오고 가면 벗이

너의 뜻을 좇을 것이다"는 말은 잔치에 빠져 시간이 적절하지 않음을 뜻한다.

九五는 咸其脢니 无悔리라는 噬則有悔也라
<sub>구오  함기매  무회      닐즉유회야</sub>

* 5효-"등줄기에 느낌이므로 뉘우침이 없을 것이다"라는 말은 친근할수록 후회가 생긴다는 뜻이다.

上六은 咸其輔頰舌은 女說也라
<sub>상육  함기보협설    여열야</sub>

* 상효-'볼과 뺨과 혀의 느낌'은 여자가 좋아한다는 뜻이다.

## 뇌풍항괘
# 雷風恒卦

항괘는 변화의 영속성을 얘기하는 과정철학이다. 시공 **時空**의 진정한 통합은 이로움의 창조에 있기 때문에 확고한 원칙이 서면 방향을 바꾸지 말아야 한다.

# Chapter 8

# 뇌풍항괘雷風恒卦
: 항구불변의 진리

## 1. 진리는 모두에게 개방되어 있다 : 항괘

정이천은 택산함괘 다음에 뇌풍항괘가 오는 이유를 다음과 같이 말한다.

* 恒은 序卦에 夫婦之道는 不可以不久也라
  故受之以恒하니 恒은 久也라 하니라
  咸은 夫婦之道니 夫婦는 終身不變者也라
  故咸之後에 受之以恒也라
  咸은 少男이 在少女之下하니
  以男下女는 是男女交感之義오

恒은 長男이 在長女之上하니
男尊女卑는 夫婦居室之常道也라
論交感之情이면 則少爲親切이오
論尊卑之序면 則長當謹正이라
故兌艮爲咸而震巽爲恒也라
男在女上하여 男動于外하고
女順于內는 人理之常이라
故爲恒也라 又剛上柔下하고 雷風相與하며
巽而動하고 剛柔相應이 皆恒之義也라

"항괘는 「서괘전」에 '부부의 도리는 오래하지 않을 수 없다. 그러므로 항괘로 이어받았으니 항은 오램이다'고 했다. 함은 부부의 도리이니 부부는 종신토록 변하지 않는 것이다. 그러므로 함괘 뒤에 항괘로 받은 것이다. 함은 소남이 소녀의 아래에 있으니 남자가 여자에게 낮춤은 이는 남녀가 감동하는 뜻이요, 항은 장남이 장녀의 위에 있으니 남자가 높고 여자가 낮음은 부부가 집에 거처하는 일정한 법도이다. 서로 감동하는 정을 논하면 아랫사람이 친절함이 되고, 존비의 차례를 논하면 윗사람이 마땅히 삼가고 올바라야 한다. 그러므로 태와 간은 함이 되고, 진과 손은 항이 된 것이다. 남자가 여자 위에 있어서 남자는 밖에서 움직이고, 여자는 안에서 순응함은 인도의 떳떳함이다. 그러므로 항이라 한 것이다. 또한 강한 것이 위에 있고 부드러운 것이 아래에 있으며, 우레와 바람이 서로 더불며, 공손하고 움직이며 강유가 서로 응함이 모두 항의 뜻이다."

뇌풍항괘의 위는 우레(☳)이고, 아래는 바람(☴)이다. 우레와 바람은 에너지가 충만한 역동적인 힘과 변화의 항구성을 상징한다. 항상 '항恒'은 마음[心]과 걸칠 혹은 뻗칠 긍亘의 합성어다. 긍亘은 위의 하늘과 아래의 땅 사이에 존재하는 태양이 영구불변하게 빛난다는 의미처럼 변치 않는 마음으로 살아야 한다는 당위성을 묘사하고 있다.

우레는 천지의 소리이고, 바람은 천지가 움직이고 변화하는 에너지의 실체를 뜻한다. 우레와 바람은 살아 있는 밧데리로서 천지를 가득 채운다. 함괘의 연못과 산이 감응(느낌)하지 않으면 생명체는 잠시도 목숨을 유지할 수 없고, 항괘의 우레와 바람이라는 힘이 항구적으로 존재할 수 없다면 천지는 무너지고 만다.

함괘와 항괘는 괘의 구조가 반대이다. 함괘(☲☶)를 뒤집으면 항괘(☳☴)이고, 항괘를 뒤집어도 역시 함괘이다. 함괘 속에는 항괘가 들어 있고, 항괘 속에도 함괘가 들어 있다. 극과 극은 통한다는 반대일치의 논리이다. 산과 연못의 기운이 통한다는 것은 남녀가 결합하는 것이고, 우레와 바람이 맞부딪치는 것은 부부가 백년해로함[恒]을 뜻한다. 그래서 「서괘전」은 '부부의 도리는 오래하지 않을 수 없다. 그러므로 항괘로 이어받았으니 항은 오램이다'고 했다.

함괘는 천지(건곤)의 막내 아들딸인 반면에, 항괘는 천지(건곤)의 장남과 장녀에 해당된다. 아버지와 어머니가 처음으로 결합하여 태어난 작품이 바로 장남장녀이다. 이들이 자라서 다시 부부가 되어 한 가정을 꾸린다. 해와 달처럼 부부와 가정은 영원하다. 한 번 맺은 부부의 인연은 끊어져서는 안 된다. 하늘이 맺어주는 부부관계는 우주의 항상성[恒]에 뿌리를 두고 있는 것이다.

그래서 『중용』은 "군자의 길은 부부간의 평범한 일에서부터 만들어지는 것이니, 그 지극한 데에 이르면 하늘과 땅에 가득 차 빛난다.[君子之道, 造端乎夫婦, 及其至也, 察乎天地]"고 했다. 군자의 길은 부부의 일로 통한다. 부부의 일이 바로 천지의 사업이다. 천지는 남녀가 결혼하는 부부의 길 이외의 것이 아니기 때문이다. 『중용』은 관념적 사유에서 천지를 배우지 말고, 청춘남녀가 벌이는 사랑 속에서 천지의 정신을 사무치게 느껴야 한다고 강조한다. 부부에서 천지까지를 하나로 관통하는 것이 바로 『주역』과 『중용』의 진리이다.

『주역』은 음양의 결합을 긍정한다. 우리는 『주역』에 나타난 부부관을 전통 윤리관의 울타리에 가두어도 안 되지만, 가정의 붕괴와 천박한 부부관을 부추기는 주장에도 반대한다. 이혼이 일상사가 된 오늘날, 한 번 맺은 부부의 인연은 끊을 수 없다고 들먹인들 얼마나 설득력이 있을까? 황혼기의 노년층마저 이혼율이 급상승하고 있을 정도로 지금은 부부관에 엄청난 변화가 일어나고 있다. 항괘는 남녀의 결합과 부부관계를 통해서 사랑과 생명의 영속성에 대한 참다운 지혜를 밝히고 있다.

항괘의 이치와 얽힌 사상가의 얘기가 있다. 조선조 말기, 재야의 최고 유학자인 김항金恒(호는 김일부)은 천지의 마음과 일치된 경계를 일컬어 '항恒'이라 했다.[43] 『정역』에는 선후천변화의 과정을 설명하는 「뇌풍정위용정수雷風正位用政數」라는 글이 있다. 김일부는 기존의 음양론을 포월한 율려론을 제시하여 선후천변화의 정당성을 점검하였다. 율려는 음양의 내부구조를 뜻한다. 전통에서는 음양의 겉피부만을 언급했을 뿐, 음양의 속살을 들여다보지 못했다. 이것을 밝힌 것이 바로 『정역』 도수론度數論의 핵심이다.[44] 김일부는 우레와 바람에 의해 새로운 질서가 형성되고 지속된다는 이치를 깨달은 다음에 자신의 이름을 김재일金在一에서 김'항'金'恒'으로 고쳤던 것이다.

## 2. 항괘 : 시공의 영속성은 이로움의 창조에 있다

★ 恒은 亨하여 无咎하니 利貞하니 利有攸往하니라

항은 형통하여 허물이 없다. 올바르게 함이 이로우므로 가는 바를 둠이 이롭다.

함괘가 젊은 처녀[澤 : 연못]와 총각[山 : 산]의 애정행각을 말했다면, 항괘는 믿음직한 남자[雷 : 우레]와 성숙한 여자[風 : 바람]가 결혼에 골인하여 인생의 바다에 나가는 것을 말했다. 풋사랑은 터무니

---

43 "능히 마치고 능히 시작하니 10수의 역이 만세력일세[克終克始하여 十易萬曆이로다]"고 하여 8수의 복희역과 9수의 문왕역의 세계를 넘어서 궁극의 경계가 열림을 '항구적 지속[恒]'이라 했다. 즉 1년 365¼의 태양력과 354일의 태음력이 통일된 1년 360일의 진정한 태양력이 솟아나 지속됨을 겨냥했다.

44 이에 대해서는 정역 전문가인 이정호의 설명을 참고하면 도움이 된다. 『正易과 一夫』(서울: 아세아문화사, 1985), 36-41쪽 참조.

없고, 첫사랑은 아련하다. 청춘남녀의 사랑은 잠시 불장난으로 끝날 수 있으나, 부부의 사랑은 가족과 혈연으로 맺어지는 까닭에 자의든 타의든 파괴되서는 안 된다.

남녀와 부부는 돈으로 사고 팔 수 없는 신성한 관계이다. 부부의 연줄이 위대한 이유는 올바름[正道 = 貞]이라는 천지질서에 근거하기 때문이다. 부부는 세상이 존재하는 한 깨질 수 없다. 그렇다고 무작정 영원한 것은 아니다. 왜냐하면 영원은 과거부터 지금까지 변화가 없는 무생명의 영역이기 때문이다. 항구라는 말은 생명의 지속성을 담지한 당위론적 개념[利有攸往]이다. 따라서 부부로 맺어지기 이전은 비록 남남이지만, 한 번 맺은 부부는 항구적으로 지속되어야 마땅함을 항괘는 가르친다.

부부 앞에는 험난한 암초가 기다리고 있다. 부부가 서로 믿고 사랑하면 집채 만한 파도 또한 찻잔 속의 요동에 불과하다. 남편과 아내가 믿고 사랑하기 위해서는 각각 올바른 생각과 실천이 전제되야 한다. 이런 연유에서 함괘와 항괘는 공통적으로 괘사에서 올바름[貞: 원형이정에서의 정]을 강조했던 것이다. 올바름이야말로 만사형통의 지름길이다.

> ☞ 올바름[正道]은 천지의 질서로서 만사형통의 열쇠이다.

## 3. 단전 : 항괘는 변화의 영속성을 말하는 과정철학

* 象曰 恒은 久也니 剛上而柔下고
  雷風이 相與하고 巽而動하고 剛柔皆應이 恒하니
  恒亨无咎利貞은 久於其道也니
  天地之道恒久而不已也니라
  利有攸往은 終則有始也일새라
  日月이 得天而能久照하며 四時變化而能久成하며
  聖人이 久於其道而天下化成하나니
  觀其所恒而天地萬物之情을 可見矣리라

단전에 이르기를 항은 오래함이니 강한 것은 올라가고 부드러운 것은 내려오며, 우레와 바람이 서로 더불며, 공손하게 움직여 강유가 모두 감응하는 것이 항이다. '항은 형통하여 허물이 없으니 올바르게 함이 이로움'은 그 도에 오래함이니, 하늘과 땅의 도가 항구하여 그침이 없다. '가는 바를 둠이 이로움'은 끝마치면 다시 시작이 있기 때문이다. 해와 달이 하늘을 얻어 능히 오래 비추며, 사시가 변화하여 능히 오래도록 이루며, 성인이 그 도에 오래하여 천하를 교화하여 이루나니 그 항구한 것을 보아서 천지만물의 실정을 볼 수 있을 것이다.

'항'은 천지의 항상성, 즉 보편원리인 상도常道를 뜻한다. 『주역』은 불변의 궁극원리로부터 모든 사태를 연역한다. 그것은 서양철학에서 말하는 부동의 일자 혹은 시공의 범주를 넘어서는 원리를 겨냥한 것이 아니라, 오히려 변화의 항구적 지속성[久]에 내포된 천지의 질서와 패턴을 의미한다. 서양철학이 불변자를 추구했다면, 『주역』은 변화의 영속성을 추구하는 일종의 생명의 과정철학이라 할 수 있다.

항구적 지속과 운동, 보편과 변화는 통일적 관계를 이룬다. 항구성 혹은 항상성은 전혀 변화가 없는 상태가 아니라, 상생과 상극이 평형관계를 유지하면서 잠시도 쉬지 않는 진화과정을 뜻한다. 그래서 「계사전」하 2장은 "역이 궁색한 경지에 이르면 변하고 변하면 통하며 통하면 오래 간다[易, 窮則變, 變則通, 通則久]"고 하여 만물은 항구성과 지속성을 근거로 형통한다고 하였다.

함괘가 음양교감의 입장에서 '변하면 통하고[變則通]'를 말했다면, 항괘는 안정된 평형운동의 입장에서 '통하면 오래 간다[通則久]'를 말했다. 이 둘의 공통점은 통합과 통일의 소통[通]에 있다. 그래서 함괘는 '감응하면 형통한다[咸亨]'고 했으며, 항괘는 '항구적인 진리는 형통한다[恒亨]'고 했다. 통通은 음양이 서로 왕래하면서 쌍방향으로 운동하고 협조함으로써 천지의 목적을 완성하는 단계를 뜻한다. 그리고 자연과 사회가 새롭게 변화하여 이상적 경계에 진입하는 과정이나 문을 의미한다.

항괘는 구성상 양의 에너지[剛]인 진震(☳)이 위에 있고, 음의 에너지[柔]인 손巽(☴)이 아래에 있다. 우레는 위에서 소리치고, 바람은 아래에서 생겨나 서로가 친화하면서 시너지 효과를 일으켜[相與$^{상여}$] 만물을 화생시킨다. 바람은 안에서 일어나 만물에 스며들고, 우레는 밖에서 진동하여 생명활동을 북돋는다. 따라서 항괘는 안으로는 순종하여 따르고[巽$^{손}$], 밖으로는 활달하게 움직이는 힘[震$^{진}$]을 뜻한다.

항괘는 보기 드물게 초효와 4효, 2효와 5효, 3효와 상효가 각각 상응하는 체계를 이룬다.[45] 음과 양, 강과 유가 서로 감응하고 화합하여 만물의 존재이유와 가치를 완성하는 것이 하늘과 땅의 진정한 사업이다. 따라서 천지의 목적은 인간사회에 공공의 이익과 정의가 뿌리내리는 세계에 있다[无咎$^{무구}$, 利$^{이}$, 貞$^{정}$]고 할 수 있다.

항괘는 천지가 둥글어가는 이치를 한마디로 '항구성'이라고 했다. 『주역』에서 말하는 항구성이란 종말론을 경계한 발언이다. 하늘과 땅이 생겨난 이래로 자연에는 재앙이 그칠 날이 없었고, 인류의 역사와 문명에는 흥망성쇠가 반복되었기 때문에 영혼의 구혼을 부르짖는 수많은 종교가 생겨났던 것이다. 항괘에 의하면, 천지는 끝장나지 않는다. 천지의 운행은 순환하기 때문이다. 항괘에서는 순환이라 표현하지 않고, 끝나는 곳에서 다시 시작한다는 '종시론終始論'이라 했다. 이런 연유에서 동양의 역사관도 주역의 순환론에 근거하는 전통이 생겼다.

『주역』의 종시론은 거대담론으로서 역사와 문명과 시간의 순환을 뜻한다.[46] 순환은 단순 반복형을 의미하지는 않는다. 순간순간은 직

---

45 수화기제괘水火旣濟卦는 각 효가 정위正位를 이루는데 반해, 항괘는 정위인 3효와 상효를 제외한 초효와 4효, 2효와 5효가 비록 부정위不正位이지만 상응관계를 이룬다.

46 역학의 주제가 종시론임은 주역 곳곳에 나타난다. ① "大明終始하면 六位時

선적으로 진화하지만, 거시적 입장에서는 싸이클의 형태로 돌아간다는 양자의 통합형이 바로 주역 천지론의 본질이다. 전자의 대표적 명제가 바로 '한 번은 음하고 한 번은 양한다[一陰一陽之謂道]'이며, 후자는 곧 '끝나는 곳이 새롭게 시작하는 곳이다[終則有始]'이다. 따라서 『주역』에서 말하는 종시론은 우주론과 시간론의 요체인 것이다. 더 나아가 김일부는 『주역』의 핵심은 시간의 문제에 있다고 말하여 종시론의 구조를 낱낱이 해명하였던 것이다.

김일부는 선후천론의 시각에서 『주역』을 조명한 다음에 다시 재구성하여 『정역』을 저술했다. 『주역』의 지평을 한 차원 높인 것이 『정역』이고, 『정역』이 등장함으로써 『주역』의 진면모가 극명하게 드러났다고 할 수 있다. 『주역』 따로 있고 『정역』 따로 존재하지 않는다. 『주역』에 은밀하게 숨겨진 이치를 『정역』이 겉으로 드러냈을 따름이다.

김일부는 "아아! 금과 화가 올바르게 바뀌니 천지비는 가고 지천태가 오는구나[嗚呼, 金火正易, 否往泰來]"[47]라고 하여 선천을 천지비의 세상, 후천을 지천태의 세상으로 규정하고, 일정한 시간대에 맞추

---

成이라"(건괘 「단전」) ② "歸妹는 人之終始也라"(귀매괘 「단전」) ③ "懼以終始면 其要无咎라"(「계사전」하편 11장) ④ "先甲三日後甲三日은 終則有始天行也라"(고괘 「단전」) ⑤ "萬物之所成終而所成始也라 … 終萬物始萬物者 莫盛乎艮"(「설괘전」 5장) ⑥ 유교의 학문방법론이라 일컫는 『대학』도 선후천론과 종시론을 말한다. "物有本末하고 事有終始하니 知所先後면 則近道矣라"(1장) ⑦ 『정역』은 종시론을 바탕으로 시간적인 선후천의 전환을 얘기한다. "克終克始하야 十易萬曆이라"(27張 前面) ⑧ 이밖에 주역에서 말하는 종말론적 상황과 파국에 대한 얘기를 이정호는 종교적 입장에서 종시론을 풀어냈다. (이정호, 「易의 終始論」, 『정역과 일부』, 231-267쪽 참조.)

47 『정역』 「화옹친시감화사화옹親視監化事」

어 천지비의 세상이 지천태의 세상으로 전환된다는 것이 시간론의 핵심명제라고 하였다. 이는 동서양 우주론과 시간론의 역사에서 전혀 찾을 수 없는 독창적 사유인 동시에 한국철학의 특징이라 하겠다. 조선조 말기 개벽사상의 활발한 전개의 중심에는 항상 정역사상 존재했던 것이다.

그러면 함괘와 항괘의 관계를 선후천론의 시각에서 분석해보자. 항괘의 연원은 지천태괘(☷☰)에 있다. 태괘는 땅이 위에 있고, 하늘이 아래에 있다. 무거운 기운은 아래로 내려오고, 가벼운 기운을 위로 올라가 음양이 하나로 만나 새로운 질서를 형성한다는 것이 지천태괘의 메시지다.

항괘는 지천태괘가 형성되기 이전의 과정과 그 이후를 꿰뚫는 원리를 상징한다. 그런데 지천태의 전 단계가 바로 천지비의 세상이다. 하늘과 땅이 꽉 막혀 음양이 소통되지 못하여 자연과 문명에 불균형의 상극적 세태를 빚어내는 형상이다. 이런 상황이 반전되어 음양이 감응할 뿐만 아니라 남녀가 서로 결합하는 양상이 바로 함괘의 내용이다.

애당초 음양의 운동이 극적인 전환을 맞이하여 남녀가 감응하고 결합하는 것은 함괘의 뜻이고, 장남장녀가 결혼하여 가정을 이루면 항구적으로 지속되어야 한다는 것이 항괘이다. 부부가 나름의 규범을 지켜야 하듯이, 남편은 안에서 밖으로 향하여(밑의 양은 위로 올라감) 일하고, 아내는 밖에서 안을 향하여(위의 음은 아래로 내려옴) 각각의 역할을 수행하면 된다. 가정의 화목은 질서가 밥이다. 밖으로만 나댕기는 대장부 아내, 집안일에 매달리는 졸장부 남편은 가정의 불행을 일으키는 원인이 될 수 있기 때문이다.

우레[雷뇌]와 바람[風풍]은 사촌처럼 가까운 관계다. 우레는 장엄한 소리를 내어 위엄을 뽐내고, 바람은 천지의 에너지를 이리저리 옮겨 생명활동을 부추긴다. 총각이 윙크하면 처녀는 얼굴이 발개져 싫지 않은 내색을 드러내듯이, 우레와 바람은 운명을 함께 하는 영원한 파트너[相與상여]이다. 남편과 아내가 가정의 살림꾼이라면, 우레와 바람은 천지를 책임지는 살림꾼인 셈이다.

괘의 구조상 건곤부모의 자녀는 장남과 장녀, 중남과 중녀, 소남과 소녀이다. 소남소녀가 기운을 통하여 함괘를 이뤘다면, 이것을 다시 장남과 장녀가 이어받아 바로 끝마치는 곳에서 새롭게 다시 시작한다는 '종즉유시終則有始'의 원리를 밝힌 것이 항괘이다. 그것은 만물의 형식과 내용을 이루는 시공간이 끝장난다는 종말론이 아니라 천지가 새롭게 옷을 갈아입는다는 이론이다.

처음에서 끝을 향해 직선적으로 흐른다는 것이 시종론始終論이라면, 종시론은 끝점이 시작점이요 시작점이 끝점이라는 순환론이다. 그렇다고 과거의 복사판이 현재이고, 현재의 복사판이 미래라는 단순반복형의 이론도 아니다. 진화와 발전을 거듭하면서 순환반복한다는 것이 종시론의 핵심이다. 따라서 항괘「단전」의 내용을 정리하면 천지의 도 = 항구성 = 종시성 = 순환성으로 요약할 수 있다.

종시론은 주역의 우주론과 생명론과 시간론으로 직결된다. 종시론이란 논리적으로 말해서 봄의 씨앗은 겨울에, 겨울의 씨앗은 가을에 저장되어 있다는 뜻이다. 사계절은 자연이 빚어내는 잔치이다. 봄은 여름을 향해 줄달음치고, 여름 역시 가을로 달려가고, 가을은 겨울로 치닫고, 겨울은 봄을 위해 몸을 움추린다. 봄이 겨울에 이르면 1년을 마감한다. 하지만 겨울 다음에는 반드시 봄이 온다. 이는 이 천지가 형성된 이래로 그 리듬이 깨지지 않았던 불문율이다. 겨울의 끝자락이 봄이고, 봄의 끝자락 역시 여름이다. 끝나는 자리에는 이미 시작점이 잉태되어 있다. 그것은 자연계를 포함한 유형무형의 생명계를 꿰뚫는 보편법칙인 것이다.

이는 인생에도 그대로 적용된다. 아이가 자라서 청년이 되고, 청년은 다시 장년이 되었다가 늙어 죽는다. 생노병사의 과정을 벗어난 사람은 아무도 없다. 그렇다면 삶의 끝은 무턱대고 어둠과 죽음의 세계인가? 그렇지 않다. 사람은 자식이 어버이를 잇고, 그 자식은 또 그 어버이를 이어 끊임없이 이어간다. 순환이 곧 생명과 시간의 질서인 것이다.

주역의 생명론과 시간론의 원형은 '원형이정'에 있다. 원형이정을 시간으로 풀으면 춘하추동이고, 공간으로 풀으면 동서남북이고, 인간으로 풀으면 인의예지다. 그러니까 원형이정은 시간과 공간과 인간의 문제를 관통하는 지고무상의 원리인 것이다. 동양인들은 자연과 역사와 문명의 문제를 춘하추동으로 읽어내는 데 익숙했다. 춘하추동이 자연의 시간표였다면, 조상들의 경험으로 엮은 농가월령가農家月令歌는 인간이 만든 시간표라고 할 수 있다. 이 얼마나 위대한 지혜인가!

시간의 흐름에는 브레이크가 없다. 언제가 봄이고 언제가 겨울인지

명확한 경계선을 긋는 것 자체가 애당초 불가능하다. 하지만 인류는 시간 흐름의 마디를 측정하고 계산하는 방법을 고안했다. 그 결과 태양력과 태음력을 비롯한 수많은 도구를 창안해 문명의 발전을 이룩했다. 산업혁명을 일으킨 원동력은 증기기관이라고 알려져 있으나, 실제로는 시계였다고 하는 것이 결코 허황된 주장만은 아니다.

인류는 시간의 흐름에 발맞추어 문명을 발전시키고 역사의 수레바퀴를 돌리는 지혜를 터득했다. 시간과 역사의 법칙에 순응하면 흥하고, 반대일 경우는 망한다는 격언도 만들어냈다. 왜냐하면 해가 지면 달이 뜨고, 추위가 가면 더위가 온다는 자연의 항구적 법칙은 진리의 원형이기 때문이다.

해와 달은 태양계가 형성된 이후 한 번도 휴가를 낸 적이 없다. 해와 달이 빚어내는 4계절 역시 아파서 쉰 적이 없다. 해와 달은 순환하는 천지의 이치대로 움직이는 까닭에 만물에게 골고루 생명의 빛을 던져준다. 그러니까 4계절의 변화 역시 영원무궁할 수밖에 없다. 따라서 성인은 천지의 항구성을 본받아 천하를 감화시키는 것을 자신의 사명으로 삼는 존재이다.

『정역』은 천지를 부모로 여기고, 일월을 그 자식으로 여긴다. 그리고 인간은 일월의 위대한 대행자라는 논조를 펼친다. 일월은 천지의 사업을 대행하고, 인간은 천지일월의 사업을 완수하는 존엄한 존재이다. 그 밑바탕에는 선후천론이 전제되어 있다. 해와 달이 하늘의 진리를 얻어서 오래도록 그 빛을 비출 수 있는 까닭은 선천의 기우뚱한 태음태양력의 질곡에서 벗어나 후천의 1년 360일 태양력의 혜택이 만물에게 골고루 베풀어질 수 있기 때문이라는 혁신적 사상을 제안하였다.

> ☞ 천지가 드러내는 말없는 진리는 종시론終始論 = 시간론 = 순환론의 성격을 갖는다.

## 4. 상전 : 원칙과 입장이 서면 방향을 바꾸지 말아야

* 象曰 雷風(뇌풍)이 恒(항)이니 君子以(군자이)하여 立不易方(입불역방)하나니라

상전에 이르기를 우레와 바람이 항이다. 군자가 이를 본받아 입장이 서면 방향을 바꾸지 않는다.

『주역』에서 우레와 바람의 인연은 끈질기다. 우레와 바람은 해와 달이 불끈 솟아오르도록 하는 힘을 제공한다. 발전소에 터빈이 돌지 않으면 전기를 만들 수 없다. 터빈과 제너레이터가 없으면 발전소가 멈추듯이, 천지에 우레와 바람이 없으면 천지는 모든 기능을 상실한다.

천지는 꺼지지 않는 용광로이다. 천지는 스스로의 연료를 태우면서 항구적으로 만물에게 영양분을 제공하여 생명의지를 불태운다. 천지가 빚어내는 우레와 바람은 자율성自律性과 자동성自動性을 바탕으로 잠시도 쉬지 않고 에너지를 발생하는 엔진인 것이다.

군자는 천지의 생명의지와 항구성을 삶과 행위의 규범으로 삼는다. 군자가 유일하게 붙잡는 것은 진리이다. 항괘에서 말하는 진리는 천지의 생성력이다. 천지는 만물을 낳고 낳으면서 생명이 끊기지 않도록

한다. 이 얼마나 위대한 자기희생이면서 만물에 대한 사랑인가!

천지는 생명의지를 한 번도 바꾼 적이 없다. 이처럼 군자는 확고부동한 목표가 서면 그 과정이 아무리 어렵더라도 방법을 바꾸어서는 안 된다. 세속에서는 수단과 방법을 가리지 말고 목표를 달성하라고 부추긴다. 원칙이 무너져 세상이 혼탁해지는 까닭은 바로 수단과 방법이 너무 자주 바뀌기 때문이다. 만일 목표와 방법이 옳다면 세상은 한결 맑아질 것이다.

어떤 목표에 도달하기 위한 방법은 매우 다양하다. 하지만 그 목표가 바뀌면 방법도 달라져 혼란이 일어난다. 「상전」은 그 목표와 방향이 수정되어서는 안 된다고 했다. 이 세상의 식물은 자양분을 빨아올리는 뿌리를 옮기지 않는다[立]. 이리저리 장소를 옮겨가면서 열매 맺는 나무는 없다. 뿌리를 옮기는 순간 나무는 말라비틀어지기 때문이다. 남녀가 부부의 인연을 맺고 자식을 낳는데, 부부를 바꿔가면서 자식을 낳을 수는 없다. 그것은 불륜이자 상대방에 대한 기만이며 천륜을 파괴하는 행위인 것이다.

세상에는 바뀌어야 할 것과 바뀌어서는 안 될 것이 있다. 낡고 묵은 것은 당연히 새로운 것으로 대체되어야 한다. 하지만 정의와 진리는 어떤 이유이든지 바뀌어서는 안 된다. 맹자에 따르면, 정의와 진리는 "천하라는 넓은 집에 살고, 천하의 올바른 자리에 서고, 천하의 대도를 실천하여 뜻을 이루는[居天下之廣居, 立天下之正位, 行天下之大道, 得志]"[48] 대장부만 가능하다고 했다.

---

48 『맹자孟子』 「등문공滕文公」하

우레와 바람은 천지의 항구적인 도리를 지니고 함께 어울려 움직인다. 군자는 이 점을 본받아 세속적 가치에 휘둘리지 않고 진리와 정의를 행동강령으로 삼는다. 정의는 진리가 보증한다. 진리와 정의의 길은 외롭다. 외롭고 힘들지만 마음은 슬프지 않다. 천지가 지켜주기 때문이다. 그래서 맹자는 언제나 항심恒心을 화제의 중심으로 올렸던 것이다.

> ☞ 진리는 항구불변하기 때문에 사람은 항심恒心으로 현실과 맞부딪쳐야 한다.

## 5. 초효 : 진리는 변화 속에서 찾아라

* 初六은 浚恒이라 貞하여 凶하니 无攸利하니라
  (초육)  (준항)   (정)   (흉)   (무유리)

  象曰 浚恒之凶은 始애 求深也일새라
  (상왈)(준항지흉)  (시)  (구심야)

초육은 항상함을 파는 것이다. 올바름을 고집해서 흉하니 이로울 바가 없다. 상전에 이르기를 '항상함을 파서도 흉함'은 처음부터 깊은 것을 구하기 때문이다.

초효는 음효가 양자리에 있고[不正], 하괘의 맨아래에 있으므로 중도를 지키지 못했지만[不中], 양인 4효와는 상응한다. 또한 하괘[風: ☴]의 주장격이다. 바람은 구석구석 깊이 파고드는 성질[入]이 있다. '준浚'은 강의 밑바닥을 다시 깊게 파내는 어리석음을 상징하는 말이다. '정貞'은 하나만을 붙잡는 고집을 뜻한다.

초효는 진리의 항구성만을 너무 집착한 나머지 변통을 외면하는 완고함을 표상한다. 불변과 변화에서 불변만을 고집하는 불통의 샌님이 이에 해당될 것이다. 시세의 흐름은 외면한 채 오로지 자신의 신념만을 붙드는 꼴이다. 진리는 불변과 변화 모두에게 정당성과 근거를 제공할 때 진리로서의 권위를 확보할 수 있다. 초효는 불변에만 매달려 변화를 애써 물리치는 것을 상징한다. 그것 자체가 변화의 진리를 위반하는 것임을 전혀 깨닫지 못하는 격이다.

초효 아내는 4효 남편을 너무 믿어 남편이 몰래 바람 피는[風: 4효는 상괘의 주인공] 불륜마저도 몰라 결국에는 가정이 무너지는 지경에 이르는 꼴[貞凶]이다. 4효는 바깥으로 나돌아 움직이고, 초효 앞에는 양인 2효와 3효가 버티고 있기 때문에 위로 올라가기도 힘들다. 그런데도 초효는 밑으로, 안으로만 파고들어 옴짝달싹 못해 전혀 이로운 바가 없다. 막무가내로 원칙만을 찾다가 원칙의 도리마저 훼손시키는 지경에 이른다. 세상을 몰라도 너무 모르는 모습이 아닐 수 없다.

무한을 무한 속에서 찾지 말고 유한 속에서 찾아라. 불성을 산 속에서 찾지 말고 저자거리에서 찾아라. 예수를 교회에서만 찾지 말고 교회 밖에서 찾아라.[49] 진리를 불변에서만 찾지 말고 변화 속에서 찾아

---

49 니코스 카잔차키스는 『희랍인 조르바』(김종철 옮김, 청목, 1994, 152쪽)에서 "하나님은 당신이 천사장 가브리엘처럼 과부집에 가기를 더 바라실 겁니다. 두목, 하나님이 당신같은 금욕주의자라면 마리아를 찾아가지도 않았을 테고, 그리스도는 태어나지도 못했을 겁니다. 그럼 하나님이 어떻게 하셨느냐구요? 하나님은 마리아에게 가셨어요. 마리아는 과부구요, 안 그래요?"라고 하면서 기독교에 칼날을 들이댔다. 언어의 연금술사(때로는 영혼의 파괴자)로 불리는 라즈니

라. 항괘는 불변과 변화 속에 항구적인 진리가 깃들어 있음을 일깨우고 있다.

> ☞ 진리를 불변과 변화 속에서 찾아라.

## 6. 2효 : 중용은 인류 최고의 지혜

★ 九二구이는 悔亡회망하리라 象曰상왈 九二悔亡구이회망은 能久中也능구중야라

구이는 뉘우침이 없어질 것이다. 상전에 이르기를 '구이가 뉘우침이 없어짐'은 중용을 능히 오래함이다.

2효는 양이 음자리에 있으나[不正부정], 하괘의 중앙[中중]에 있고, 음인 5효와도 상응한다. 비록 부정의 위치이지만, 초효에서 그 많던 흉과 허물이 2효에 와서 완전히 소멸된다. 그 까닭은 중용의 길을 걷고, 중용을 오래 지키기 때문이다. "군자의 도는 명백하면서도 그 이치는 은미하다. 보통 부부의 어리석음으로라도 능히 알 수가 있지만, 그 지극함에 이르러서는 비록 성인일지라도 알지 못하는 바가 있다. 보통 부부의 불초라도 능히 행할 수 있지만 그 지극함에 이르러서는 비록 성인일지라도 역시 불가능한 바가 있다."[50] 중용을 알기는 쉬워도 오

---

쉬는 붓다-조르바의 탄생을 주목한다. 깨끗한 마음의 완성자인 부처와 욕망에 충실한 인간의 결합이 진정한 사람이라고 했다. 주역은 어정쩡한 타협보다는 진정한 중용의 길을 걸으라고 강조한다.

50 『중용』12장, "君子之道, 費而隱. 夫婦之愚, 可以與知焉, 及其至也, 雖聖人亦有所不知焉, 夫婦之不肖, 可以能行焉, 及其至也, 雖聖人亦有所不能焉, 天地之

래도록 지키고 실천하기 어렵다는 말이다.

중도中道라는 개념은 정치인들에 의해 너무도 오염된 말 중의 하나다. 진보와 보수의 중간, 개혁과 반개혁의 중간을 중용으로 포장하여 눈가리고 아웅한다. 중용을 인간의 길로만 알면 도덕의 경계이지만, 중용이 하늘의 길[天道천도]임을 알면 천지의 경계라고 할 수 있다.『주역』과 『중용』은 양자의 겸비를 겨냥한다.

> ☞ 마음이 일으키는 온갖 갈등과 뉘우침을 해소시킬 수 있는 처방전은 중용이다

## 7. 3효 : 중용을 지키지 않으면 용서받을 길이 없다

* 九三<sub>구삼</sub>은 不恒其德<sub>불항기덕</sub>이라 或承之羞<sub>혹승지수</sub>니 貞<sub>정</sub>이면 吝<sub>인</sub>하리라

象曰<sub>상왈</sub> 不恒其德<sub>불항기덕</sub>하니 无所容也<sub>무소용야</sub>로다

구삼은 그 덕에 항상하지 않음이다. 혹 부끄러움이 잇따르니 올바르게 하면(고집부리면) 인색할 것이다. 상전에 이르기를 '덕에 항상하지 않으니' 용납할 바가 없도다.

3효는 양이 양자리에 있으나[正<sub>정</sub>], 하괘의 중용을 지나쳤다[不中<sub>부중</sub>]. 양기운이 지나쳐 중도를 잃고 있다. 마치 새 자동차의 성능을 시험해 보고자 과속을 하는 것과 같다. 특히 3효는 상괘로 넘어가려는 속성

---

大也, 人猶有所憾, 故君子語大, 天下莫能載焉."

과 함께 상효와의 상응 때문에 뒤는 잊어버리고 앞으로 나아가려는 양상이다.

초효와 2효에서는 중용을 지키려는 고집스런 태도와 실천을 얘기했다면, 3효에서는 중용의 길이 힘들다고 팽개치면 부끄러움과 인색함을 경험하게 된다고 경고하여 '항상스런 덕성[恒德]'을 최고의 가치라고 얘기한다. 선거 때만 되면 어김없이 이 당과 저 당을 기웃거리는 철새정치인 생겨난다. 지조라고는 전혀 찾을 수 없다. 당선만 되면 입신양명이 보장되는 까닭에 체면과 중용을 헌신짝처럼 버린다. 『주역』과 『중용』의 가르침에 따르면, 변화도 좋지만 때로는 불변이 낫다고 한다.

요즈음 산업현장은 3D현상으로 골머리를 앓는다고 한다. 작업환경이 위험하고danger, 더럽고dirty, 어려운difficult 직종엔 아예 일꾼을 구할 수 없다고 야단이다. 몇 푼 더 준다고 나를 여지껏 먹여줬던 회사를 버리고 떠나는 모양새는 아름답지 않다. 일찍이 맹자는 경제와 도덕을 같은 차원에서 읽어냈다. 즉 경제가 안정되어야[恒産], 일정한 마음을 갖는다[恒心]고 했다. 춥고 배고픈 사람에게 격조 높은 윤리도덕을 외친다한들 공염불에 지나지 않는다는 것이다.[51]

항괘 3효의 말은 『논어』 「자로편」에도 나온다. "사람이면서 항상된

---

51 『맹자』 「양혜왕편梁惠王篇」상, "경제적으로 생활이 안정되는 일정한 재산이 없으면서 항상된 마음을 갖는 것은 오직 선비만이 가능합니다. 백성에 이르러서는 일정한 재산이 없으면 항상된 마음을 가질 수 없습니다. 진실로 항상된 마음이 없으면 방탕하고 편벽되며 부정하고 허황되어 이미 그칠 수 없습니다.[無恒産而有恒心者, 惟士爲能, 若民則無恒産, 因無恒心, 苟無恒心, 放辟奢侈, 無不爲已]"

마음이 없으면 무당이나 의원도 되지 못한다"고 했으니 착한 말이다. "그 덕에 항상하지 않으면 혹 부끄러움이 잇따른다"고 하니, 공자 말씀하시기를 "점치지 않아도 알 일이다.[人而無恒, 不可以作巫醫, 善夫, 不恒其德, 或承之羞, 子曰 不占而已矣.]"

공자가 항상된 마음이 항상된 재산보다 앞선다고 했다면, 맹자는 경제의 안정이 마음의 항상성을 가져온다고 했다. 마음이 물질보다 귀중하다고 보는 공자가 이상주의자라면, 물질(경제)의 풍요가 전제되어야 정신교육이 가능하다고 본 맹자는 현실주의자라고 할 수 있다. 주역은 중용을 지키면 항상된 마음[恒心]을 보존할 수 있고, 중용의 도리에 어긋나면 상황논리에 빠져들 위험이 있다고 가르친다.

> ☞ 중용을 지키면 항심을 보존할 수 있고, 항심을 잃으면 상황논리에 빠지기 쉽다.

## 8. 4효 : 중용에 벗어난 행위에는 소득이 없다

* 九四는 田无禽이라

  象曰 久非其位이니 安得禽也리오

구사는 사냥하는 데 새가 없다. 상전에 이르기를 그 자리가 아닌데도 오래하니 어찌 새를 잡으리오.

4효는 양이 음자리에 있고[不正], 상괘의 중도를 얻지 못했다

[不中<sup>부중</sup>]. 부정한 자리에 있고, 더욱이 변화와 항구성의 본질인 중용을 지키지 못하니까 아무런 소득이 없다. 2효에서는 중용의 길을 걷기 때문에 제자리가 아님에도 불구하고 후회가 사라진다고 했다. 하지만 4효는 이미 자기를 상실했고, 항상된 마음마저 없으니 사냥길에 나서도 빈손으로 돌아온다고 했다.

불교는 마음이 없으면 물질이 없다고 가르친다. 불교는 유심주의唯心主義로 흐르지만, 주역은 유심唯心과 유물唯物의 통합을 얘기한다. 항괘는 항상된 마음이 없으면 먹거리마저 손에 쥘 수 없으며, 먹거리가 없으면 '항심' 역시 쓸모없다고 말한다.

'사냥한다'는 것은 경제활동을 한다는 뜻이고, '새가 없다'는 말은 은행에 잔고가 없어 거덜났다는 뜻이다. 가정의 살림이 불어나야 하는데도 4효의 주인공은 제자리를 지키지 않으며, 올바르지 않은 곳에서 오래도록 머물기 때문에 단 하나의 사냥감마저 얻지 못한다고 했다. 원칙을 아무리 굳게 지킨다 해도 합당한 위치와 여건이 성숙되지 않으면 아무 소용이 없다는 뜻이다.

> ☞ 적합하지 않은 위치에서 하는 행위는 모두에게 불행을 안긴다.

## 9. 5효 : 일정한 마음과 일정한 덕은 함께 가야

* 六五는 恒其德이면 貞하니

  婦人은 吉코 夫子는 凶하니라

  象曰 婦人은 貞吉하니 從一而終也일새오

  夫子는 制義어늘 從婦하면 凶也라

육오는 덕을 항상 지키면 올바르니, 부인은 길하고 남편은 흉하다. 상전에 이르기를 부인이 올바라서 길한 것은 하나를 좇아서 마치기 때문이오, 남편은 (나라의) 의를 제재하거늘 (집안의) 부인을 좇으면 흉하다.

5효는 양자리에 음이 있으나[不正], 상괘의 중앙에 있다[中]. 주역은 정正보다는 중中을 소중히 여긴다. 주역의 최고가치는 중정中正이다. 중용을 지키면 저절로 올바르게 되지만, 올바르다고 무조건 중용은 아니기 때문이다.

항괘는 2효와 5효를 극적으로 대비시키고 있다. "덕이 항상하지 않으면 혹 부끄러움이 잇따름[不恒其德, 或承之羞]"과 "그 덕에 항상하면 올바르다[恒其德, 貞]"가 바로 그것이다. 항상된 마음[恒心]을 쌓은 결과가 바로 덕을 유지함[恒德]이요, 항덕을 지키지 못하면 부끄러운 일이 이른다고 하여 덕성의 함양을 일깨우고 있다.

괘의 구조를 살펴보자. 5효는 원래 양의 자리인데도 불구하고 차선

책으로 음이 중도를 지키고 있다. 남편이 아내에게 자리를 빼앗겨 질질 끌려 다녀 아내가 가정을 이끄는 모양이다. 음인 아내가 중도를 실행하므로 길하지만, 남편은 아내에게 주도권을 빼앗겼기 때문에 흉할 수밖에 없다.

아내의 길은 남편을 따르고 자식을 잘 키우는 일이 우선이다. 대장부인 남편은 나라의 일에 종사해야 한다. 남편이 거꾸로 집안일에 매달리는 것은 골목대장의 모습이기 때문에 볼썽사납다. 음은 양을 좇고 따르는 것이 최상이라고 가르치고 있다. 즉 지아비를 섬기는 것이 최상의 가치라는 것이다[從一而終也]. 지아비는 지어미를 믿고 국가대사에 전념한다. 이를 낡고 케케묵은 유교의 유산이라 단정해서는 안 된다. 다만 남편과 아내의 역할과 책임을 분명히 나눈 점에 의의가 있다. 여기서 주목할 사실은 유교가 국가와 가정의 중요성을 동등하게 인식했다는 점이다.

> ☞ 항심은 항덕으로 직결되는 반면에, 항덕을 쌓지 않으면 부끄러운 일을 당한다.

## 10. 상효 : 어떤 상황에서도 흔들리지 않는 덕을 쌓아야

\* 上六은 振恒이니 凶하니라

象曰 振恒在上하니 大无功也로다

> 상육은 흔들리는 항상함이니 흉하다. 상전에 이르기를 '흔들리는 항상함'이 위에 있으므로 공이 크게 없도다.

상효는 음이 음자리에 있고[正정], 상괘의 끝자락을 장식한다[不中부중]. 빠른 움직임을 뜻하는 상괘[震진 : ☳]는 이미 안정을 잃은 모습이다. 그것은 로마가 하루아침에 망하지 않았듯이, 오랜 시일에 걸쳐 잇몸에 세균이 침입해 이빨이 빠지는 이치와 같다. 초효에서 상효에 이르기까지 줄곧 지켜오던 믿음이 흔들리면 혼란이 오고 흉하여 더 이상 나아갈 곳이 없다는 것이다.

이미 곪은 종기에는 항생제가 필요 없다. 저절로 터지기 바랄 뿐이다. 조용히 상처가 가라앉기를 기다리면서 기회를 엿보는 것이 훨씬 낫다. 극심한 변동기에는 변화의 물결에 휩쓸리는 것도 좋은 해결책일 수도 있다. 조급하면 조급할수록 돌아가라는 말이 있듯이, 머지않아 새로운 환경이 열리는 것은 자연의 이치이니까.

> ☞ 항심의 가장 큰 적은 조급증이다.

## 11. 주역에서 정역으로

정역사상의 연구자 이상룡李象龍은 항괘의 성격을 다음과 같이 설명한다.

恒항은 月弦偏也월현편야니 故其爲字고기위자는 象月麗于天心太陰상월리우천심태음이며

易之卦名은 周詩所謂月之恒是也라
<sub>역지괘명  주시소위월지항시야</sub>

恒은 日輪光也일새 故象日麗于天心太陽이며
<sub>항  일륜광야     고상일리우천심태양</sub>

易之卦名은 繫辭所謂日月之道貞明是也라
<sub>역지괘명  계사소위일월지도정명시야</sub>

彖象之義는 見制字窟이니라
<sub>단상지의   견제자굴</sub>

'항'은 달이 활시위처럼 두루 원만해짐이다. 그래서 그 글자는 달이 천심天心의 태음太陰에 걸림을 상징한 것이다. 주역의 괘 명칭은 「주시周詩」의 이른바 달의 항상성을 가리킨다. 일정불변한 태양은 항상의 빛을 쏟아내므로 태양이 천심태양天心太陽에 걸려 있는 것을 상징한다. 항괘의 명칭은 「계사전」의 이른바 '일월 운행의 이법은 항상 올바르게 밝힌다[日月之道, 貞明]'는 것이 바로 그것이다. 「단전」과 「상전」의 뜻은 움 굴窟 자에 나타나 있다.

彖曰 恒은 亨하여 无咎利貞은 陰變陽化하여
<sub>단왈 항  형    무구이정  음변양화</sub>

利永正也며 利有攸往은 基陰而行之也며
<sub>이영정야  이유유왕   기음이행지야</sub>

恒久不已는 天地日月度成度長하여
<sub>항구불이  천지일월도성도장</sub>

宗主器不替也며
<sub>종주기불체야</sub>

日月得天而能久照는 道均十五乃无薄蝕也며
<sub>일월득천이능구조  도균십오내무박식야</sub>

四時變化而能久成은 變閏爲正也니라
<sub>사시변화이능구성  변윤위정야</sub>

*「단전」- '항은 형통하여 허물이 없으니 올바르게 함이 이롭다'

는 말은 음양이 변화하여 영원토록 올바른 것이 이롭다는 뜻이다. '가는 것에 이롭다'는 말은 음陰에 기반을 두어 나아가는 것이며, '오래도록 그치지 않는다[恒久不已]'는 말은 천지일월의 도수가 자라서 완성되어 제사를 받드는 맏아들이 바뀌지 않음을 뜻하며, '해와 달이 하늘을 얻어 능히 오래 비춘다'는 말은 건곤의 원리가 십오十五를 균등하게 만들어 일식日蝕과 월식月蝕이 없다는 것이며, '사시가 변화하여 능히 오래도록 이룬다'는 말은 윤역閏曆이 정역正曆으로 바뀐다는 뜻이다.

象曰 君子以하여 立不易方은
四九宮中體之니 以不易之理也니라

*「상전」- "군자가 이를 본받아 (입장이) 서면 방향을 바꾸지 않는다"는 말은 하도낙서의 사구四九의 집이 중도를 이루어 바뀌지 않는 원리라는 뜻이다.

初六은 浚恒이라는 泥之子閏이 不解變易也라

* 초효- '항상함을 판다'는 것은 갑자甲子에서 시작하는 윤역閏易에만 빠져들면 변화의 문제에 능통할 수 없다는 뜻이다.

九二는 悔亡하리라는 克順天命也라

* 2효- '뉘우침이 없어질 것이다'는 천명에 지극히 순종하는 것을 애기한다.

九三은 不恒其德이라는 釣君子而蝙蝠이라

\* 3효- '덕을 항상하지 않음'은 군자가 박쥐같은 기회주의자인 소인을 낚시하는 것을 말한다.

$九四$는 $田无禽$이라는 $動必獲醜$이니 $利无敵也$라

\* 4효- '사냥하는 데 새가 없음'은 움직이면 반드시 무리를 잡을 수 있는 까닭에 이로와서 적이 없을 것이다.

$六五$는 $恒其德$이면 $貞$은 $守文之道也$오

$婦人吉$코 $夫子凶$은 $不利剛克也$라

\* 5효-"덕을 항상 지키면 올바르다"는 것은 진리를 간직하는 도리요, "부인은 길하고 남편은 흉하다"는 말은 강함을 이기는 것이 불리하다는 뜻이다.

$上六$은 $振恒$이니 $凶$하니라는

$逆其通變$이니 $凶咎必矣$리라

\* 상효- '흔들리는 항상함이므로 흉하다'는 것은 변화에 통하는 것을 거스리기 때문에 반드시 흉과 허물이 생긴다.

수 화 기 제 괘
# 水火旣濟卦

새로운 완성의 논리는 무엇인가? 상극의 터널을 벗어나기 위한 방안으로 물불이 뒤바뀌는 법칙을 주시하고, 새로운 시대에 알맞는 문명의 패러다임을 짜라!

# Chapter 9
# 수화기제괘水火旣濟卦
## : 완결完結의 미완未完

## 1. 성공과 완성은 인간의 영원한 화두 : 기제괘

정이천은 뇌산소과괘 다음에 수화기제괘가 오는 이유를 다음과 같이 말한다.

* 旣濟는 序卦에 有過物者는 必濟라
  <sub>기제  서괘   유과물자   필제</sub>

  故受之以旣濟라 하니라 能過於物이면 必可以濟라
  <sub>고수지이기제         능과어물   필가이제</sub>

  故小過之後에 受之以旣濟也라
  <sub>고소과지후   수지이기제야</sub>

  爲卦水在火上하니 水火相交면 則爲用矣라
  <sub>위괘수재화상   수화상교   즉위용의</sub>

  各當其用이라 故爲旣濟하니
  <sub>각당기용   고위기제</sub>

  天下萬事已濟之時也라
  <sub>천하만사이제지시야</sub>

"기제는 「서괘전」에 '남보다 뛰어남이 있는 자는 반드시 이루므로 기제괘로 이어받았다'고 하였다. 능히 남보다 뛰어나면 반드시 이룰 수 있다. 그러므로 소과괘 뒤에 기제괘로 이어받은 것이다. 괘의 형성은 물이 불 위에 있으니, 물과 불이 서로 사귀면 쓰임이 된다. 각각 쓰임이 마땅하므로 기제라 하였으니, 천하만사가 이미 이루어지는 때이다."

기제괘와 미제괘는 진리를 들여다보는 안목을 키우고, 인생과 역사에 대해 수많은 영감을 불러일으켰던 주제이다. 주역 64괘 중에서 음양이 모두 균형잡힌 것은 오직 기제괘이다. 양이 양자리에, 음이 음자리에 있는 것은 기제괘뿐이다. 하지만 기제괘는 긍정의 내용으로 일관되어야 함에도 불구하고 대부분은 부정적 내용으로 이루어져 있다.[66] 이는 문명사와 인류사가 완성과 미완성을 거듭하면서 발전한다는 사실을 알려준다.

문법적 의미에서 '기旣'는 이미 시간이 흘러갔다는 과거시제이고, '제濟'는 강을 무사히 건넜다는 공간적 용법으로 쓰였다. 따라서 기제는 시간과 공간을 아우르는 종합적 의미가 담겨 있다. 기제는 미제와 하나의 음양관계로 인식해야 한다. 기제와 미제는 완성과 미완성, 기결과 미결이 역동적으로 교차하는 변화의 영속성을 묘사한다.

'기제'는 이미 강을 건넜다는 말 이외에도 어떤 일을 완수(성취)하다는 의미로 확대되어 사용되었다. 기제괘는 위는 물[坎 : ☵]이고, 아래는 불[離 : ☲]로서 불 위에 물이 있는 형상이다. 그것은 불이 물을 데워 음식물을 익히는 이치를 형상화한 것이다. 또한 기제괘 여섯

---

66 실제로는 지산겸괘地山謙卦(䷎)가 가장 좋은 내용으로 이루어져 있다.

효 모두가 양은 양자리에, 음은 음자리에 위치하여 음양의 균형을 이루고 있다. 그것은 물과 불이 교감하여 만물이 안정적으로 상호작용하는 형태를 반영한다.

한편 기제괘 여섯 효가 비록 정위正位이지만, 음이 양 위에 존재한다는 사실은 전통적 음양관의 시각에서 보면 '가치의 전도'라고 할 수 있다. 그것은 아이러니컬하게도 수행론의 근거를 확보하는 실마리가 되었다. 한대 이후에 비로소 기제괘의 원리를 바탕으로 수행론의 기초가 세워졌는데, '수승화강水昇火降'이 바로 그것이다. 특히 정신의 수양과 육체의 단련을 비롯한 수행론은 도교에서 장생불사의 방법론으로 본격화되었다.

주역의 역사에서 도교의 수행론이 도입된 것은 위백양魏伯陽(?~?)의 『주역참동계周易參同契』였다. 물은 무거워 아래로 내려오고 불은 가벼워 위로 올라가는 것이 자연의 속성인데, 도교의 이론을 수용한 일부 주역학자들은 기제괘를 근거로 물은 위로 올라가고 불은 아래로 내려보내는 '수승화강론'을 체계화했다.[67]

주역 64괘는 하늘과 땅의 율동상을 표현한 생명의 논리이다. 주역의 생명관과 시간관은 기제와 미제로 매듭지을 수 있다. 그것은 다시 물불[水火]의 문제로 압축할 수 있다. 물불의 돌림노래가 바로 천지

---

67 김홍호, 앞의 책, 535-536쪽 참조. "땅은 하늘로 올라가고 하늘은 아래로 내려오는 것이 지천태괘인데, 땅에서 올라가는 것이 물이고 하늘에서 내려오는 것은 불이다. 언제나 불은 하늘에서 내려오고 땅에서는 물이 올라간다. 이것을 수승화강이라 한다. 64괘 가운데 홀수 자리에 양이 들어가고 짝수 자리에 음이 들어가는 괘는 수화기제 뿐이다. 완전히 정正을 이룬다."

의 운동이다.[68] 천지의 운동과 인간의 생명은 동일한 궤도를 걷는다. 우주관과 수행론은 별개의 논리일 수 없다는 뜻이다. 물과 불이 어디에 위치하는가에 따라 생명의 법칙에 순응[順]하는가 위배[逆]되는가의 문제로 직결되는 것이다.

음양운동의 내부를 들여다보고 생명의 창조원리를 밝힌 조선조 후기의 정역사상은 물과 불의 운동방향을 기준으로 상생과 상극, 하도와 낙서의 성격을 순역順逆 이론으로 확정지었다. 정역사상은 금목수화토 5행의 원형을 수화水火운동으로 본다. 물[水]에서 불[火]로 나아가는 과정은 역逆이고, 불[火]에서 물[水]로 나아가는 과정은 순順이다. 전자가 수화기제괘라면, 후자는 화수미제괘이다. 기제괘에서 미제괘로의 진행은 우주가 끊임없이 순환한다는 것 이외에도 거대한 시간의 주기에 따라 한 번은 수화운동을 했다가 한 번은 화수운동으로 교체하면서 창조적으로 진화한다는 원리가 은폐되어 있다고 말할 수 있다.

"음양변화를 다른 말로 순역운동이라 한다. 예를 들면 봄 여름철에 초목의 수액이 뿌리로부터 위로 올라가면서 가지와 나뭇잎이 벌어져 무성하게 자라는 것과 같이 본래의 자리에서 멀어지면서 분열성장해 가는 양의 과정은 거스를 역逆 자의 '역운동'이다. 반면에 분열의 극에서 '극즉반極則反'하여 다시 본래의 자리로 돌아와 수렴되는 음운동은 순할 순順 자의 '순운동'이다. 이때 근원으로 돌아오는 과정을 '원

---

68 『정역』의 주석서라고 평가할 수 있는 한동석의 『우주변화의 원리』는 "水火一體論"을 세부사항으로 둘 정도로 물과 불을 생명과 시간의 두 얼굴로 인식했다.(한동석, 앞의 책, 139-143쪽 참조.)

시반본原始返本'이라 한다. 원시반본은 '시원을 바로잡아 근본으로 돌아간다'는 뜻이다. 예컨대 아침에 집에서 일터로 나가는 것이 역이고, 원시반본하여 집으로 돌아오는 것은 순이다. 인간의 호흡운동도 내 몸에서 나가는 날숨과 다시 들어오는 들숨이 순역으로 반복된다. 이와같이 역운동은 순운동을, 순운동은 역운동을 지향해 나아가 대자연의 순환이 무궁하게 지속되는 것이다. 순역운동은 음양운동의 겉모습과 속모습이다."[69]

기제괘와 미제괘의 원리는 시공관과 우주관이 맞물려 있다. 주지하다시피 주역의 우주관은 순환론이다. 그런데 변화와 영속을 말하는 64괘의 배열에서 기제괘 다음에 왜 미제괘가 있는가라는 물음이 제기될 수 있다. 이는 상수론과 하도낙서를 도입하지 않으면 궁금증이 풀릴 수 없다. 하도낙서의 본질은 선후천론인데, 상수론적 입장에서 기제괘는 63번 째의 6 + 3 = 9는 낙서의 세계상, 미제괘는 64번 째의 6 + 4 = 10은 하도의 세계상을 반영한다. 낙서와 하도, 즉 상극과 상생이 서로를 머금으면서 순환한다는 논리가 깔려 있다.

기제괘와 미제괘에는 주역의 시간관이 녹아 있다. 시간의 수수께끼는 가장 난해한 문제 중의 하나이다. 시간관은 진리관과 직결되어 있기 때문에 더더욱 중요하다. 시간관의 입장에서 진리관을 조명한다면, 과거적 진리관과 미래적 진리관과 이 양자의 통합적 진리관이 있을 것이다.

과거적 진리관은 진리의 원형을 과거에 두는 경향이 있다. 그것은

---

69 안경전, 『개벽, 실제상황』(서울: 대원출판, 2005), 43쪽.

인과율을 금과옥조의 원칙으로 삼는다. 서양의 대표적 철학자인 플라톤이 여기에 해당될 것이다. 과거적 진리관이 과거적(직선적) 시간관과 동일선상에 있다는 것은 다음의 예에서 두드러지게 나타난다. 인과율에 의하면, 범인이 쏜 총알이 심장에 박혀 피를 흘리며 죽는 것이지, 죽은 다음에 총알이 와서 심장에 박힐 수 없다는 뜻이다. 결코 결과가 원인을 앞설 수는 없다. 이는 곧 시간의 역전현상이 불가능하다는 것을 대변한다.

이와는 다르게 미래적 진리관은 미래적 시간관과 동일선상에 있다. 직선적 시간관에서는 과거에서 현재로, 현재에서 미래로 시간은 일방향으로 흐른다는 것이 입론근거이다. 하지만 우리는 이를 뒤집어 생각할 수 있다. 미래는 끊임 없이 현재를 '혁신'시키고 과거 속으로 사라져가는 힘의 원천이라는 것이다. 미래적 시간관에서는 미래 → 현재 → 과거로 시간은 흘러간다고 상정한다. 이는 시간관의 혁명적 발상이 아닐 수 없다.

과거적 시간관과 미래적 시간관의 통합이 바로 정역사상의 시간관이다. 왜냐하면 도수에는 역도수와 순도수가 있기 때문이다. 역도수는 과거 → 현재 → 미래를 지향하며, 순도수는 미래 → 현재 → 과거를 지향하여 나아가는 것을 표상한다. 역도수의 이면에는 순도수 있고, 순도수의 이면에는 역도수가 존재하기 때문에 정역의 시간관은 단순히 과거적 시간관 또는 미래적 시간관에서 말하는 일방향적 시스템이 아니라, 쌍방향적 시스템이 통합된 혁신적 시간관이다.

이를 가장 잘 나타내는 것이 곧 상극질서(낙서)와 상생질서(하도)이다. 상극은 '역생도성逆生倒成의 질서'이며, 상생은 '도생역성倒生逆成의 질서'이다. 아기가 어머니 자궁에서 태어날 때는 머리부터 나온다[順]. 하지만 사람이 태어난 뒤에는 언제나 발로는 땅을 딛고, 하늘을 머리에 이고 살아가면서 세상의 이치를 터득해야 하는 운명[逆]은 역도수를 대변한다. 여기에서 바로 수행의 당위성이 대두되는 것이다.

낙서(역도수)가 하도(순도수)로 바뀌는 이치를 깨달으면 선천이 후천으로 전환되는 이유를 알 수 있다. 선천낙서의 상극질서(역도수)는 수리적으로 ①, ②, 3, 4, 5, 6, 7, 8, 9의 순서로 진행된다. 후천하도의 상생질서(순도수)는 10, 9, 8, 7, 6, 5, 4, 3, ②, ①의 순서로 진행된다.

역도수와 순도수는 공통적으로 물[水]은 1로, 불[火]은 2라는 수리구조로 표상되어 있다. 역도수는 '1수2화[一水二火]'이므로 분열성장을, 순도수는 '2화1수[二火一水]'이므로 성숙과 완성을 지향하는 모습을 상징한다. 즉 역도수는 물이 불을 생하는 이치(만물이 커가는 이치)를 드러내고 있다. 반면에 "물이 불에서 생성되는 까닭에 하늘 아래 거슬리는 이치가 없다"[70]는 말은 곧 불이 물을 낳는 순도수의 이치(만물이 성숙하는 이치)를 설명한 내용이다.

이것을 3극론에 대응하여 살펴도록 하자. 역도수의 작동은 1태극이 10무극을 지향하며, 순도수의 작동은 10무극이 1태극을 지향하는 것을 뜻한다. 여기서 1태극은 시간의 태초성을, 10무극은 시간의 종말

---

70 『도전』 4:152:3, "水火金木이 待時以成하나니 水生於火라 故로 天下에 無相剋之理니라.(수화금목이 때를 기다려 생성되나니 물이 불에서 생성되는 까닭에 천하에 극하는 이치가 없느니라.)"

성[71]을 가리킨다. 그러니까 1태극에서 10무극으로의 전환이 정역사상의 최고이념이다.

이런 의미에서 정역의 시간관은 1태극에서 10무극을 향해 역도수가 작동한다는 점에서 직선적 시간관이며, 10무극에서 다시 1태극을 향해 순도수가 작동한다는 점에서 영원회귀의 순환적 시간관이다. 다만 양자가 맞물려 움직인다는 점에서 순환론적 직선형의 시간관이라 할 수 있다. 더욱이 조화옹의 권능에 의해 시간질서가 바뀐다는 점에서 종교적 시간관이라 할 수 있다.

---

71 ① 소광희, 『시간의 철학적 성찰』(서울: 문예출판사, 2001), 29쪽. 시간의 종말에 대해 불트만(R. K. Bultman: 1884~1976)은 "(최후의 심판 이후의) 새 세상에서는 때도 해年도 없어지고 달月도 날日도 시간도 이미 존재하지 않게 된다"고 말한다. 시작의 경우와 마찬가지로 시간의 종말도 신에 의해 결정된다는 것이다. ② "시간은 인간의 적이다. 인간 비참함의 근원적 이유는 시간을 의식함에 있다. 안으로 향하든 밖으로 향하든 심리적 의식에서 시간인식이 싹튼다."(크리슈나무르티·데이비드 봄/성장현 옮김, 『시간의 종말』서울: 고려원, 1994, 18-19쪽 참조). 크리슈나무르티는 마음에서 시간의 축적물을 쓸어 내어서 내면으로의 여행을 떠나는 명상을 강조한다. 이에 반해서 정역과 증산도의 시간관은 불트만이나 크리슈나무르티가 말하는 신의 결정에 의해 세상의 끝장으로 치닫는 종말적 시간관 또는 시간의 존재근거를 마음에서 찾는 실존론적 시간관도 아니다. 오히려 천지이법에 따라 시간질서가 전환된다는 것은 곧 이미 존재하는 도수와 시간질서를 전제한다는 점에서 자연주의적 시간관에 가깝다고 하겠다.

## 2. 기제괘 : 이 세상에 영원한 것은 없다

* 旣濟<sub>기제</sub>는 亨<sub>형</sub>이 小<sub>소</sub>니 利貞<sub>이정</sub>하니 初吉<sub>초길</sub>코 終亂<sub>종난</sub>하니라

기제는 형통함이 작으니 올바르게 함이 이롭다. 처음에는 길하고 끝에는 혼란하다.

'이미 시간의 강을 건넜다'는 의미의 기제는 어떤 사건이 이미 완수되었음을 뜻한다. 이미 깊은 강물을 건넜으면 자신의 목숨을 건져주었던 나룻배를 팽개치게 마련인 것처럼, 인생에도 상승 뒤에는 하강이 어김없이 다가온다. 팽팽한 긴장감을 뚫고서 승리한 뒤에는 정신적 해이감이 뒤따르는 것과 마찬가지이다. 기제의 시대는 만사형통이 점차 뒷걸음치기 시작하여 '형통함의 적음[亨小<sub>형소</sub>]'이 시작하는 때이다.[72]

이 세상에 영원한 것은 없다. 잠시 머물렀다 가는 것이 인생사다. 영원하다고 인식하는 인간의 생각만이 영원할 따름이다. 본디 '기제'는 작은 지나침을 뜻하는 '소과'의 뒤를 계승하는 완수와 성취이다. 완수 뒤에는 쇠퇴가 기다린다. 산의 정상에 오른 다음에는 하산하는 것이 등산의 원칙이듯이 말이다. 성공이 만사형통의 극치라면 그 빛이 차

---

[72] 쑨 잉케이는 공영달의 『주역정의』를 인용하면서 旅卦와 巽卦의 '조금 형통한다[小亨]'와 기제괘의 '형통함이 적다[亨小]'를 구분한다. "'소형'은 조금 형통하다는 뜻이지만, '형소'는 형통함이 극에 달해 약소한 자에게까지 두루 미친다는 뜻이다. 그러니까 '기제'의 시기에는 강자가 형통함은 말할 것도 없고 약자까지도 모두 형통할 수 있으며, 따라서 '기제괘'의 여섯 효는 양강과 음유가 모두 바른 자리를 얻은 것이다."(앞의 책, 913쪽) 이는 기제괘 구성의 형식에 초점을 맞추어 해석한 것이뿐 미제괘와의 긴밀한 연관성을 배제하는 오류를 범하고 있다.

츰 사그라지는 것[亨小(형소)]이 만물의 법도이다.

행복이 극단에 이르면 불행이 고개를 들기 시작한다. 길흉은 언제든지 뒤바뀔 수 있다. 안정기에 돌입하자마자 곧바로 쇠퇴기로 접어드는 것이 만물의 법칙이다. 기제괘는 처음에는 상서롭지만 나중에는 혼란에 빠진다[初吉(초길), 終亂(종난)]고 경고한다. 안정에서 혼란, 완성에서 해체, 평안에서 위험으로 전환될 수 있음을 알고 항상 초심의 마음을 굳게 다져야 할 것이다. 따라서 성공 뒤에 '형통함이 작아진다[亨小(형소)]'[73]는 말은 되새김질할 만한 명언이다.

하괘[離(리) : ☲]는 밝음과 평화와 안정을 뜻하고, 상괘[坎(감) : ☵]는 험난과 고난을 뜻하므로 처음은 길하지만 마지막은 흐트러진다. 안정기에는 위태로움을 생각하고, 처음의 마음가짐을 끝까지 고수하라고 기제괘는 가르친다. 공영달孔穎達(574~648) 역시 "오늘 기제의 초기에 비록 모두가 길을 얻었지만, 만약 진덕수업에 매진하지 않으면 끝마침에 이르러서는 위험과 혼란이 미치리라"[74]고 훈계했다.

성공과 실패, 행복과 불행, 기쁨과 슬픔은 맞물려 존재한다. 옛 어른들은 용두사미龍頭蛇尾 격으로 처음은 좋으나 나중에 나쁜 것보다는 차라리 초년에는 고생을 하더라도 말년운 좋은 것이 훨씬 낫다고 했다. 기제와 미제의 관계는 시작과 끝(종결)이 아니라 끝이면서 시작이라는 '종시론終始論'이다.

---

73 정이천은 '형통함이 적다[亨小]'라고 한 반면에, 주자는 '조금 형통하다[小亨]'가 옳다고 주장했다. "亨小는 當爲小亨이라"(『주역본의』)

74 『주역정의』, "今日旣濟之初에 雖皆獲吉하되 若不進德修業하면 至於終極則危亂及之라"

그것은 빅뱅의 어느 순간으로부터 종말을 향해 치닫는다는 '시종론始終論'과 다르다. 왜냐하면 주역의 미제未濟는 영원히 헤쳐나올 수 없는 블랙홀의 구덩이가 아니라 미제 다음에는 새로운 기제가 기다리고 있기 때문이다. 그렇다고 주역이 말하는 순환은 과거에 대한 단순 반복형의 재탕이 아니다. 기제와 미제는 한 치의 오차 없이 맞물려 돌아가는 수레바퀴와 흡사하다. 이정호의 견해를 살펴보자.

"기제는 완전히 건너는 것이니 피안인 신천지에 무사히 살아 건너감을 말한다. 괘사에는 '초길종난初吉終亂'이라 했다. 상효가 그것을 증명한다. 처음에는 작은 여우가 의심과 조심성으로 꼬리를 적셔가며 깊고 얕음을 가늠하여 쉽사리 물에 들어가지 않으므로 무사했지만, 끝판에 가서는 건너고야 말겠다는 욕심이 생겨 제 힘을 헤아리지 않고 물 속에 뛰어드니 건너기는 고사하고 머리까지 적셔버려 생명을 잃고 마는 것이다. 기제의 종말은 과연 '종난終亂'이라 할 수밖에 없다. 완전히 건너가 새하늘 새땅에 도달하면 오죽 좋으련만 그렇지 못한 것이 주역의 종말이다. 기제의 호괘互卦가 미제이며, 그 잡괘雜卦도 미제이니 어찌 하겠는가. 인력으로 할 수 없고 마음대로 안 되는 것이 천도운행의 실상이다."[75]

☞ 성공이 만사형통의 극치라면, 그 영광이 점차 사그라지는 것 역시 만물의 법도이다.

---

[75] 이정호, 『正易과 一夫』(서울: 아세아문화사, 1985), 257쪽

## 3. 단전 : 올바름으로 미래를 대비하라

* 彖曰 旣濟亨은 小者亨也니
  <sub>단 왈 기제 형   소 자 형 야</sub>
  利貞은 剛柔正而位當也일새라
  <sub>이 정   강 유 정 이 위 당 야</sub>
  初吉은 柔得中也오 終止則亂은 其道窮也라
  <sub>초 길   유 득 중 야   종 지 즉 난   기 도 궁 야</sub>

단전에 이르기를 '기제가 형통함'은 작은 것이 형통함이니, '올바르게 함이 이로움'은 강유가 올바르고 위치가 마땅하기 때문이다. '처음에 길함'은 유가 중도를 얻음이요, '마침내 멈추면 혼란함'은 그 도가 궁색함이다.

「단전」의 특색은 괘사의 합당한 근거를 찾아내 합리적으로 해석한 점이다. 기제괘 「단전」은 네 부분으로 구성되었다. 먼저 '기제가 형통한다[旣濟亨]'는 명제에 대해서 큰 일이 아니라 '작은 것이 형통한다[小者亨也]'고 풀었다. 괘사는 형통함이 작다고 한 것을 「단전」은 작은 것이 형통한다고 했다. 완성과 성공, 성취 이후는 서서히 쇠퇴의 길로 접어든다. 만사형통이 한없이 좋을 리 만무하다. 작은 성공은 큰 성공을 기약할 수 있지만, 큰 성공 뒤에는 공허감과 함께 방심하는 마음이 생기는 까닭에 작은 형통이 훨씬 좋다는 뜻이다.

기제는 일종의 끝맺음이다. 어떤 사람이 큰 돈을 벌려고 늦도록 노력한 끝에 목표를 달성하자마자 허망감에 빠졌다는 얘기가 있다. 성공의 끝자락은 내리막뿐이다. 역설적으로 내리막보다는 오르막이 좋다는 의미에서 '작게 형통한다. 형통함이 작은 것이 좋다'는 말이 생겼다고 할 수 있다. 완성을 꿈꾸는 의지는 희망의 불씨를 당기는 힘이다. 하지만 기제괘 앞에는 미완성을 의미하는 불안이 대기하고 있다. 주역은 허물과 불안을 잠재울 수 있는 대안은 오직 올바름[貞 = 正]이라는 사실을 일깨운다.

'올바름이 이로운[利貞]' 까닭은 강유, 즉 음양이 스스로의 위치를 올바른 방법으로 고수하기 때문이다. 기제괘(☵☲)는 아름다운 미학적 구조를 띠고 있다. 만일 아름다움[美]에 진실[眞]과 올바름[善]이 배제되었다면 그 아름다운 가치는 허상에 불과할 것이다. 기제괘는 시공간의 문제와 직결된 진선미의 요건을 충족시키고 있다.

기제괘의 주인공[主爻]은 2효다. 처음이 상서로운 이유[初吉]는 음유陰柔인 2효가 중용을 얻었기 때문이다. 주역은 곳곳에서 중용의 터득과 실천을 목표로 삼는다. 사람은 누구나 목표를 향해 달려가지만, 목표를 달성했다고 다 좋은 것은 아니다. 그 과정에서 일등과 꼴지라는 순위가 정해지기 때문이다. 비행기의 이륙이 순조롭다고 착륙도 반드시 순조롭다는 보장은 없다. 노인이 젊은이에게 순위를 넘겨주듯이, 순위는 언제든지 뒤바뀔 수 있다. 기제괘와 미제괘가 맞붙어 존재하는 것처럼 말이다.

'마침내 멈추면 혼란함은 그 도리가 궁색하다[終止則亂, 其道窮也]'는 것은 상괘[坎 : ☵] 5효를 지적한 말이다. 불이 밑에 있고 물이 위에 있다는 사실은 물불의 양면성을 시사한다. 불은 위의 물속에 있는 음식물을 익히는 긍정의 힘이 있는 반면에, 위의 물은 아래에 있는 불을 끄는 부정의 위험도 있다. 물과 불은 생명을 익히고 죽이는 두 현상인 셈이다. 기제괘의 물과 불의 위치가 바뀌면 미제괘가 형성되는 것처럼, 주역의 지은이는 이 우주가 물불의 운동방식으로 순환한다는 사실을 괘의 배열을 통해 밝혔던 것이다.

성공에 도달한 순간은 모든 것이 행복했으나, 사물이 극한에 이르면 반드시 거꾸러진다. 달이 찼다가 기울면 뭔가 아쉬움이 남듯이, 갑작스런 추락의 쓰라림을 겪지 않기 위해서는 세 가지 준비가 필요하다. 첫째, 성공하여 편안할 때 미래의 위험에 대비하여 안전판을 구축해야 한다. 둘째, 성공과 완결의 기쁨을 지속하려면 스스로 절제하는 미덕을 쌓아야 한다. 셋째, 자신을 정도正道로 마름질하여 삿된 길로 빠지지 않도록 단속하는 것이 곧 기제괘가 제시하는 값진 교훈이다.

☞ 정도를 지키며 절제의 미덕으로 스스로를 단속하는 것이 성공의 발판이다.

## 4. 상전 : 물불이 교류하는 이치로 대비해야

\* 象曰 水在火上이 旣濟니
　　君子以하여 思患而豫防之하나니라

상전에 이르기를 물이 불 위에 있는 것이 기제이다. 군자는 이를 본받아 환난을 생각하여 미리 막는다.

기제괘는 위가 물[坎 : ☵]이고 아래는 불[離 : ☲]이다. 물이 불 위에 있음은 음식을 익혀 생명을 살리는 것을 상징한다. 불은 음식을 구울 수 있으나, 물이 없으면 삶을 수 없다. 물은 불이 없으면 음식을 익힐 수 없다. 물과 불은 대립관계로 존재하면서도 보완관계를 이룬다. 화재는 물로 꺼야 하고, 보일러는 불의 에너지가 아니면 물을 데울 수 없다. 이처럼 기제괘 속에는 물불의 효용가치와 모순이 함께 내포되어 있다.

대립이 갈등으로 심화되어서는 안 된다. 모순은 극단적인 투쟁으로 치달아서는 곤란하다. 대립을 완화시키고 모순은 극복해야 화합과 상생의 길로 나아갈 수 있다. 물은 높은 곳에서 낮은 데로 흐르고, 불은 항상 위로 타오르는 항상성이 있다. 군자는 물과 불이 교류하는 기제괘의 이치를 본받아 미래를 예측하는 지혜를 터득해야 한다.

기제괘에서 미제괘로의 진행은 안정기에서 불안기로 이행함을 뜻한다. 군자는 다가올 재난과 우환을 미리 예측하여 방어체계를 사전에 세워야 할 것이다. 사고 난 다음에 수습책을 강구해야 이미 늦는다. 앞으로 환란이 닥칠 것을 미리 알아서 예방책을 마련하는 것이 참다운 지혜이다.

주역에서 기제괘와 미제괘는 끝과 시작[終始]을 이룬다. '종시론'은 주역만의 논리가 아니라 유학 전반의 논리이다. 유학의 학문방법론인 『대학』 첫머리에 '종시론'이 등장한다. "모든 사물에는 근본과 끝이 있고, 일에는 끝마침과 시작이 있으니 먼저 할 것과 나중에 할 것을 알면 도에 가까울 것이다."[76] 끝이 먼저이고 시작은 나중이라는 것

---

76 『대학』1장, "物有本末하고 事有終始하니 知所先後면 則近道矣니라" 여기서

이 종시론의 핵심이다. 유학은 삶과 죽음[生死]의 문제를 즐겨 다루지 않는다. 오히려 죽음과 삶[死生]이라고 표현하여 종시론과 일맥상통함을 과시한다.

불 위의 물은 생명을 살리는 밥짓는 형상이다. 하지만 물은 언제라도 생명의 불꽃을 꺼뜨릴 수 있기 때문에 항상 조심해야 한다. 이처럼 기제괘는 물불의 상생과 상극, 생명의 살림과 죽임 등의 이중성을 함축하고 있다. 군자는 이를 거울삼아 다시 올 환난을 생각하고 미리 대비하는 슬기로운 존재이다.

> ☞ 물불의 움직임에 나타난 생명의 살림과 죽임의 방식을 거울삼아 환난을 슬기롭게 대비해야 한다.

## 5. 초효 : 신중한 처신은 일을 그르치지 않는다

* 初九는 曳其輪하며 濡其尾면 无咎리라

  象曰 曳其輪은 義无咎也니라

초구는 수레바퀴를 (뒤로) 끌어당기며 꼬리를 적시면 허물이 없을 것이다. 상전에 이르기를 '수레바퀴를 끌어당김'은 의리에 허물이 없는 것이다.

---

'先後'는 우주론적 의미의 선천과 후천으로 해석할 수 있다. 즉 선후천의 이치를 아는 것이 곧 유학의 궁극적인 원리를 깨닫는다는 것으로 풀이할 수 있다.

초효는 양이 양자리에 있으나[正], 중용에 이르지 못하고[不中], 4효와는 음양이 상응한다. 물불로 이루어진 기제괘 초효는 빨리 위로 타오르려는 불(離 : ☲) 같은 성급한 성질을 지녔다. 하지만 지금은 물을 건너려는 출발점이기 때문에 그다지 서두를 필요가 없다.

'예曳'는 당기다, 끌다는 글자로서 여기서는 수레바퀴가 앞으로 나가지 못하도록 브레이크를 작동시킨다는 의미이다. '유濡'는 적시다는 뜻이다. 주자는 미제괘 괘사에 여우가 나오므로 꼬리[尾]를 여우의 꼬리로 풀이했다.

여우는 꼬리로 조화를 부리는 꾀보 동물로 알려져 있다. 여우는 강이 깊고 얕은 지를 꼬리에 물을 적셔보고서 판단하는 영리한 동물이다. 여우가 강물을 건널 때는 꼬리를 몸통 위로 들고 건너기 때문에 꼬리로 물만 적셔본다는 것은 건널 의사가 없다는 뜻이다. 수레를 뒤에서 끌어당기거나 여우가 꼬리를 적시는 것은 꽁무니를 빼는 동작과 흡사하다.

꾀많은 여우는 꼬리를 적셔 본 다음 강을 건널 지를 헤아린다. 깊으면 포기하고, 얕으면 꼬리를 들고 건넌다. 여우는 나아갈 때와 머무를 때를 직감으로 느껴 영리한 결단을 내린다. 짐승인 여우조차도 무모한 짓은 저지르지 않는다는 뜻이다. 주역은 교활하거나 아둔한 인간보다는 여우처럼 번뜩이는 예지력을 갖춘 사람을 높이 평가한다.

유종의 미를 거두기는 쉽지 않다. 대체로 시작은 거창하지만, 끝마무리를 시원하게 잘 처리하는 사람은 매우 드물다. 지금은 바깥세상으로 진출할 때가 아니라는 신중한 판단이 섰다. '수레바퀴를 뒤로 끌어당기듯, 꼬리를 적시듯' 조심스럽게 처신하면 허물은 아예 생기지 않는다. 그렇다고 마냥 '동작 그만'의 게으름에 빠져서는 안 된다. 편안할 때 도리어 미래의 위험을 예방하는 지혜가 필요하다.

> ☞ 아둔한 인간보다는 여우처럼 번뜩이는 예지력을 갖춘 인간이 되라.

## 6. 2효 : 잃어버린 마음은 되찾기 어렵다

\* 六二는 婦喪其茀이니 勿逐하면 七日에 得하리라
象曰 七日得은 以中道也라

육이는 지어미가 덮개를 잃음이니, 쫓지 않으면 7일 만에 얻을 것이다. 상전에 이르기를 '7일 만에 얻음'은 중도를 사용함이다.

2효는 음이 음자리에 있고[正], 하괘의 중용이며[中], 5효와 상응하는 기제의 주인공[主爻]이다. 하지만 5효 군왕은 더 이상 유능한 인재를 발탁할 의사가 없기 때문에 2효 지어미가 덮개를 잃어버린 상황이라고 묘사했던 것이다. 결국 2효는 앞에서 이끌어줄 후원자가 없는 형국이다.

'불茀'은 수레에 탄 부인네가 남에게 보이지 않도록 치는 덮개를 뜻한다.[77] 2효는 어느 지체 높은 부인네가 수레 덮개를 잃어버려 외출할

---

77 『시경』「위풍衛風」"석인碩人"에 지체 높은 귀부인이 타는 수레에 꿩털로 장식

수 없는 상황을 멋지게 연출했다. 그렇다고 잃어버린 덮개를 찾으려고 수소문할 필요가 없다. 며칠 지나지 않으면 물건이 되찾을 수 있다는 마음의 확신이 있기 때문이다.

  2효는 중정中正의 품성을 갖춘 현숙한 부인을 상징한다. 하지만 수레 덮개를 잃은 부인이 5효 남편을, 혹은 2효 선비가 직접 5효 군왕을 찾아갈 수 없는 상황이다. 잃어버린 물건은 이레만 지나면 찾을 수 있다. 새로운 변화의 시기인 7일이 지나면 저절로 찾을 수 있으니까 마음 조리면서 서두르지 않아도 되는 것이다.

  잃어버린 물건은 돈으로 다시 살 기회가 있으나, 한 번 잃은 마음은 되찾을 수 없다. '중도中道'는 이것과 저것의 어정쩡한 중간, 야당과 여당의 절충안, 파국을 피하기 위한 일시적 타협을 뜻하는 정치적 용어가 아니다. 중도는 어려울 때나 편안할 때나 진선미를 지켜내려는 내면의 주체적인 조절활동이다. 주체성이 확보되지 않으면 언제나 외부조건에 종속될 수밖에 없는 것이다.

> ☞ 외부의 상황에 종속되지 않기 위해서는 주체성의 확보가 중요하다.

## 7. 3효 : 소인을 멀리하라

\* 九三은 高宗이 伐鬼方하여
  (구삼)  (고종)  (벌귀방)

한 '적불翟茀'이 등장한다.

삼년극지　　소인물용
三年克之니 小人勿用이니라

상왈　삼년극지　　비야
象曰 三年克之는 憊也라

구삼은 고종이 귀방을 정벌하여 3년 만에 승리함이니, 소인은 쓰지 말라. 상전에 이르기를 '3년 만에 승리함'은 피곤함이다.

'고종'은 은나라를 중흥시킨 22대 무정武丁(BCE 1344 ~ BCE 1264)이고, '귀방'은 기원전 3세기 말에서 기원후 1세기 말까지 중국 서북방에서 활약했던 흉노匈奴를 가리킨다. 하나라 때는 훈육薰育이라 불렸다. '귀방'은 은말주초에 쓰인 이름이다. 주나라 중엽 이후에는 '혐윤玁狁'으로 불리다가 춘추시대에는 '융戎' 또는 '적狄'으로 불렸고, 전국시대에 와서야 비로소 '흉노' 또는 '호胡'로 불렸다.[78]

고종은 이민족과 3년에 걸쳐 싸운 끝에 겨우 승리했다. 강력한 리더쉽을 갖춘 임금조차도 3년 동안 전쟁한 뒤에야 정복했다는 것이다. 얼마나 힘들고 고달픈[憊] 전투였겠는가. 전쟁은 물자싸움이다. 경제, 군사, 행정 등 온 힘을 기울이지 않으면 승패를 장담할 수 없다. 장기전에는 용기 하나만 믿고 싸우는 용장勇將으로 하여금 군대를 함부로 맡겨서는 안 된다. 전쟁터에는 덕장德將과 지장智將도 필요하다.

무모한 전쟁은 아군에게 치명적일 수도 있다. '귀방'이 외부의 적이라면 소인은 내부의 암덩어리다. 안을 잘 다스려야 밖을 다스릴 수 있는 기반이 닦일 수 있다는 가르침이다. 평상시는 물론 전시에는 더더

---

[78] 무정의 생몰년대가 BCE 1324 ~ BCE 1266이라는 견해도 있다(황태연, 앞의 책, 926쪽)

욱 '소인을 등용해서는 안 된다[小人勿用].' 대인은 내부의 영웅이지만 소인은 내부의 적이기 때문이다.

고종은 힘과 덕을 조절할 줄 아는 유능한 군주였다. 귀방을 정벌하는 데 3년이라는 긴 시간이 걸렸다는 것은 승전국으로 발돋움하기가 얼마나 힘든가를 시사한다. 고금을 통틀어 전쟁은 종합예술이라 불렸다. 적국에 대한 군사력 동향을 비롯한 각종 정보는 승패를 결정짓는 관건이다. 가장 중요한 것은 내치內治이다. 소인을 중요한 요직에 등용하지 않는 것이 내치의 시작이자 마지막이라 할 수 있다.

> ☞ 소인을 중요한 요직에 등용하지 않는 것이 정치의 처음이자 끝이다.

## 8. 4효 : 사고는 예고한 다음에 발생하는 법이 없다

* 六四는 繻[79]에 有衣袽코 終日戒니라

  象曰 終日戒는 有所疑也라

육사는 젖음에 옷과 누더기를 갖고 종일토록 경계함이다. 상전에 이르기를 '종일토록 경계함'은 의심하는 바가 있는 것이다.

4효는 하괘에서 방금 상괘로 넘어온 자리이다. 리괘離卦에서 감

---

[79] 원래 '유繻'는 고운 명주를 가리키는 글자인데, 주자는 정이천의 견해를 받아들여 '젖을 濡'로 바꿨다. "程子曰 繻는 當作濡라 하시니라."(『주역본의』 참조)

괘坎卦로, 즉 기제의 세계를 건너 처음 미제의 문턱으로 넘어선 형국이다. 리괘는 나무로 만든 배, 감괘는 험난한 강을 상징한다. 강을 건너는데, 배의 틈에서 물이 조금씩 새어나오면 헤진 헝겊[衣袽]으로 틀어막아야 침몰하지 않는다. 만사는 불여튼튼이다. 종일토록 물이 새는지 경계하고 경계해야 한다.

4효는 국가조직에 하나씩 결점과 모순이 나타나기 시작함을 비유했다. 펑크에 대비해서 스페어 타이어를 준비하는 운전자처럼 사전에 사고를 예방해야 한다. 사고는 예고한 다음에 발생하는 법이 없다. 이러한 유비무한의 정신은 요즘도 교통사고를 사전에 방지하기 위해 고속도로 곳곳에 사고발생 다발지역이라고 표시한 팻말에서 볼 수 있다.

4효는 기제가 끝나고 미제로 건너가는 길목이므로 사고가 빈발하게 일어나는 의심 지역으로 지목될 수 있다. 도강하는데 안전사고가 일어나서는 안 된다. 사고에 대비해서 미리 안전장비를 준비하고 물샐틈없는 점검을 해야 옳다.

> ☞ 편안한 시기에 위험과 환난을 방비해야.

## 9. 5효 : 제사음식은 정성스런 마음이 으뜸가는 제물

* 九五는 東隣殺牛
  (구오) (동린살우)

<sup>불 여 서 린 지 약 제 실 수 기 복</sup>
不如西隣之禴祭實受其福이니라

<sup>상 왈 동 린 살 우 불 여 서 린 지 시 야</sup>
象曰 東隣殺牛 不如西隣之時也니

<sup>실 수 기 복     길 대 래 야</sup>
實受其福은 吉大來也라

구오는 동쪽 이웃의 소를 잡음이 서쪽 이웃에서 간략한 제사로 실제로 복을 받음만 못하다. 상전에 이르기를 '동쪽 이웃의 소를 잡음'이 서쪽 이웃의 때의 알맞음만 같지 못하므로 '실제로 복을 받음'은 길함이 크게 오는 것이다.

5효는 더 이상 오를 곳이 없는 권력의 최정상을 상징한다. 정상을 정복한 산악인에게 주어진 혜택은 기념사진을 찍자마자 곧바로 하산하는 일뿐이다. 기제괘 5효는 이미 좋은 시절은 지났음을 묘사한다. 5효는 중정中正의 위상을 확보했음에도 불구하고 험난한 파도[坎 ∶ ☵]에 시달리는 형국임을 역사적 사건으로 빗대어 설명했다.

5행론에서 동쪽은 양의 방향이고, 서쪽은 음의 방향이므로 5효는 동쪽이고 2효는 서쪽이다. 역사적으로 은나라의 주왕紂王은 동쪽에서 천하를 호령했고, 주나라의 창업자 문왕文王은 서쪽에서 앞날을 내다보고 힘을 키우기 시작했다.

'동린東隣'은 폭군 주왕의 세력권이고, '서린西隣'은 덕치를 베풀어 천하의 민심을 모으기 시작한 문왕의 살림터였다. 옛날에는 군왕이 주관하는 제사에만 소를 희생물로 삼을 수 있었다. '약제禴祭'는 여름에 천지신명에게 제사지내는 검소한 제사의 명칭으로서 제물의 화려함보다는 정성이 더 담긴 것으로 유명하다. 주왕이 소를 잡아 성대하게 제사올리는 것은 폭정을 연장하는 수단였으나, 문왕이 간소하게 천지신명에게 고마움을 표시하는 제사는 오로지 마음에서 우러나오는 정성이었다. 정성 없는 제사는 화를 일으키지만, 정성이 듬뿍 담긴 제사는 복을 불러온다는 것이다.

하늘과 조상에 대한 제사를 물량공세로 밀어붙이는 것보다는 비록 제물은 부족하지만 정성이 지극하다면 하늘은 복으로 되갚는다. 정권 말기의 주왕은 음란과 사치에 빠져 제사에 교만한 마음으로 임했고, 문왕은 성실한 마음으로 하늘을 감동시켰다. 정성스런 마음은 복을 받는 으뜸가는 원인이다.

제사는 형식보다는 내용이 중요하다. 길흉화복은 물질의 보상형태로 나타나는 것이 아니라 정성스런 마음으로부터 빚어지는 것이다. 제사는 제물보다는 마음이 중요하고, 더욱 중요한 것은 때(시간)의 정신이다. 주역의 시간은 뉴턴이 말하는 물리학적 의미의 객관적 존재가 아니라 대상과 주체가 일치한다는 '주객동정론主客同情論'이 밑바탕에 깔려 있다. 하늘 또는 조상신과 감응하는 정성이 없는 사람에게는 하늘과 조상신이 반응하지 않는다는 발상이다. 여기서 특정한 인물 혹은 집단에 유리하게 작동하는 일종의 '시운론時運論'을 이 대목에서 읽을 수 있다.

> ☞ 길흉화복은 물질의 보상형태로 나타나는 것이 아니라 정성스런 마음에서 비롯된다.

## 10. 상효 : 교만한 마음은 실패의 어머니

* 上六은 濡其首라 厲하니라
  <small>상육   유기수   려</small>

  象曰 濡其首厲는 何可久也리오
  <small>상왈 유기수려    하가구야</small>

  상육은 머리를 적시므로 위태롭다. 상전에 이르기를 '머리를 적셔 위태로움'이 어찌 오래 갈 수 있으리오.

상효는 방금 배에서 내리자마자 강물에 도로 머리까지 빠지는 형상이다. 험난한 상괘[坎 : ☵]의 끝자락에 도착해 위험하기 짝이 없는 상황이다. 건너편 강기슭에 닿으려는 순간 물 속에 푹 빠져 머리를 적셨다. 꼬리를 적시는 것은 아무 것도 아니지만 머리를 적셨다는 것은 몸 전체가 이미 물에 빠진 형국이다. 익사 직전의 상황이므로 무척 위태롭다.

초효가 여우 꼬리라면 상효는 머리에 해당된다. 강 언덕에 도착하자마자 도로 깊은 물에 빠진 꼴이다. '어찌 오래 갈 수 있으리오'라는 말은 머지않아 목숨이 위험할 것임을 암시한다. 초효에서는 강물을 건너지 않아서 허물이 생기지 않았으나, 상효는 교만한 마음으로 방심했다가 얕은 강물에 머리까지 빠져 목숨이 위태로운 지경에 이르렀음을 말했다.

'위태롭다[厲]'는 말은 저승의 문턱에 들어섰다가 다시 이승으로 돌아올 수 있는 여지가 있다는 뜻이다. 종말이 얼마 남지 않았으니까 정신차리면 원래의 상태를 회복할 수 있다는 희망의 불씨를 시사하는 발언이다. 이런 여운을 남기면서 기제는 미제에게 바톤을 넘기고 있다.

> ☞ 단호한 조치가 위험을 벗어날 수 있는 효과적인 타개책이다.

## 11. 주역에서 정역으로

정역사상의 연구자 이상룡李象龍은 기제괘의 성격을 다음과 같이 설명한다.

旣在文從食從无이니 食盡无餘之義라
故傳曰 日食旣이며 且己然曰旣이니
文義與未正相反이라
蓋上元之水火가 已月日同道하니
潮汐退邊陽陰暢燮之象일새 所以次未濟也라

이미 '기旣'는 문자적으로 먹을 식食과 없을 무无의 합성어로서 먹거리의 여분이 없기 때문에 '일식日蝕이 이미 지났거나 이미 그러하다'는 글이 생겼다. 이미 '기旣'의 뜻과 (미제괘의) 아닐 '미未'는 정반대의 뜻이다. 상원上元의 수화水火가 이미 소통하여 달과 해가 같은 도수의 길을 걷는 경지에 이르면[月日同度] 조석潮汐의 변동과 음양이 변화하는 현상이 생기기 때문에 미제괘 다음에 놓인 것이다.

象曰 旣濟는 亨이 小니 利貞하니 初吉코
終亂은 天開會上하여 亂必由治也니라

＊「단전」-"기제는 형통함이 작으니 올바르게 함이 이롭다. 처음에는 길하고 끝에는 혼란하다"는 말은 하늘이 처음으로 열릴 시간대에는 혼란이 다스림에서 비롯되었다는 뜻이다.

象曰 君子以하여 思患而豫防之하나니라는
文以守之하고 武以慄之也라

＊「상전」-"군자는 이를 본받아 환난을 생각하여 미리 막는다"는 것은 문文으로 지키고, 무武로 두렵게 한다는 뜻이다.

初九는 曳其輪하며 濡其尾는
輪船古港하여 輪車始行이니 必有粘泥也니라

＊ 초효-"수레바퀴를 (뒤로) 끌어당기며 꼬리를 적시는 것"은 오래된 항구의 배 또는 바퀴가 있는 수레가 처음 나아갈 때는 진흙 구덩이 빠진다는 말이다.

六二는 婦喪其茀이니 勿逐하면 七日에 得하리라는
姤變爲升하니 己日乃行也라

＊ 2효-"지어미가 덮개를 잃음이니, 쫓지 않으면 7일 만에 얻을

것이다"는 구괘姤卦(䷫)가 변하면 승괘升卦(䷭)가 되는데, 기일己日에 실행된다는 말이다.

九三은 高宗이 伐鬼方하여 三年克之니
小人勿用은 重險旣平이니 君子在上也라

＊3효- "고종이 귀방을 정벌하여 3년 만에 승리함이니, 소인은 쓰지 말라"는 것은 거듭된 험난함이 평안해지는 것은 군자가 윗자리에 있기 때문이다.

六四는 繻에 有衣袽코 終日戒니라는
坎水下泄焉이니 用袽補乎잇가

＊4효- "젖음에 옷과 누더기를 갖고 종일토록 경계함"은 감수坎水가 아래로 새기 때문에 누더기로 보강해도 무슨 소용이 있겠는가?

九五는 東隣殺牛 不如西隣之禴祭實受其福은
導東汐北이니 各享于帝而受祐不同也라

＊5효- "동쪽 이웃의 소를 잡음이 서쪽 이웃에서 간략한 제사로 실제로 복을 받음만 못하다"는 것은 동쪽에서 시작하여 북쪽으로 뺀다는 말은 상제께 제사올려 복을 받는 것이 다름을 말한 것이다.

上六는 濡其首라 厲하니라는
<sub>상육  유기수  려</sub>

天下已濟而和하여 易惕若勿溺也니라
<sub>천하이제이화    역척약물익야</sub>

＊ 상효-"머리를 적심이라. 위태롭다"는 말은 천하가 이미 다 건너 화평해진다는 뜻으로 역易이 말하는 '두려워하고 두려워하여 물에 빠지지 않는 것과 같다.'

화 수 미 제 괘
# 火水未濟卦

완결完結과 미완未完의 순환은 세상이 돌아가는 이치이다. 완결에서 미완의 단계로 넘어갈 즈음에는 올바른 가치관으로 무장하고, 미래를 재창조하는 신념을 가져야 한다.

# Chapter 10
# 화수미제괘火水未濟卦
## : 미완未完의 완결完結

## 1. 반대되는 것이 서로를 완성시킨다 : 미제괘

정이천은 수화기제괘 다음에 화수미제괘가 오는 이유를 다음과 같이 말한다.

* 未濟<sub>미제</sub>는 序卦<sub>서괘</sub>에 物不可窮也<sub>물불가궁야</sub>라
 故受之以未濟<sub>고수지이미제</sub>하여 終焉<sub>종언</sub>이라 하니라
 旣濟矣<sub>기제의</sub>면 物之窮也<sub>물지궁야</sub>니
 物窮而不變<sub>물궁이불변</sub>이면 則无不已之理<sub>즉무불이지리</sub>하니
 易者<sub>역자</sub>는 變易而不窮也<sub>변역이불궁야</sub>라
 故旣濟之後<sub>고기제지후</sub>에 受之以未濟而終焉<sub>수지이미제이종언</sub>하니라

<sup>미제즉미궁야</sup> <sup>미궁즉유생생지의</sup>
未濟則未窮也니 未窮則有生生之義라

<sup>위괘리상감하</sup> <sup>화재수상</sup> <sup>불상위용</sup>
爲卦離上坎下하여 火在水上하니 不相爲用이라

<sup>고위미제</sup>
故爲未濟라

"미제는「서괘전」에 '사물은 다할 수 없으므로 미제괘로 이어받아서 마쳤다'라고 하였다. 이미 이루면 사물이 다한 것이니, 사물이 다하였는데도 변하지 않으면 그치지 않을 이치가 없으니, 역은 변역하여 다하지 않는다. 그러므로 기제괘 뒤에 미제괘로 이어받아 마친 것이다. 아직 이루지 않았다면 다하지 않은 것이니, 다하지 않으면 낳고 낳는 뜻이 있다. 괘의 형성은 리가 위에 있고 감이 아래에 있어 불이 물 위에 있으니, 서로 쓰임이 되지 못한다. 그러므로 미제라 한 것이다."

기제괘와 미제괘의 외형은 정반대이다. 기제괘를 180° 뒤집어엎거나, 상하를 바꾸거나, 속과 겉을 바꾸면 미제괘가 만들어진다. 이는 미제괘의 근거는 기제괘, 기제괘의 근거는 미제괘라는 뜻으로서 음양의 상호근거, 상호요청, 상반상성이라는 주역의 근본정신이 투영되어 있다. 기제괘가 불 위에 물이 있는 반면에, 미제괘는 물 위에 불이 있는 형상이다. 불은 가벼워 위로 올라가고 물은 무거워 아래로 내려온다고 할 때, 전자가 지천태地天泰의 논리라면, 후자는 천지비天地否의 논리다.

미제괘는 불이 올라가고 물은 내려와 수화水火의 교류가 이루어지지 못하는 음양의 부조화를 상징한다. 미제未濟는 아직 시간의 강을 건너지 못했다는 미완성과 미완수를 뜻한다. 우리말에 무언가 해결되지 못한 사건을 의미하는 미결이라는 단어는 아쉬움과 불안과 희망이 교차하는 어감이 담겨 있다.

미제괘는 음이 있어야 할 곳에 양이 있고, 양이 있어야 할 곳엔 음이 있는 음양의 부정위不正位를 표상한다. 기제는 정상, 미제는 비정상이다. 그래서 기제는 이미 강을 건넜고[既濟], 미제는 아직도 강을 건너지 못하는 결과를 가져온다. 왜 이러한 현상이 나타날까? 그것은 물과 불이 빚어내는 상생과 상극의 구조에서 비롯된다. 기제괘는 물과 불이 교류하여 상생의 길을 지향하고, 미제괘는 물과 불이 교류하지 못하는 상극원리 때문에 대립과 경쟁의 미완성 상태에 머문다.

기제괘와 미제괘는 특수한 관계로 존립한다. 각각의 효, 즉 음양을 서로 바꾸면 기제괘는 미제괘가 되고, 미제괘는 기제괘가 된다. 기제괘(䷾)의 초효로부터 상효까지의 음양을 바꾸면 미제괘(䷿)가 만들어진다. 또한 내부의 상하조직을 바꾸어도 마찬가지다. 기제괘의 속살이 겉살로 바뀌어도 미제괘가 만들어지는 것이다.

기제괘와 미제괘는 건괘와 곤괘의 관계에 비견될 정도로 중요하다. 건곤괘가 역의 무한한 창조성과 포용성을 말했다면, 기제괘와 미제괘는 역의 끊임없는 순환성과 변화성을 설명한다. 그것은 마치 뱀이 입으로 자기의 꼬리를 문 형태처럼 끝에서 다시 시작하는 양상으로 반복하면서 변화하는 과정을 말한다.[80] 이것 역시 종시론의 한 형태이다.

---

80 서양의 신화에 등장하는 우로보로스는 커다란 뱀 또는 용이 자신의 꼬리를 물고 삼키는 형상으로 나타난다. 여러 문화권에 등장하는 이러한 얘기는 끝이 곧 시작이라는 윤회 또는 영원성의 상징으로 인식되어 왔다. 그것은 종교와 미신의 숭배의 대상으로서 중세 연금술의 모델이었으며, 칼 융과 같은 심리학자들

## 2. 미제괘 : 미완성의 과제는 조심스럽게 처세해야

* 未<sub>미</sub>濟<sub>제</sub>는 亨<sub>형</sub>하니 小<sub>소</sub>狐<sub>호</sub>汔<sub>흘</sub>濟<sub>제</sub>하야 濡<sub>유</sub>其<sub>기</sub>尾<sub>미</sub>니 无<sub>무</sub>攸<sub>유</sub>利<sub>리</sub>하니라

미제는 형통하니, 어린 여우가 거의 건너가서 꼬리를 적시므로 이로운 바가 없다.

기제괘와 미제괘의 겉모습이 비록 다르지만, '형통한다'는 점에서는 똑같다. 기제괘가 상극의 터널을 이미 건너서 형통한다고 했다면, 미제괘가 상극의 터널을 아직 통과하지 못했음에도 불구하고 형통한다고 말한 이유는 무엇인가? 앞으로 무모한 일을 벌이지 않고 정도를 지킨다면, 천지에 아로박힌 상생의 원리가 도래하기 때문에 형통하다고 진단한 것은 아닐까.

기제괘의 문법이 과거 또는 과거완료의 시제라면, 미제괘의 문법은 미래시제이다. 예컨대 "어린 여우가 강을 건너서 꼬리를 적신다면 이로움이 없을 것이다[小狐汔濟, 濡其尾, 无攸利]"는 미래의 사건을 앞당겨서 판단한 언표이다. "어린 여우가 거의[汔[81] = 幾] 건넜다[濟

---

에 의해 인간의 심성을 표상하는 것으로 여겨졌다. 우로보로스는 그리스어로 ουροβόρος, '꼬리를 삼키는 자'라는 뜻이다. 그 명칭은 '자기 꼬리를 먹는 것'이라는 연금술사들이 그렸던 괴물의 이름에서 연유한다. 우로보로스는 '끝이 곧 시작이다'라는 의미로서 스스로 자신을 만들며 결혼하고, 혼자 임신하고, 스스로를 죽이는 것이라고 간주되었다. 만물의 붕괴와 재생, 소멸과 환생은 시간의 고리 속에서 지속된다. 곧 우로보로스는 바퀴처럼 끝없이 회전하는 원형의 이미지로서 영원무궁에 대한 갈망에서 탄생했다는 것을 암시한다.(www.naver.com/위키백과, "우리 모두의 백과사전"에서 인용-)

81 정이천은 『역정전』에서 '거의 흘汔'은 씩씩하고 용감한 모양의 흘仡로 써야 옳다고 했다[汔은 當爲仡이니 壯勇之狀이라 書曰 仡仡勇夫라 하니라]. 하지만

= 渡(도)]"는 명제는 실제상황이 아니라 미래에 일어날 사태에 대한 언급이다.[82] 미제괘는 일이 아직 성취되지 않은 사건을 미리 제시하여 '형통할 수 있는 근거와 그 가능성'을 점검하는 내용이라 할 수 있다. 비록 현재는 불완전하고 미완성일지라도 미래의 희망과 기대를 염원하고 있다.

어린 여우는 초효를 가리킨다. 영악한 여우가 자신의 힘이 모자란 것을 깨우치지 못하고, 물의 깊이를 헤아리지도 않은 채 강을 건너다가 꼬리를 적신다. 여우에게 꼬리는 온갖 조화를 부리는 중요한 신체 부위다. 꼬리를 적신다는 것은 불길한 징조이다. 일이 성사되려다가 실패한 꼴이 아닐 수 없다.

미제괘 괘사는 일종의 우화로 이루어져 있다. 세계적으로 유명한 이솝우화에는 종종 여우가 등장한다. 이솝우화에 나오는 여우는 심술궂고 속임수를 잘 부린다. 미제괘 괘사의 주제는 강물을 건너본 경험이라곤 전혀 없는 어린 여우가 꼬리를 들고서 맞은편 기슭에 거의 닿자마자 성공에 기쁜 나머지 그만 꼬리를 적셔 익사할 뻔한 낭패를 겪는다는 교훈이다. 이는 시종일관 끝마무리를 잘 지어 한 순간이라도 방심해서는 안 된다는 깨우침이다.

기제괘가 처음에는 상큼하게 출발하지만 나중에는 혼란기로 접어

---

주자는 '기幾'가 옳다고 한다.

[82] 굳이 아직 일어나지 않은 상황을 앞당겨 예고하는 까닭은 크게 노력하면 마침내 성취될 수 있다는 (우주론적) 확신과 믿음이 있기 때문이다. 주역의 이론을 바탕으로 전국의 인생 상담원(카운셀러)들은 불안에 떨고 있는 손님들을 희망 섞인 얘기로 끌어들이고 있다.

든다[初吉終亂초길종난]고 말한 반면에, 미제괘는 미완성에서 완성의 상태로 바뀔 수 있는 가능성을 언급했다. 그것은 미완성에서 완성으로 형통할 수 있는 역동적 원리가 천지 안에 내재되어 있기 때문에 가능한 것이다.

"기제괘의 형통은 '이미 실현된 형통'이고, 미제괘의 형통은 '아직 실현되지 않은 형통'을 뜻한다. 미제괘의 형통은 결국 사태의 발전과 주관적인 노력에 의해 결정된다. 기제괘는 '처음 시작할 때의 마음을 지켜 마지막까지 삼가야 한다'는 당위성을 말했다. 미제괘는 '일이 이루어지기 시작하는 단계에서부터 완전히 이루어질 때까지 한 순간이라도 삼가고 신중할 것을 잊어서는 안 된다'고 가르친다."[83]

최고의 완성을 표방하는 기제괘는 세계가 완성으로 끝나는 것이 아니라, 계속 변화 발전함을 말한다. 완성은 미완성의 끝인 동시에 또 다른 출발점이다. 주역 64괘는 미제괘로 끝나지만, 그것을 정점으로 다시 새로운 시작을 예고하여 세계가 변화와 발전을 영원히 지속함을 보여준다.

그러나 인생살이에는 항상 불안 요소가 상존하므로 끝까지 최선을 다해야 한다. 그것을 미제괘는 여우 한 마리가 얼어붙은 강을 조심스레 건너고 있는 모습으로 형용하고 있다. 여우가 강 건너편에 닿았다고 방심한 순간 얼음장을 깨뜨려 꼬리를 적시고 만다. 강은 다 건너왔건만 추운 날씨에 꼬리를 적셨으니 이로울 데가 하나도 없는 꼴이다. 그것은 성공에 가까워졌다고 긴장을 푸는 데서 생긴 불이익이다.

> ☞ 한 순간의 방심이 돌이킬 수 없는 실패를 가져 온다.

---

83 쑨 잉퀘이, 앞의 책, 928쪽 참조.

## 3. 단전 : 물불이 빚어내는 갈등을 잠재워라

* 彖曰 未濟亨은 柔得中也오
  小狐汔濟는 未出中也오
  濡其尾无攸利는 不續終也라
  雖不當位나 剛柔應也니라

단전에 이르기를 '미제가 형통함'은 유가 중도를 얻음이요, '어린 여우가 거의 건넘'은 험한 가운데서 나오지 못함이요, '꼬리를 적심이니 이로운 바가 없음'은 계속하여 끝마치지 못함이다. 비록 위치가 마땅치 않으나 강과 유가 서로 상응하는 것이다.

속담에 '물불을 못가리고 덤벼든다'는 말이 있다. 미제괘의 핵심은 물불을 어떻게 잘 조화시키느냐에 있다. 주역은 물과 불이 서로 맞부딪쳐 일어나는 상극의 세상보다는 물과 불이 서로를 살리는 상생의 세상을 꿈꾸었다. 물불이 빚어내는 모순과 갈등을 해소시키고 조화와 통일을 이룰 수 있는가의 문제가 바로 최고의 화두이다.

상극의 갈등과 투쟁을 잠재우고 상생과 조화의 길로 접어들게 하는 열쇠는 '중도[中]'의 확보에 달려 있다. 주역은 물불이 언제 어떻게 중용의 방향으로 움직이는가를 터득하라고 가르친다. 공자는 「단전」에서 물불이 교감을 이루지 못하는 미제괘가 형통할 수 있는 근거를 5효가 중용을 획득했기 때문이라고 풀이했다[未濟亨, 柔得中也].

미제괘 5효는 음이 양자리에 있으나 밝음을 상징하는 상괘[離 : ☲]의 주인공[主爻]으로서 양효인 2효와 감응을 이루어 미완성을 완성으로 이끄는 역할을 한다. '어린 여우가 거의 건넌다'는 것은 2효가 험난한 물[坎 : ☵] 속에서 빠져나오지 못한 상황을 가리킨다. '꼬리를 적셔 이로운 바가 없다'는 것은 건너편 강기슭에 안전하게 도착해야 하는데도 불구하고 꼬리를 적심으로써 사건을 깔끔하게 종결짓지 못한 것을 비유한 것이다.

미제괘는 기제괘와는 달리 모든 효들이 제자리를 찾지 못하여 위치가 마땅치 않으나 강과 유가 서로 상응한다. 즉 초효와 4효, 2효와 5효, 3효와 상효가 음양이 교감한다. 이는 앞으로 새로운 희망이 서서히 다가온다는 메시지가 아닐 수 없다.

미제괘는 양면적 구조를 띤다. 긍정과 부정, 희망과 절망, 길과 흉의 두 얼굴을 함께 지니고 있다. 양효는 음위에 있고, 음효는 양위에 있다. 모두 제자리를 잃었으나[雖不當位], 강유가 서로 감응하여 이로운 일이 생긴다[剛柔應也]. 비록 현재의 시점은 불리하지만 미래의 전망은 썩 좋다는 논리가 배어 있다.

바둑의 묘미는 끝내기에 있다는 말이 있다. 미제괘는 현재 완수되는 과정을 말할 뿐, 영원히 완수되지 못한다고는 말하지 않았다. 즉 불능不能이 아니라 미능未能일 따름이다. 바로 '지금 여기서'가 아니라 '미래의 여기에서' 이루어진다는 가능성 때문에 '미제未濟'라는 명칭이 지어졌다고도 할 수 있다.

미제괘의 여섯 효는 모두 제자리에서 벗어나 부정위不正位에 있으나, 강유가 상응하여 힘을 합쳐 노력하면 언젠가는 험난한 상황을 극복하여 전세를 역전시킬 수 있음을 예고하고 있다. 온갖 악조건을 이겨내 현실을 개선할 수 있는 능력이 원천적으로 존재한다는 것이다. 한마디로 시간과 현실의 여건이 성숙되지 않았다고 희망을 포기해서는 안 될 것이다.

> ☞ 인생사에서 불능不能과 미능未能을 구분할 줄 알아야 성공할 수 있다.

## 4. 상전 : 물불의 법칙으로 문명의 패러다임을 짜야

\* 象曰 火在水上이 未濟니
  <sup>상 왈  화 재 수 상    미 제</sup>

  君子以하여 愼辨物하여 居方하나니라
  <sup>군 자 이      신 변 물       거 방</sup>

상전에 이르기를 불이 물 위에 있음이 미제다. 군자는 이를 본받아 삼가 사물을 분변하여 알맞은 방소에 거처한다.

미제괘는 불[離 : ☲]이 위에 있고, 물[坎 : ☵]은 아래에 있다. 가벼운 불은 타올라 위로 올라가기 때문에 방위로는 남쪽에 속한다. 무거운 물은 위에서 아래로 흘러가는데, 물의 수원지는 방위로는 북쪽에 속한다. 미제괘는 물과 불이 사귀지 못하기 때문에 음식을 익혀 생명을 살리는 역할을 수행하지 못하는 형국이다.

물은 무겁고 어두우며, 불은 가볍고 밝은 성질로 인해 분명하게 분변된다. 군자는 미제괘의 외형에서 사물의 성격에 알맞는 카테고리를 확정하는 지혜를 뽑아낸다. 군자는 사물의 명암, 고저, 경중 등의 특성을 헤아려 문명의 패러다임을 새롭게 짜내는 존재라고 할 수 있다.

군인은 복잡한 수학공식보다는 병장기가 몸에 익숙하고, 선비는 칼보다는 문방사우가 훨씬 친하다. 유능한 경영자는 공동체의 생산성을 극대화하기 위해 인재를 적재적소에 배치해야 할 책임이 있다. 주방장이 있어야 할 곳은 요리솜씨를 발휘할 부엌이고, 군인이 있을 곳은 전쟁터. 선비가 정치에 꿀맛을 들이면 자신은 물론 국정은 엉망진창이 되고 말 것이다. 이는 물불을 잘 헤아려 제자리에서 자신의 역할을 충실하라는 교훈이다.

> ☞ 최고 경영자의 책무는 인재를 적재적소에 배치하여 능력을 극대화시키는 것에 있다.

## 5. 초효 : 조급한 행동을 벌이면 회한이 뒤따른다

\* 初六은 濡其尾니 吝하니라

象曰 濡其尾는 亦不知極也라

초육은 꼬리를 적시므로 인색하다. 상전에 이르기를 '꼬리를 적심'은 또한 알지 못함이 지극한 것이다.

'여우가 꼬리를 적신다'는 말은 기제괘 초효에도 나온다. 초효는 음이 양자리에 있고[不正$^{부정}$], 중용에 미치지 못하지만[不中$^{부중}$], 4효와는 감응한다. 특히 자신의 유약한 힘을 너무도 모르는 초효는 험난한 강을 상징하는 감괘坎卦(☵)의 시초에서 짝꿍인 4효를 믿고 건너려다 꼬리를 적시는 인색한[吝$^{인}$][84] 지경에 몰린다.

꾀보 여우가 자신의 꾀에 넘어가 꼬리를 적시는 모양이다. 어린 여우가 분수도 모르고 까불다가 낭패를 겪는다는 것이다. 그럼에도 힘이 부족한 자신의 능력을 헤아리지 않고 주위 상황도 점검도 하지 않은 채 모험에 나섰다가 후회할 일을 저질렀다.

미제괘는 기제괘 초효에서 '여우가 꼬리를 적셨지만 허물이 없다'고 말한 상황하고는 차이가 있다. 기제괘 초효는 양이 양자리[正位$^{정위}$]에 위치하여 미제괘와는 시공간적 상황이 다르기 때문에 그 결과 역시 다를 수밖에 없다. 전자가 정도에 입각해서 신중한 행동을 요구했다면, 후자는 자신의 능력은 무시한 채 무모한 도전을 시도하려다 오히려 회한만 남긴다는 것이 다르다.

「상전」의 '극極'에 대해 정이천은 자신의 재주와 능력은 전혀 헤아리지 않고 나아가 꼬리를 적시는 사태에 도달함은 그 무지의 정도가

---

[84] 주역의 괘사와 효사에는 '吉·凶·悔·吝·咎·厲'라는 글자가 보인다. 이에 대한 좋은 자료가 있어 소개한다. "吉은 행복을 얻는 일이고, 凶은 재앙에 부딪히는 일이다. 悔는 후회하는 것이고, 吝은 곤궁한 지경을 초래함을 말한다. 吝은 悔와 유사하지만, 吝이 悔보다 조금 더 나쁘다. 悔吝은 흉의 정도에 이르지는 않았지만 행동에 결점이 있는 경우를 말한다. 吉凶悔吝은 고정적이지 않고 순환적이다. 凶도 후회하여 고치면 吉로 나아갈 수 있고, 吉도 방심하면 吝으로 된다. 咎는 災 혹은 過로 풀이되며, 재앙에 걸림을 말한다. 주역은 '无咎'를 높이 치는데, 无咎란 후회하여 잘못을 고치는 일이다. 厲는 危難이란 뜻이다."(廖名春 외/심경호, 『주역철학사』서울: 예문서원, 1995, 28쪽)

극심하다고 풀이했다. 그러나 주자는 학자의 양심을 내걸어 잘 모르겠다고 털어놓았다.[85] 한편 『서경』「홍범」의 '극極'에 대해 주자와 육상산陸象山(1139~1192)은 치열한 논쟁을 벌인 적이 있다. 육산상은 '극'을 천지의 핵심인 '중中'이라고 표현한 반면에, 주자는 천하 경영의 중심적 존재인 천자天子로 풀었다.

'극極'은 천지의 궁극적 본질 외에도 천하의 중앙[中 = 極] 또는 지극하다는 의미까지도 포함하는 광의의 개념이다. 또한 '극極'에는 천지의 핵심, 황제라는 뜻 이외에도 표준(준거)이라는 의미도 있다. 따라서 여우 또는 소인이 자신이 누구라는 표준(분수)도 모르고 실수를 저지른다로 해석할 수 있다.

☞ 모험에는 무모한 용기보다는 능력의 점검이 앞서야 한다.

## 6. 2효 : 중용이 정의[正道]보다 더 근원적인 핵심

\* 九二는 曳其輪이면 貞하야 吉하리라

象曰 九二貞吉은 中以行正也일새라

구이는 수레를 끌어당기면 올바라서 길할 것이다. 상전에 이르기를 '구이가 올바라서 길함'은 중도로서 정도를 행하기 때문이다.

---

85 ① 『주역본의』, "극이라는 글자는 잘 모르겠다. 상하의 운율을 상고해도 맞지 않으니, 혹시 敬이라는 글자인 것 같다(極字는 未詳이라 考上下韻컨대 亦不叶하니 或恐是敬字니)" ② 『역정전』, "不度其才力而進하야 至於濡尾는 是不知之極也라"

2효는 양이 음자리에 있으나[不正(부정)], 하괘의 중용일 뿐만 아니라 5효와 음양의 짝꿍을 이룬다. 2효는 부드러운 공간적 위상에서 중용의 미덕으로 억센 양 에너지를 조절하고 있는 모양이다. 한편 험난한 중심지[坎(감) : ☵]를 벗어나려는 수레바퀴를 뒤에서 잡아당겨 앞으로 전진하지 못하게 하는 뜻도 있다. 브레이크를 작동시키는 이유는 속도를 조절하여 경솔한 행동을 방지하기 위해서다.

아직은 때가 이르다는 판단에서 경거망동하지 않고 신중한 태도로 올바른 마음가짐을 다져야 할 것이다. 올바른 행동 뒤에는 반드시 좋은 결과가 뒤따른다[貞(정), 吉(길)]. 음이 있어야 할 곳에 양이 존재하는데도 불구하고 상서로운 까닭은 중용을 얻었기 때문이다.

정도正道는 중용을 보장할 수 없으나, 중용은 정도의 가치를 담지할 수 있다. 중도가 정도에 대한 필연 충분조건이라면, 정도는 중도의 필수조건이라 할 수 있다. 주역은 정도보다는 중용을 심층적으로 것으로 간주한다. 중용이 정의[正道(정도)]라는 가치보다 근원적, 본질적, 핵심적임을 뜻한다.

> ☞ 올바른 행동 뒤에는 반드시 좋은 결과가 수반한다.

## 7. 3효 : 시공간의 상황을 살펴 함부로 움직이지 말라

★ 六三(육삼)은 未濟(미제)에 征(정)이면 凶(흉)하나 利涉大川(이섭대천)하니라

象曰 未濟征凶은 位不當也일새라
<sub>상왈 미제정흉    위부당야</sub>

육삼은 미제에 가면 흉하나 큰 내를 건너는 것이 이롭다. 상전에 이르기를 '미제에 가면 흉함'은 위치가 마땅치 않기 때문이다.

3효는 음이 양자리에 있고[不正], 하괘의 중용을 지나쳤으나[不中], 상효와는 상응한다. 상효는 막다른 골목에 도달한 까닭에 짝꿍인 3효에게 큰 도움을 줄 수 없다. 양이 필요한 시기에 힘이 미약한 3효 음이 적극적인 액션을 취하면 흉할 수밖에 없다.

스스로의 힘이 부족한 줄도 모르고 전진하면 화를 당한다. 이때 '큰 강을 건너는 것과 같은 모험을 감행하면 이롭다[利涉大川]'는 말은 바로 앞에 나온 내용과 어긋난다. 이에 대해 정이천은 양강陽剛인 상효 파트너의 도움으로 험난한 강물을 헤쳐나갈 수 있다고 했다. 주자는 2효 양이 3효 음을 등에 업고서 험난한 곳을 건너는 것이 한결 이롭다고 했다. 이밖에도 주자는 이로울 '이利' 자 앞에 '불不' 자가 빠진 것으로 추정하여 판본상의 오류를 지적했다.[86]

미제괘 3효에는 패러독시컬한 논리가 담겨 있다. 미제의 시기에는 건너는 것이 흉하다고 하면서 다른 한편으로는 큰 모험을 강행하는

---

86 ①『역정전』, "위에 양강의 감응이 있으니, 만약 험난함을 건너고 가서 따른다면 구제할 것이다[上有陽剛之應하니 若能涉險而往從之면 則濟矣라]" ②『주역본의』, "음유이고 중정하지 못하므로 미제의 시기에 처했으니, 그대로 가면 흉하다. 그러나 유로서 강을 타고 장차 감에서 벗어나게 되었으니, 건너면 이로운 모습이 있다. … 어떤 사람은 '이' 자 위에 마땅히 '불' 자가 있다고 의심한다(陰柔不中正으로 居未濟之時하니 以征則凶이라 然以柔乘剛하고 將出乎坎하니 有利涉之象이라 … 或疑利字上에 當有不字라)" 이를 「상전」의 '위치가 마땅치 않다'는 말과 연관시키면 주자의 견해가 타당한 것으로 보인다.

것이 대세에 이롭다고 했다. 이는 미래에 대한 희망을 읊은 것이다. 왜냐하면 어둠과 험난함과 불안을 상징하는 하괘[坎 : ☵]를 넘어서면 밝음과 희망의 세계를 상징하는 상괘[離 : ☲]의 문턱에 들어서기 때문이다. 새로운 열림의 시대로 나아가기 위해서는 모험의 여행을 떠나야 하듯이 말이다.

> ☞ 새로운 시대로 나아가기 위해서는 과감한 모험정신이 필요하다.

## 8. 4효 : 결과보다는 올바른 행동이 중요하다

* 九四<sub>구사</sub>는 貞<sub>정</sub>이면 吉<sub>길</sub>하야 悔亡<sub>회망</sub>하리니

 震用伐鬼方<sub>진용벌귀방</sub>하여 三年<sub>삼년</sub>에아 有賞于大國<sub>유상우대국</sub>이로다

 象曰<sub>상왈</sub> 貞吉悔亡<sub>정길회망</sub>은 志行也<sub>지행야</sub>라

구사는 올바르게 하면 길하여 뉘우침이 없어질 것이다. 진동하여 귀방을 정벌해서 3년에야 대국에서 상을 내리도다. 상전에 이르기를 '올바르게 하면 길하여 뉘우침이 없어짐'은 뜻이 행해진다는 것이다.

4효는 양이 음자리에 있고[不正<sub>부정</sub>], 상괘의 중용에 미치지 못하나[不中<sub>부중</sub>], 초효와는 상응한다. 이제 조금은 험난한 지경을 벗어났다. 하괘에서 상괘로, 감괘의 어두움에서 리괘의 밝음으로, 미

제에서 기제로, 미완성에서 완성의 단계로 진입하여 희망의 세계로 접어들었다.

기제괘 4효는 물이 새는 배의 구멍을 막기 위해 경계를 서야 한다고 강조했으나, 미제괘 4효는 고생의 긴 터널을 지나 행복의 서막이 열리는 때라고 시사한다. 하지만 4효 자체는 양강陽剛의 신분으로 음의 자리에 머물러[不中正부중정]있기 때문에 앞으로 올바른 행동을 한다면 그 동안의 후회가 없어질 것[貞吉정길, 悔亡회망]이라고 천명하였다.

시간을 정해놓고 올바르게 행동하는 것은 아무런 의미가 없다. 올바른 행위는 상황에 좌우되어서는 안 된다. 특정한 시간을 기다리지 말고 분연히 떨쳐 일어나 힘차게 실천하면 된다. 미완성을 완성의 방향으로 물꼬를 틀기 위해서는 좌고우면할 필요가 전혀 없다. 오히려 전심전력을 다하여 국면전환에 힘써야 할 것이다.

기제괘를 180° 뒤집어엎으면 미제괘가 된다. 그래서 기제괘 3효에 나오는 북쪽 오랑캐(흉노)를 가리키는 '귀방鬼方'이 미제괘에서는 4효에 나타나는 것이다. '진震'은 위무를 떨치면서 진동하여 일어나는 것을 뜻하는 글자다. 3년의 긴 세월 동안 싸워서 변방의 오랑캐를 몰아내어 드디어 대군으로부터 그 공로를 인정받는다[有유賞于大國상우대국]는 것이다. 따라서 미제를 기제로 바꾸기 위해서는 피나는 노력이 필요하다.

> ☞ 정도를 지키는 합당한 행위는 상황논리에 좌우되어서는 안 된다.

## 9. 5효 : 광명의 문화대국을 만드는 힘은 중용이다

* 六五$_{육오}$는 貞$_{정}$이라 吉$_{길}$하야 无悔$_{무회}$니

  君子之光$_{군자지광}$이 有孚$_{유부}$라 吉$_{길}$하니라

  象曰$_{상왈}$ 君子之光$_{군자지광}$은 其暉吉也$_{기휘길야}$라

육오는 올바름이다. 길하여 후회가 없으니, 군자의 빛은 믿음이 있으므로 길하다. 상전에 이르기를 '군자의 빛'은 그 빛이 길함이다.

5효는 미제를 기제로 전환시킬 수 있는 열쇠로서 상괘[離$_{리}$ : ☲]의 주인공이다. 5효는 음이 양자리에 있으나[不正$_{부정}$], 중용의 밝은 덕을 갖추고 있는 군왕으로 비유할 수 있다. 비록 중용을 지키고 있으나 그 자리가 마땅하지 않기 때문에 항상 정도를 사무치게 실천해야 처음부터 후회할 일이 생기지 않는다는 뜻이다.

5효가 비록 음이지만 군왕의 자리이므로 '군자'라는 칭호가 붙여졌다. 군자의 덕이 사방으로 빛날 수 있는 까닭은 중용에 대한 진실한 믿음 때문이다. 5효는 문명의 밝은 주체로서 미제의 세상에서 고통으로 허덕이는 백성들에게 믿음을 심어준다. 문명의 혜택이 천하에 골고루 뿌려지므로 군자는 길할 수밖에 없는 것이다.

'휘暉'는 태양 주위에 나타나는 햇무리, 즉 빛의 테를 뜻하는 글자다. 주역은 항상 모든 나라가 문화대국으로 성장하기를 꿈꾸었다. 문화대국으로 성장하는 지름길은 햇빛처럼 밝게 빛나는 중용이 대접받

는 것에 있다. 자연빛은 세상을 대낮처럼 밝혀줄 수 있으나 사람의 마음까지도 밝힐 수는 없다. 중용의 실천만이 세상의 모든 사람들을 어둠에서 광명의 세계로 인도할 수 있다는 뜻이다.

> ☞ 중용은 인류가 만들어낸 최고의 지혜이자 덕목이다.

## 10. 상효 : 믿음을 최선의 가치로 삼아야

* 上九<sub>상구</sub>는 有孚于飮酒<sub>유부우음주</sub>면 无咎<sub>무구</sub>어니와

  濡其首<sub>유기수</sub>면 有孚<sub>유부</sub>에 失是<sub>실시</sub>하리라

  象曰 飮酒濡首<sub>상왈 음주유수</sub> 亦不知節也<sub>역부지절야</sub>라

상구는 믿음을 두고 술을 마시면 허물이 없거니와 머리를 적시면 믿음을 두는 데 옳음을 잃을 것이다. 상전에 이르기를 '술을 마셔 머리를 적심'은 또한 절제를 알지 못함이다.

미제괘 상효는 주역 64괘 384효를 총 매듭짓는 의미가 있다. 상효는 특히 '믿음'과 '술'로 끝맺는다. 진리에 대한 믿음과 술은 어떤 연관성이 있을까? 술은 하루에 한 잔 마시면 양약이지만, 석 잔 이상 마시면 독약이다.

술 있는 곳에는 항상 사람이 옆에 있기 마련이다. 술 예찬론자들은 술이 들어가면 근심이 사라진다고 하여 '술을 보면 안 마시고 못 배긴

다'는 속담을 들먹이는 버릇이 있다. 『팔만대장경』은 "술이란 사람을 취하게 만드는 독약이다"라고 했고, 유향劉向(BCE 77 ~ BCE 6)은 『설원說苑』에서 "술이 들어가면 혀가 나오고, 혀가 나오면 말을 실수하고, 말을 실수하면 몸을 버린다"[87]고 말했다. 하지만 이태백을 비롯한 시인들은 자신보다 오히려 술을 더 사랑했다.

믿음과 술의 관계는 사람과 술의 관계로 환원할 수 있다. 사람이 술을 마셔야지 술이 사람을 마셔서는 곤란하다. 술 때문에 믿음을 망각하고 신뢰를 깨뜨려서는 안 된다. 믿음을 최우선의 가치로 삼으면 허물이 생기지 않는다. 믿음은 잠시 접어두고 술독에 빠지면[88] 신의를 잃어버리는 사태를 가져온다.

적당한 음주문화는 웰빙사회를 선도할 수 있지만, 폭탄주를 들이마신 다음 술잔을 머리 위에 털어내는 음주문화는 퇴폐적인 사회를 조장한다. 술 권하는 사회는 건강하지 못하다. 술이 나쁜 것이 아니라 폭음이 항상 불상사를 일으키기 때문이다. 술이 지나치면 판단력이 흐려진다. 주지육림에 빠졌던 은나라 주왕紂王의 말로는 인류에게 수많은 정신적 교훈을 남겼다.

깔끔한 '음주飮酒' 매너는 주변 사람을 편안하게 만든다. 하지만 폭음은 믿음과 올바른 판단을 마비시킨다. 술은 믿음과 정성의 마음으로 천천히 마셔야 한다. 미제의 끝자락을 지나 기제의 문턱을 바라보면서

---

87 이어령 편저, 『문장백과대사전』(서울: 금성출판사, 1988), 1121-1128쪽 참조.
88 '머리를 적심[濡其首]'에 대해서 주자는 강을 건너다 여우가 머리를 적시는 것으로 해석했다.

폭음은 금물이다. 왜냐하면 지금은 미제에서 기제로 넘어가는 전환기이므로 음란한 술문화에 빠지면 신성한 믿음과 정도를 잃어버리기 때문이다.

「상전」은 주역 64괘 384효의 총결론을 '절제'로 매듭짓는다. 절제는 외부로부터 다가오는 타율적 규범이 아니라, 주체성에 입각한 자율적인 조절력에서 비롯된다. 그런데도 이성을 잃을 정도로 술 마시는 행위는 불행이다.

"술에는 성공과 실패가 달려 있으니 함부로 마시면 안 된다"는 『명심보감』의 말처럼, 술을 적당히 마시면 약이 될 수 있지만, 지나친 음주는 건강을 해치고 일을 그르치는 주범이 되기도 한다. 과음을 경계했던 문왕文王의 말이 『서경』에 실려 있다. "덕을 잃음이 또한 술마시는 것에서 비롯되지 않음이 없으며, 작고 큰 나라가 망함이 또한 술의 허물이 아님이 없도다. 술은 늘 마시지 말고, 여러 나라가 술을 마시되 오직 제사 때만 마실 것이며, 마시더라도 덕으로 이어가 취하는 지경에 이르지는 말라."[89]

사람 사귐에 꼭 필요한 것이 술이다. 곤드레만드레 만취하여 이성을 잃지 말라는 뜻이다. 금주禁酒를 강권하는 사회 또한 건강하다고 할 수는 없다. 술을 마시되 절제력을 잃지 않으려면 어찌해야 하는가? 그 해답은 '중용'에 있다. 술이라는 말 자체가 '물'과 '불'의 합성어에서 비롯되었다. 술은 물불의 적당한 조화가 이루져야만 몸에 좋다. 불의 비

---

[89] 『서경書經』「주서周書」"주고酒誥", "用大亂喪德이 亦罔非酒의 惟行이며 越小大邦이 用喪이 亦罔非酒의 惟辜이니라 … 無彝酒라 越庶國이 飮하되 惟祀이니 德將無醉하라"

중이 높을수록 보드카 같은 독주毒酒가 빚어지고, 반대로 물의 비중이 많을수록 도수는 낮아진다. 대략 15°에서 20° 정도로 걸러낸 술이야말로 보약같은 약주藥酒일 것이다.[90]

기제괘의 '머리를 적심[濡其首]'은 물로 적시는 일이라면, 미제괘의 '머리를 적심'은 술로 적시는 것이다. 술과 연관되기 때문에 더욱 진실한 믿음[有孚]과 정성스런 마음에서 비롯된 절제[節]가 요구되는 것이다. '절'은 절도와 '철'을 뜻한다.[91] 날마다 '술을 마셔 머리를 적신다'는 말은 철부지 인간들이 사회를 가득 메워 믿음이 붕괴되는 세상을 지적한 발언이다. 술로 지새는 사회는 희망이 없다. 미제괘의 비유가 아주 돋보인다.

> "旣濟 上六은 머리가 물 속에 들어가 영영 죽고 마니 萬事休矣어니와 未濟 上九는 물에 빠진 것이 아니라 자기가 마신 술에 빠진 것이니, 彼岸에만 넘어 서지 못하였을 뿐 아직 죽지는 않았다. 어서 바삐 정신차려 철이 들어 믿음을 회복하고 理性을 되찾으면 구제의 길은 남아 있다. 최후의 희망, 종말의 기대는 아직도 있다. 주역의 未濟는 절대절명은 아니다. 그러나 어서 서둘러서 믿음을 회복

---

90 남현희, 『조선의 선비, 일상의 사물들에게 말을 걸다』(서울: 문자향, 2009), 152-153쪽 참조. "술은 두 얼굴을 가지고 있다. 적당히 마시면 일을 성사시키는 효과적인 수단이 될 수 있지만, 지나치게 마시면 도리어 일을 그르치기 십상이다. 술은 사람의 기분을 좋게 만들기도 하고, 분노와 욕망을 삭여 주기도 한다. 그러나 무한적으로 마시다 보면 기분이 상해지고, 분노와 욕망도 다시 꿈틀거리게 마련이다. '중화中和'의 덕을 기른 사람을 결코 이런 지경에 빠지는 법이 없다."

91 이정호, 『주역정의』(서울: 아세아문화사, 1980), 140쪽 참조. "주역은 60 절괘에서 일단 끝났지만 새 乾坤으로 넘어가는 징검다리인 中孚, 小過, 旣濟, 未濟를 위하여 다시 제2의 끝을 '飮酒濡首, 亦不知節也'의 節에서 맺는 것이다."

해야만 할 것이다."[92]

 기제괘가 완성과 성공을 뜻한다면, 미제괘는 아직은 완성되지 않은 미성숙의 단계를 상징한다. 완성과 미완성은 맞물려 존재한다. 완성은 미완성의 끝인 동시에 또다른 미완성의 시작이라는 것이 주역을 읽는 전통적 방법이었다. 그러나 『정역』을 지은 김일부는 과거의 학설을 무너뜨리고, 미제로부터 다시 시작하는 새로운 세상이 다가오는 이치를 밝혔다.

> ☞ 문화를 성숙시키는 힘은 천명에 대한 믿음과 인간의 절도 있는 행위에 달려 있다.

## 11. 주역에서 정역으로

 정역사상의 연구자 이상룡李象龍은 미제괘의 성격을 다음과 같이 설명한다.

未在文從土從木이니 爲十土八木이라
故用之上元이니 而說文又曰不也니라
濟字取人與水이니 齊其臍이면 則可以渡水也니라
蓋火水日月也며 晝夜也며 潮汐也며 陰陽也니

---

92 이정호, 『學易籑言』(서울: 대한교과서주식회사, 1982), 109쪽 참조.

<sup>이 개 자 이 환</sup> <sup>불 극 협 조</sup> <sup>고 윤 역</sup>
而開子以還하여 不克協調하니 故閏易으로

<sup>하 경 종 지 이 기 제 미 제</sup>
下經終之以旣濟未濟이니라

<sup>지 만 상 성 도 위 정 역</sup>
至万象成度爲正易일새

<sup>고 변 지 이 미 제 기 제 종 지</sup>
故變之以未濟旣濟終之이로되

<sup>상 경 이 화 수 호 상 충 격 조 석 유 대 과 지 상</sup>
上經而火水互相衝激潮汐有大過之象이니

<sup>차 괘 소 이 차 대 과 야</sup>
此卦所以次大過也라

아닐 '미未' 자는 '십토팔목十土八木'을 의미하는 토土와 목木의 합성어로 상원上元에 쓰이기 때문에 『설문說文』은 아니 '불不'이라고 했다. 건널 '제濟' 자는 사람[人]과 물[水]을 취하여 배꼽을 가지런히 하면 물을 건널 수 있다는 뜻이다. 수화水火는 해와 달[日月], 낮과 밤[晝夜], 밀물과 썰물[潮汐], 음양이다. 하늘이 자子에서 열린 이래로 음양이 조화되지 못하여 윤역閏易이 생겼기 때문에 하경下經이 기제미제로 끝났던 것이다. 그런데 만물의 도수度數가 완성되면 정역正易으로 변화하기 때문에 상경上經을 미제기제로 끝맺는 것이다.

<sup>단 왈 미 제</sup> <sup>형</sup> <sup>소 호 흘 제</sup> <sup>유 기 미</sup>
象曰 未濟는 亨하니 小狐汔濟하여 濡其尾니

<sup>무 유 리</sup> <sup>미 혈 험 일</sup> <sup>지 리 부 진 야</sup>
无攸利는 尾穴險溢이니 地理不盡也라

*「단전」- "미제는 형통하니, 어린 여우가 거의 건너가서 꼬리를 적시니, 이로운 바가 없다"는 것은 여우꼬리가 더욱 험난한 지경에 빠졌지만 지리地理가 다한 것은 아니다

象曰 君자以하여 愼辨物하여 居方하나니라
際其未交일새 居不可不擇也라

\* 「상전」- "군자는 이를 본받아 삼가 사물을 분변하여 알맞은 방소에 있게 한다"는 것은 아직 교제하지 않을 즈음에는 거처하는 곳을 선택해야 한다는 말이다.

初六은 濡其尾니 吝은
无治險之才而先犯宜이니 其見溺也니라

\* 초효 - "꼬리를 적심이니 인색하다"는 것은 험난을 이겨낼 수 있는 재주가 없는 사람은 먼저 옳음을 욕보이는 까닭에 물에 빠지는 것을 볼 수 있다는 뜻이다.

九二는 曳其輪이면 貞하여 吉하리라는
火車同軌이니 賴我以濟也일새라

\* 2효 - "수레를 끌어당기면 올바라서 길할 것이다"는 말은 (내가) 일정한 궤도를 달리는 화차火車를 믿기 때문에 건널 수 있다는 뜻이다.

六三은 未濟에 征이면 凶하나 利涉大川하니라는
火烈溟沸나 動之有時也라

*3효 - "미제에 가면 흉하나 큰 내를 건너는 것이 이롭다"는 말은 불기운이 치열하여 들끓지만 움직임에는 '때'가 있다는 뜻이다.

九四는 震用伐鬼方하여 三年에야 有賞于大國이로다는

鬧港蠻戎如鬼如蜮을 我武維揚이면

則應時而定之也라

*4효 - "진동하여 귀방을 정벌해서 3년이 지나서야 대국에서 상을 내리도다"라는 말은 시끄러운 뱃길에 가득 찬 귀신 또는 물여우 같은 오랑캐를 무력으로 쫓아내는 것을 때(시간)에 맞추어 평정해야 한다는 뜻이다.

六五는 君子之光이 有孚라 吉하니라는

道人運籌하여 光被四極也니라

*5효 - "군자의 빛은 믿음이 있으므로 길하다"는 말은 오행으로 도수를 가늠하는 도인道人이 천하에 빛을 던져주는 것과 같다.

上九는 有孚于飮酒는 濡其克濟하여

飮飽宴安也며 濡其首면 有孚에 失是하리라는

溺而忘反하여 亦不足貴也라

*상효 - "믿음을 두고 술을 마시면 허물이 없다"는 말은 능히 기다려서 건넌다는 뜻으로 먹고 마시는 연회가 편안하다는 것이요,

"술을 마셔 머리를 적시면 믿음을 두는 데 올바름을 잃을 것이다"는 술에 빠져 근본으로 돌아가는 것을 잊어버린 까닭에 귀하다고 할 수 없다.

## ☞ 주역읽기의 방법

독일의 『주역』 번역학자 헬무트 빌헬름Hellmut Wilhelm(1905~1990)에 따르면, "역경易經의 체계는 다차원 세계의 표상이다. 이 세계 내에는 불변하면서 규칙적으로 변화하는 패턴이 있다." 또한 그는 '역경은 우주에 대한 이미지image'라고 했다. 『중국의 과학과 문명』이라는 유명한 책을 쓴 조셉 니담Joseph Needham(1900~1995)은 주역을 "상황에 대한 과학a science of situations으로서 괘卦는 별의 운동과 시간의 경과를 체계적으로 관련지어 만들어졌다"고 규정한 바 있다. 그리고 중국의 현대철학자 모종삼牟宗三(1909~1995)은 "64괘는 시간과 공간의 개념을 모두 포괄하는 우주의 표상으로서 세상을 부호로 표시한다는 특성을 지닌다"고 말했다.

증국번曾國藩(1811~1872)은 "각 시대의 학자들은 역을 읽어서 의학에 정통하였다. 역학易學은 의학醫學이다. 의학의 목적은 몸을 조신調身하는 데 있다"고 했다. 남회근南懷瑾(1918~현재)은 "동양문화를 연구하려면 주역으로부터 시작해야 한다. 주역은 동양문화의 원천이다"라고 했으며, 국제주역회장을 지낸 성중영成中英에 따르면 "주역은 우주적인 진리, 문화적인 지혜, 가치의 원천, 예측을 다루는 생명학生命學이다. 주역은 동양적인 동시에 세계적이고, 고대적일 뿐만 아니라 현대적이고 미래적인 학문"이라고 말하여 주역의 가치를 한층 드높였다.

이처럼 주역을 이해하는 방법은 다양하게 전개되어 왔다. 크게 보아서 주역은 시대별, 인물별, 주제별로 연구되어 학술사에 수많은 업적을 쌓으면서 미래에 대한 각종 메시지를 남겼다. 주역은 역사적으로 선진역학先秦易學, 한대역학漢代易學, 송대역학宋代易學, 청대역학淸代易學으로 나눌 수 있다. 선진역학은 천명天命과 인간을 중심으로 세계의 기원과 구성을 중심으로 주역의 그윽한 내용을 살피고 있으며, 한대역학은 수학적 질서로 이 세상을 합리적으로 인식하려는 의도에서 일종의 과학철학인 상수론으로 발달했으며, 송대역학은 철학적 관점에서 우주와 인간과 문명을 통합적으로 인식하는 특징이 있으며, 청대역학은 문헌의 고증을 통해 인간의 실제 생활에 도움을 주는 역학에 관심을 가졌다.

또한 주역사는 뛰어난 역학자가 태어나 주역의 세계에 깊이와 넓이를 확대하면서 학술의 위대함을 꽃피워 왔다. 이를테면 중국에는 노자와 장자의 입장으로 주역을 해석한 왕필王弼(226~249)을 비롯하여 소강절邵康節(1011~1077), 주염계周濂溪(1017~1073), 장횡거張橫渠(1020~1077), 정명도程明道(1032~1085), 정이천程伊川(1033~1107), 주자朱子(1130~1200), 왕선산王船山(1610-1692) 등이 있다. 우리나라의 이퇴계李退溪(1501~1570), 이율곡李栗谷(1536~1584), 정약용丁若鏞(1762~1836) 등은 중국역학을 수용하여 새롭게 발전시키면서 한국학의 등불로 활약하였다.

주제별로는 크게 복서역학卜筮易學, 상수역학象數易學, 의리역학義理易學으로 분류할 수 있다. 주역은 원래 점치는 용도로 씌여졌다는 입장에서 복서를 중심으로 주역을 들여다보는 점술의 세계관, 이 세계는 엄밀한 수학적 질서로 만들어졌기 때문에 하늘과 땅이 만물을 빚어내는 변화의 모습을 객관적으로 탐구하는 수리

철학, 주역이 지향하는 목표는 인간이 어떻게 살아갈 것인가를 물음에서 하늘의 뜻이 곧 도덕이라고 밝힌 일종의 도덕적 형이상학인 의리역학으로 구분할 수 있다. 또한 상수학파는 순수 수학적 이론의 주역학과 하도낙서河圖洛書를 중심으로 하는 도서학파圖書學派가 있다. 이밖에도 주역을 종교와 수행의 시각에서 연구하는 학파가 생겨 주역사를 한층 풍부하게 만들었다.

이밖에도 팔괘八卦를 중심으로 주역에 접근하는 방법도 있다. 팔괘는 생명의 신비를 읽어내는 코드이기 때문에 세상의 온갖 변화를 설명할 수 있다는 믿음이 깔려 있다. 또한 복희팔괘는 선천이고, 문왕팔괘는 후천을 상징한다는 이론이 창출되어 주역을 선후천론으로 이해하는 학파도 생겼다. 그런데 조선조 후기의 김항金恒(1826~1898)은 전통의 선후천론을 완전히 뒤집어 엎어버렸다. 그는 문왕팔괘는 선천이고, 정역팔괘가 후천으로 인식하여 전통의 주역관을 극복하여 새로운 주역관을 수립함으로써 한국철학의 독창성과 보편성을 세계에 알렸던 것이다.

# 찾아보기

## 번호

1태극 35, 228
3극론 35, 228
3년 133, 134, 138, 241, 242, 249, 266, 267, 276
5토 149
5황극 35
6갑 93, 96
10무극 35, 228
10토 145, 149
24절기 98, 99, 100
60갑자 21
360일 205

## ㄱ

간 67
간괘 178
간방 131
간태합덕 165
감괘 116, 118, 119, 120, 121, 122, 124, 134, 140, 142, 150, 242, 243, 262
감리 118, 119
감응 160, 168, 169, 171, 172, 181, 194, 199
감통 169, 171
갑기질서 21
개과천선 106
개벽 30
건괘 18, 34
건북곤남 59
격물 103
계사전 21, 22, 57, 101, 181, 199, 218
고괘 94
고종 241
곤괘 18, 58, 93, 131, 149
곤도 145
공 173
공영달 231
공자 57, 102, 213
관괘 93
괘기설 93, 98
구괘 93
군자 17, 23, 44, 46, 47, 48, 54, 69, 79, 81, 206, 236, 276
권근 162, 163
귀방 241, 242, 267, 276
극 263
극즉반 143, 225

금화교역 131
금화교역설 16
금화정역 16, 201
기갑질서 21
기동북이고수 131
기제 119, 243, 268
기제괘 118, 222, 224, 225, 226, 233, 234, 236, 253, 254, 255, 256, 259, 262, 267, 272, 273
길흉 32
길흉화복 245
김일부 16, 17, 21, 35, 147, 166, 196, 201, 273
김재일 196
김정현 22
김항 195, 280

## ㄴ

낙서 124, 131, 226, 228
남회근 278
납갑설 96
내성외왕 164
논어 40, 121, 212
뇌풍 196

## ㄷ

대과괘 116
대대 170
대유괘 146
대인 52, 53, 57, 146
대인학 47
대학 40, 103
도생역성 228
도수 274
도수론 196
돈괘 93
동경대전 29
동인괘 146
동중서 107
동지 89, 93, 98, 99
동학 30

## ㄹ

리괘 124, 134, 140, 142, 146, 160, 242, 243

## ㅁ

맹자 40, 207, 213
명심보감 271
모종삼 278
무극 35, 228

무극대도 145
무정 241
문언전 105
문왕 244, 245
문왕괘도 22
문왕팔괘 164, 166, 280
문왕팔괘도 166
미제 119, 243, 253, 268
미제괘 118, 225, 226, 236, 238, 252, 253, 254, 255, 256, 257, 258, 260, 262, 267, 272
믿음 269, 272, 276

## ㅂ

박괘 66, 67, 68, 81, 86, 87, 93, 101
복괘 86, 87, 88, 91, 93, 165
복서역학 279
복희괘도 22, 59
복희팔괘 164, 166, 280
복희팔괘도 166
부부 162
부정 127, 128, 177
부중 133, 177
북두칠성 91
불 258

비괘 16, 17, 44, 45, 46, 48, 93
빈우 143, 144

## ㅅ

사분력 100
산지박괘 66, 93
산택통기론 165
산화비괘 66
삼재 165
삼천양지 19
상경 118
상극 19, 44, 124, 228, 255, 258
상극질서 124, 227
상생 19, 124, 228, 255, 258
상생질서 124
상수론 149, 226
상수역학 279
상수학파 280
상원 247
생장성 166
서경 40
서경덕 104
서괘전 6, 15, 45, 67, 87, 117, 141, 161, 193, 194, 223, 253
서남득붕 131
석과 101

선갑 94
선천 17, 23, 55, 56, 60, 124, 131, 144, 150, 164, 166, 280
선후천 21, 57, 129, 144, 149, 163, 164, 165, 205, 226
선후천론 17, 99, 124, 131, 166, 201
선후천변화 150
설괘전 22, 67, 81, 166
설원 270
성경신 121
성의 103
성인 47, 57
성중영 278
소강절 89, 163, 164, 165, 166, 279
소과 230
소과괘 222
소인 17, 23, 44, 46, 47, 48, 52, 53, 54, 69, 79, 242
손괘 94
수뢰둔괘 128
수산건괘 128
수승화강 224
수신 103
수지도수 35
수화 118, 119, 247, 253
수화기제괘 118

순도수 21, 124, 227, 228
순역 225
순응 69
습감 120, 121, 122, 123, 125, 126
시간관 70, 72
시경 40, 182
시공간 108
시운론 245
시종론 46, 203, 232
심신이원론 175
심신일원론 175
십미토 145

ㅇ

아름다움 103
안연 102
양력 99, 146
양만리 15
양지삼천 19
억음존양 17, 19
여강 77
역도수 22, 124, 143, 227, 228
역법 92, 97
역법학 70
역생도성 228
영웅 56

영허소식 69, 70, 71
올바름 169
왕선산 279
왕필 90, 279
우주관 70
우환의식 58
원시반본 225
원형이정 204
원회운세 164
원회운세설 164, 165
위백양 224
유교 103
유행 170
유향 270
육산상 263
윤역 17, 146, 147, 150, 274
윤화정 164
율곡 42
율려 196
음력 99, 146
음양력 99
의리역학 279
이괘 118, 120, 140, 141, 143, 150
이상룡 36, 60, 82, 110, 134, 155, 187, 217, 247, 273
이서남이교통 131

이율곡 279
이탁오 174
이퇴계 279
인륜 162
인사 118, 162, 163
일월 205
일측지리 149, 150
임괘 165

## ㅈ

장횡거 279
절기 92
절도 272
절제 272
정 209
정도 108, 169, 171, 197, 235, 264
정명도 164, 279
정심 103
정약용 279
정역 16, 17, 146, 147, 150, 165, 166, 196, 201, 205, 273, 274
정역괘도 22, 59
정역사상 124, 152, 225, 227, 229
정역주의 22
정역팔괘 166, 280

정역팔괘도 166

정위 224

정음정양 141, 144, 145

정의 263

정이천 14, 19, 44, 48, 66, 77, 86, 116, 140, 160, 187, 192, 222, 252, 262, 265, 279

제을 33

조셉 니담 278

조양율음 17, 141, 147

조화 72, 145, 258

종말론 46, 80, 142

종시 89

종시론 46, 60, 87, 200, 201, 203, 206, 231, 236, 237, 254

주역 40

주역본의 107

주역참동계 224

주염계 279

주자 88, 152, 238, 263, 279

주효 234

중 35, 263

중도 32, 33, 107, 108, 127, 132, 145, 153, 211, 240, 258

중수감괘 128

중용 32, 33, 40, 75, 76, 127, 128, 133, 178, 195, 210, 211, 212, 213, 215, 238, 239, 264, 266, 268

중정 52, 132, 145, 215, 240, 244

중지곤괘 93

중화이괘 140

중효 76

증국번 278

증산도사상 152

지뢰복괘 93

지천태 19, 21, 22, 170, 201, 253

지천태괘 35, 51, 59, 60, 202

지천합도 22

## ㅊ

채원정 164

천간 21, 93

천도 141, 162, 163, 211

천명 54

천문학 70, 97

천산돈괘 93

천심 89

천지 23, 25, 48, 50, 51, 118, 119, 160, 162, 168, 200, 206, 207

천지비 19, 21, 22, 29, 60, 170, 201, 202, 253

천지비괘 34, 51, 55, 59, 93

천지생물지심 89
천지설위 21, 22
천지수화 118
천지신명 245
천지인 165
천지정위 23, 59
천지합덕 22
천풍구괘 93
천화동인괘 146
체위도수 22
최남선 173
최수운 17
축 144
축판 143, 145
축회 156
치지 103
친정 155

### ㅋ

카오스 45
캘린더 24, 70, 143, 147
코스모스 45

### ㅌ

태괘 16, 17, 18, 20, 22, 23, 24, 34, 45, 165, 185

태극 35, 228
택수곤괘 128

### ㅍ

팔만대장경 270
풍지관괘 93
피드백 72

### ㅎ

하경 118
하도 124, 131, 228
하도낙서 226, 280
한동석 119
함괘 160, 169, 170, 173, 175, 182, 194, 199, 202
항괘 192, 194, 198, 199, 200, 202, 215
항룡유회 34, 35
항심 217
헬무트 빌헬름 278
홍범 263
화복 32
화수미제괘 118
화천대유괘 146
황극 35
황중통리 149
회남자 99

후갑 94

후천 17, 23, 55, 56, 60, 124, 131,
    150, 164, 166, 280

후천개벽 17

# 증산도 상생문화연구총서

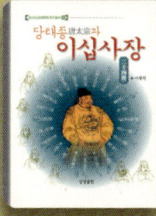

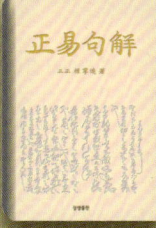

**당태종**唐太宗**과이십사장**二十四將

이십사장은 이연李淵을 도와 당 왕조를 건립하고, 또 현무문玄武門의 정변에서 진왕秦王 이세민李世民을 도와 그가 황제로 등극하는데 결정적인 공을 세운 24명의 공신을 말한다.

**이재석** 저 | 512쪽 | 값 20,000원

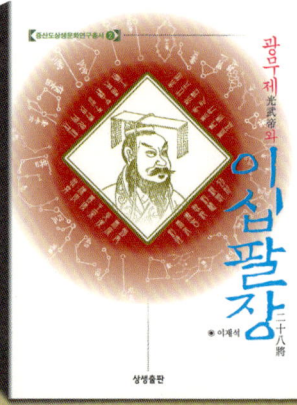

**광무제**光武帝**와 이십팔장**二十八將

이십팔장은 후한 광무제 유수劉秀가 정권을 수립하는데 큰 공을 세운 스물여덟 명의 무장을 말한다.

**이재석** 저 | 478쪽 | 값 20,000원

**잃어버린 상제문화를 찾아서 동학**

상제관이 바로 서지 않으면 우주만물의 원 주인도 제자리를 잡지 못한다. 그래서 이 책은 최수운이 창도한 동학에서 상제관 바로 세우기의 일환으로 집필되었다.

**증산도상생문화연구소** | 255쪽 | 값 15,000원

**근본으로 돌아가라** [원시반본, 보은, 해원, 상생]
개벽을 극복하고 후천선경을 건설하기 위해 인간은
어떠한 삶을 살아야 하는가를 증산 상제님의 행적과
가르침이 담긴 『증산도 도전』을 중심으로 설명
**유 철** 저 | 301쪽 | 20,000원

**격동의 시대 19세기 조선의 생활모습**
이 책은 19세기의 사회상을 리얼하게 보여주려는
자료집이다. '증산상제의 강세를 전후한 모습, 곧
선후천의 갈림길에 선 19세기 조선의 모습'이다.
**김철수** 저 | 311쪽 | 값 20,000원

**인류의 어머니 수부首婦 고판례**
강증산 상제님의 종통을 계승한 고판례
수부님의 숭고한 사랑과 은혜의 발자취.
**노종상** 저 | 454쪽 | 값 20,000원

### 정역과 주역

김일부선생의 생애와 학문적 연원에 대해 쉽게 설명을 하고있으며, 정역을 공부할 수 있게 대역서의 구성원리와 서괘원리, 중천건괘와 중지곤괘에 대한 해석을 하고있다.

**윤종빈** 저 | 500쪽 | 값 20,000원

### 정역구해

김일부의 『正易』을 한 구절씩 낱낱이 풀이한 입문서에 해당한다. 정역을 전문으로 연구하는 사람들은 물론, 처음 배우는 사람들을 대상으로 삼고 있다.

**권영원** 저 | 500쪽 | 값 25,000원

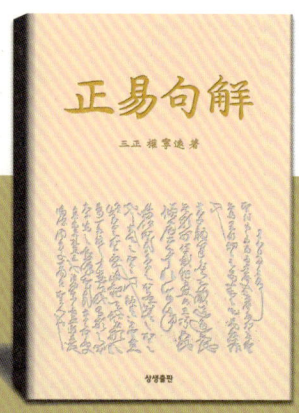

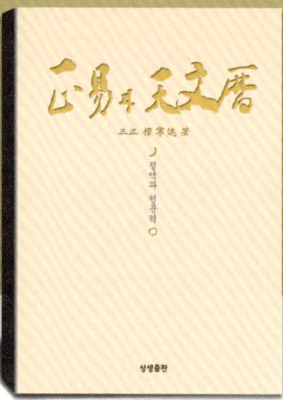

### 정역과 천문력

한평생 정역을 공부한 저자가 강의록을 책으로 출간하였다. 이 책을 통해 저자는 세상에 처음으로 수지도수手指度數의 실체를 드러내었다. 정역의 핵심인 수지도수의 이론과 동양천문에 대해서 쉽게 도해로 설명하고 있다.

**권영원** 저 | 656쪽 | 값 29,000원

### 주역참동계

만고 단경왕丹經王인 주역참동계를 통해서 저자는 동양의 내외단과 서양의 연금술의 전통이 일치함을 주장한다. 지금까지의 참동계 관련 문헌을 총정리하였으며, 도장경에 나오는 참동계관련 도해를 처음으로 소개하여 독자들의 이해를 높였다.

**임명진** 저 | 600쪽 | 값 29,000원

# 증산도 상생문화 총서

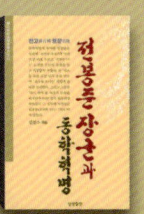

### 인류문명의 뿌리, 東夷
인류문명의 시원을 연 동방 한민족의 뿌리, 동이東夷의 문명 개척사와 잃어버린 인류 뿌리역사의 실상을 밝혔다.
김선주 저 | 112쪽 | 6,500원

### 인류원한의 뿌리 단주
강증산 상제에 의해 밝혀진 반만 년 전 요임금의 아들 단주의 원한, 단주의 해원 공사를 바탕으로 전개되고 있는 상생문명건설의 실상을 보여준다.
이재석 저 | 112쪽 | 값 6,500원

### 일본고대사와 한민족
수많은 백제인의 이주와 문화전파에 따른 문화혁명, 그리고 문화 선생국 백제의 멸망. 그 때마다 일본이 보여준 태도는 모두 한가지 사실로 모아진다. 곧 '일본 고대사 는 한민족의 이주사'라는 사실이다.
김철수 저 | 168쪽 | 값 6,500원

### 생명과 문화의 뿌리 삼신三神
삼신은 만유생명의 창조와 문화의 뿌리이며 한민족의 정서에는 유구한 정신문화로 자리매김 되어 있음을 보게 된다.
문계석 저 | 196쪽 | 값 6,500원

### 천국문명을 건설하는 마테오리치
살아서 뿐만 아니라 죽어서도 새 시대 새 문명을 여는데 역사하고 있는 마테오리치의 생애를 집중조명한다.
양우석 저 | 140쪽 | 값 6,500원

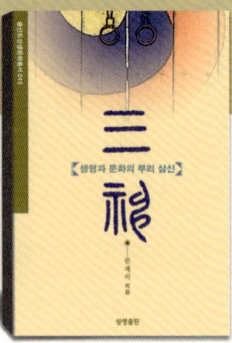

### 일본의 고古신도와 한민족

우리가 왜 일본의 고대사에 주목하는가? 그것은 일본 고대사의 뿌리가 한민족에 있기 때문이다.

**김철수** 저 | 239쪽 | 6,500원

### 만고萬古의 명장名將, 전봉준 장군과 동학혁명

전봉준의 혁명은 동학의 창도자 최수운이 노래한 세상, 곧 후천 오만년 운수의 새 세상을 노래한 것이었다.

**김철수** 저 | 192쪽 | 6,500원

### 서양의 제왕문화

역사를 돌이켜보면 역사시대의 태반은 왕정시대였다. 이 책은 고대로부터 현대에 이르기까지 이러한 서양 왕정의 역사를 간략히 조망한 책이다.

**김현일** 저 | 215쪽 | 값 6,500원

### 천지공사와 조화선경

증산상제가 제시한 우주문명의 새로운 틀짜기와 판짜기의 프로그램이 바로 '천지공사天地公事'이다.

**원정근** 저 | 136쪽 | 값 6,500원

### 천주는 상제다

『천국문명을 건설하는 마테오 리치』의 자매편으로 동서양의 종교를 대표하는 기독교와 신교의 신인 천주와 상제가 결국은 동일하다는 사상을 주제로 삼는다.

**양우석** 저 | 151쪽 | 값 6,500원

### 홍산문화
**【한민족의 뿌리와 상제문화】**

홍산문화의 주인공은 동이족의 주체세력이며, 적석총·제단·여신묘의 제사유적군은 상제문화를 대표로 하는 한민족의 뿌리문화를 보여주는 것이다.

**김선주** 저 | 144쪽 | 값 6,500원

### 주역周易과 만나다

주역 64괘중 기본괘인 건괘, 곤괘, 감괘, 리괘와 겸괘, 사괘, 대유괘, 혁괘를 정리한 주역입문서.

**양재학** 저 | 285쪽 | 값 6,500원

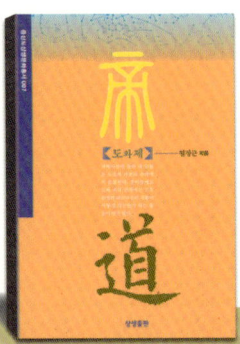
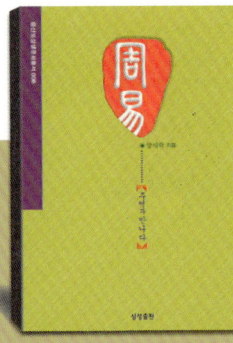
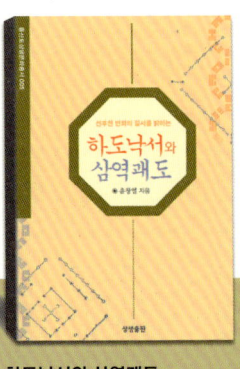

### 도道와 제帝

개벽사상에 대한 새 담론은 도道와 제帝의 관계에서 출발하며, 인류문명의 패러다임의 전환이 어떻게 가능한가 하는 물음이 담겨 있다.

**원정근** 저 | 188쪽 | 값 6,500원

### 하도낙서와 삼역괘도

인류문명의 뿌리인 하도와 낙서의 세계와 복희팔괘, 문왕팔괘, 정역팔괘를 쉽게 정리한 입문서.

**윤창열** 저 | 197쪽 | 값 6,500원

### 원한을 넘어 해원으로

140여 년 전 증산상제가 밝혀 준 해원 문제의 '코드'를 현대인들이 보다 쉽게 이해할 수 있도록 재조명 하였다. 원리적 접근과 역사적 경험적 접근으로 다가간다.

**이윤재** 저 | 186쪽 | 값 6,500원

### 한민족 문화의 원형, 신교

신교는 상고 이래 우리 겨레의 삶을 이끌어 온 고유한 도로써 정치, 종교, 예술 등이 길어져 나온 뿌리가 되는 원형문화다.

**황경선** 저 | 191쪽 | 값 6,500원

### 어머니 하느님
**【정음정양과 수부사상】**

상제의 수부이자 만 생명의 어머니인 태모사상을 통해서 어머니 하느님 신앙의 새로운 의미를 되살펴보고, 진정한 여성해방의 길이 무엇인지를 모색하고 있다.

**유 철** 저 | 189쪽 | 값 6,500원